중국 근대화를 이끈 걸출한 여성들

이 양 자 외

지식산업사

중국 근대화를
이끈
걸출한 여성들

초판 제1쇄 인쇄 2006. 10. 4.
초판 제1쇄 발행 2006. 10. 10.

―――――

엮은이   이양자
펴낸이   김경희
펴낸곳   ㈜지식산업사
주 소   서울시 종로구 통의동 35-18
전 화   (02)734-1978(대)
팩 스   (02)720-7900
인터넷한글문패   지식산업사
인터넷영문문패   www.jisik.co.kr
        전자우편   jsp@jisik.co.kr

―――――

등록번호   1-363
등록날짜   1969. 5. 8.

―――――

ⓒ 이양자, 2006
ISBN 89-423-2068-6   03910

―――――

―――――

이 책을 읽고 문의하고자 하는 이는
지식산업사 전자우편으로 연락 바랍니다.

■차 례■

■들어가며■

■■

　'여자가 된다는 것은 복종하는 것을 의미한다.' '여덟 명의 잘난 딸은 한 명의 절름발이 아들만 못하다.' '열 개의 별이 하나의 달만큼 밝지 못하다.' '여자는 하늘(남편)에 복종하고 운명에 따라라.' '남편은 하늘, 하늘은 불변하는 것, 절대적 존재로 섬겨야 한다.' '재주 없는 여인이 덕스럽다.' '남자는 집안일에 상관하지 않으며 여자는 집 밖의 일에 참견하지 않는다.' '부인의 말이 담장 밖을 넘어서는 안 된다.' '무능한 남자는 9주州를 돌아다닐 수 있지만 유능한 여자는 부뚜막 근처에 머물 뿐이다.' '여자는 닭하고 혼인하면 닭이 되고 개하고 혼인하면 개가 된다.' '암말이 전쟁에 나가기 부적합한 것처럼 여자는 남자의 자리를 차지할 수 없다.' '결혼한 아내는 팔린 당나귀와 같다. 그러므로 남자는 그녀를 타고 자기 하고 싶은 대로 채찍질할 수 있다.' '여자와 소인小人은 다루기가 힘들다.' '하늘과 땅이 구별되듯 남자와 여자는 구별되는 존재다.' '여자가 글을 알면 음란함을 배울 여지가 많다.' '춘분에 제비가 날아오지 않으면 여자가 신의가 없기 때문이다.' '소설小雪에 겨울 무지개가 숨지 않으면 여자가 정숙하지

않은 것이다.' '자식이 없으면 여자는 나가야 하는 법. 스스로 법도를
지켜라.'

이와 같이 오랫동안 떠도는 중국의 속담이나 옛 책에서 나온 말들
은 수천 년 동안 중국여성들이 받아온 굴욕과 압박을 충분히 말해 준
다. 고대에서 근세에 이르기까지 중국에서 전통적인 여성의 지위는
종속과 통제 속에서 악화일로를 걸어왔으며, 여성들로 하여금 종속
상태에 순응하도록 했던 것은 유교라는 정교한 이념적 장치에 따른
것이었다. 《예기》, 《주역》은 음양의 요소와 천지天地의 본성으로 남
녀의 상호관계를 규정하고 있으며 《여계女誡》, 《여아경女兒經》 등 여
성교육을 위해 씌어진 책들은 한결같이 여성에게 예속과 순종을 강
조하며 가르치고 있다.

특히 송대의 성리학자들은 여성에 대한 차별과 격리의 실천을 재
강조하고 전족纏足을 도입함으로써 여성윤리의 규범을 강화하였다.
그리하여 10세기 이후 중국여성들은 육체적 기동성까지도 한정당하
는 전족이라는 무서운 형벌 속에 살게 됨으로써 사회적 존재로서 여
성에게도 필요한 경제적 독립이나 행동의 자유를 억제당하고, 오로
지 가족에게 기대지 않을 수 없는 우물 안 개구리로 살아야만 했다.

가부장적 가족제도 안에서 여성의 활동은 집안일에만 국한되었고,
그 위치는 친정에서도 시가에서도 늘 국외자, 이방인으로서 존재하
였다. 시집살이의 고초나 남편의 학대는 헤아릴 수 없었고, 칠거지악
七去之惡의 규범이 여자를 괴롭혔으며, 과부는 수절을 해야 하거나 전
남편의 가족에 의해 팔려가기도 했다. 남의집살이 또는 창녀로 팔리
거나 민며느리로 보내는 일들도 흔히 벌어졌다. 더욱이 중국사회에
서만 볼 수 있는 동양식(童養媳: 일종의 민며느리로, 어린 여자 아이를 싼값에
사서 아들의 배우자로 미리 정해 놓는 것)이나 과처(夥妻: 가난한 남자 몇 명의 공
동의 처로 팔려가 공동의 아내가 되는 것), 전처(典妻: 조처租妻. 다른 사람의 처를

돈을 주고 일정기간 빌리는 것)처럼 여자를 인간으로 다루는 것이 아니라 물건으로, 사유재산으로 다루어 성의 대상, 노동력, 애 낳는 기계로 보았다.

더 이상 견딜 수 없는 상황에 이르렀을 때 여성들이 할 수 있는 유일한 도피수단은 자살이었다. 자살행위는 전통적 운명의 압박에 대한 가장 뛰어난 항거수단이었던 것이다. 그럼에도 여전히 그녀들에 대항하여 가로놓여 있는 것은 유교의 이데올로기적 전통의 무게였다.

이렇게 수천 년 동안 거의 멈추어 있던 중국여성들에게도 새 시대가 오자 변화를 가져오는 시간이 급격히 빨라졌다. 영원히 지속되리라 믿어졌던 풍습이나 이념, 또는 제도들이 서양 정복자들이 들여온 좀더 너그러운 법과 습관, 사상 앞에 굴복하기 시작하였다.

그러나 여성들의 불평등에 대한 항거나 여권 주장의 여러 모습들을 우리는 중국의 구사회에서부터 찾아볼 수 있으며, 여성에 대한 억압과 그 비참함이 컸던 만큼 여기에 대항한 여성운동도 강렬하였음을 볼 수 있다. 뿐만 아니라 여성 스스로의 활동은 여성에게 도움을 준 남성들의 활동으로 배가되었다.

이미 서양에서는 18세기 말 여성해방운동의 논리들을 상세하게 설명하면서 공격하기도, 옹호하기도 하였다.

"도대체 무슨 권한으로 여성들에게 시민권을 비롯한 많은 권리를 부여하기를 거부하는가?"

"여성들에게 부족한 것이 무엇인가?"

"사람들이 여성들에게 부당하게 거부하는 것은 무엇인가?"

"사람들이 남녀 사이에 존재한다고 확신하는 정신적인 차이는 단순히 교육의 차이에서 비롯된 것이 아닌가!"

"여성은 남성의 덕만큼 소중한 덕들을 갖고 있지 못한가?"

"어쩌면 여성들은 남성들보다 더 예리한 이성을 지니고 있지는 않은가?”

 “인간 공동의 권리들을 여성들에게 부여하지 않으려고 하는 유일한 동기는 여성들이 아직도 그 권리들을 행사하지 못하기 때문이 아닐까?” 등등의 의문을 제기하였다.

 결국 “사회의 전반적인 행복을 위해 가장 중요한 인간정신의 발전 가운데 하나는 남녀 사이에 불평등한 권리를 부여하게 만든 편견들의 완전한 파괴다”라고 콩도르세(Condorcet)는 외쳤던 것이다.

 중국에서도 변법자강운동이 진행되면서 서양사상의 영향을 받아 양계초 등에 의해 부르주아적 시민적 여성해방론이 제기되었다. 양계초는 “여성들에게 직업을 갖도록 해야 한다. 그러기 위해서는 여성교육이 선결문제다”라고 〈여학론女學論〉을 제창하였다. 또한 강유위는 전족타파운동을 시작하여 천족운동을 제창하였다. 강유위가 제기한 여성 불평등은, 여성은 관리가 되지 못하는 것, 과거에 응시하지 못하는 것, 국회의원이 못 되는 것, 공사에 관여하지 못하는 것, 학자가 되지 못하는 것, 자립을 유지하지 못하는 것 등이었다. 또한 담사동은 그의 〈인학仁學〉에서 에테르설에 따라 대담한 성해방과 남녀평등 이론을 주장하였다. 김천핵은 그의 여성교육론에서 여자를 홀로 설 수 있는 자유스러운 하나의 인간으로 인정하였다.

 5·4운동 당시 청년들은 “여성해방이 실현됨으로써 비로소 참다운 민주주의가 이룩될 수 있으며 여성해방 없이는 결코 민주주의도 없다”는 주장을 했다. 여성해방운동은 5·4운동이 추구하고 있던 데모크라시의 실현을 위해서도 가장 중요한 문제였다.

 5·4운동은 신해혁명에 의한 전제군주제의 타도에서부터 출발하였다. 그러나 전제군주제는 타도되었으나 다시 계속된 것은 반식민지 아래에서 제국주의와 군벌에 의한 암흑적 지배였다. 그들은 반제국주의·반봉건주의 투쟁의 중점을 여성해방에 두지 않을 수 없었

다. 중국의 여권운동인 여성참정권운동은 신해혁명 후에도 실현되지 못하였으며, 1922년에 처음으로 호남성 헌법이 여성참정권을 승인하는 정도였다.

이러한 시대적 상황에서 중국의 근대화를 이끈 여성들은 여성과 혁명과의 관계는 불가분의 관계로 인식할 수밖에 없었다.

몇 가지 예를 들면, 송경령은 각 시기마다 여성을 그 시기의 혁명주체로서 인식시키고 혁명대열에 참여시키고자 하였으며 혁명의 완성이 바로 여성해방을 가능케 한다고 강조했다. 즉 국민혁명기에는 먼저 국가의 자유·독립을 얻는 것이 바로 여성 자신의 해방을 얻는 길이며, 여성은 국민의 일부분이며, 여성운동은 국민혁명의 일부분이므로 국민혁명에 참여해야 한다고 했다. 항일전抗日戰 기간 동안에는 항전 참여가 바로 여성해방의 지름길이라 주장하였고, 신중국 건설 초기에는 뒤떨어진 국가의 공업화를 위한 생산활동에 여성이 참여하는 것이 여성해방을 얻는 길이라고 보았다.

그리고 등영초는 《중국부녀운동사》 서문에서 "중국의 여성들은 중국혁명을 위하여 여성해방운동이 모든 혁명운동의 일부분이라는 것을 실천하고 증명하면서 혁명운동의 발전과 더불어 전개하여 나아갔다. 여성 대중이 혁명의 성패를 결정하는 중요한 역량이라는 것을 실천하고 입증하였으며, 여성 자신이 해방을 쟁취하는 위대한 혁명전사임을 보여주었다. 인구의 반인 여성의 영웅적인 분투와 자기희생이 없었다면, 중국혁명은 성공할 수 없었을 것이다"라고 썼다.

또한 여성해방운동의 움직임은 위기나 갈등의 시대에는 갑작스런 진전을 보이다가 평화로운 시대가 찾아오면 다시 늦추어지는 것을 볼 수 있다. 제2차 세계대전이 일어나면서 여성운동은 하나의 전기를 맞아 발전을 거듭한다. 신중국시기 대약진운동과 새로운 코뮌인 인민공사人民公社 실시 이후 불합리한 가부장제의 가족은 해체되고 개

개인이 사회적인 노동에 참가함으로써 가족 성원 사이의 평등한 관계가 보장되었다. 여자들은 경제적으로 노동의 대가를 평등하게 받게 되었을 뿐만 아니라 가사노동에서 해방되어 가정 안의 사사로운 노동이 사회적인 노동으로 전환되었던 것이다.

1966년에서 1976년까지 계속된 문화대혁명의 진행 동안에 힘차게 제창된 것은, 모택동의 "시대는 변하였다. 남녀는 평등하게 되었다. 남성동지가 할 수 있는 일은 여성동지도 할 수 있다"는 말이었다. 이것은 완전한 여남동등권을 제창하고 확인시키는 외침이었다.

여성들이 생산의 주체가 되어 자신의 지위를 변혁하고 인간과 사회관계를 새롭게 하는 동시에 모성으로서의 특수문제도 해결되었던 것이다.

"하늘의 반쪽을 지탱하는 여성을 높이는 것 없이는 또 다른 인류의 반쪽인 남성을 높이는 것은 불가능하다"라고 일찍부터 주장한 송경령이 그의 만년에 중국 여성운동에 대해 다음과 같이 말했다.

"만약 우리가, 중국에서 여성해방운동은 종식되었는가라고 묻는다면 분명히 '아니오'이다. …… 여성해방운동은 사회 전체의 변혁과정이 마무리 지어지는 날에 가야만 끝나게 될 것이다."

21세기에 들어오면서 시대는 많이 변하여 교육을 통해 여자가 '현모양처'의 지식을 가져야할 뿐 아니라 남자도 '현부양부'의 지식을 가져야 함을 배우는 시대가 되었다. 여성들이 자유롭게 개성을 발전시킬 수 있고 모성도 철저히 보호를 받을 수 있는 때가 온다면 그때가 바로 완전한 여성해방이 실현되는 순간일 것이다.

이 책은 이러한 중국여성운동이 진행되는 과정에서 선두에 서서 지휘하고 지도하면서 중국의 근대화를 앞당기고자 애쓴 여성들에 대하여 살펴보고자 기획되었다.

이 책에서 우리는 20세기의 중국 여성 선각자들을 만나볼 수 있다.

청 말 혁명과 여성해방운동의 선구자 추근(1875~1907), 적 앞의 맹호 같았던 열정적 혁명가 하향웅(1878~1969), 지조 있는 여성 혁명정치가 송경령(1893~1981), 중국 공산당 최초의 여성부 부장 상경여(1895~1928), 20세기 중국에서 가장 영향력을 펼쳤던 여성 송미령(1897~2003), 노신의 그늘을 벗어난 여권론자 허광평(1898~1968), 여성과 아동의 행복을 추구한 혁명가 채창(1900~1990), 통일전선 정책의 귀재 등영초(1904~1992), 여성 혁명 작가 정령(1904~1986), 공산주의 이상을 실천한 홍군 전사 강극청(1911~1992), 기득권에 도전한 여전사 강청(1914~1991) 등 11명을 가려서 실었는데, 강청은 역사에서 공과를 떠나 가장 최근에 중국에서 뚜렷한 행적을 보였던 여성이므로 빼지 않고 넣었다.

위 중국여성들에 관한 이 책의 필진(임계순, 김정화, 윤혜영, 천성림, 전동현, 이은자, 김문희, 지현숙, 이양자)은 모두 중국여성사에 관심을 가진 중국사 전공자들이다. 이 밖에도 중국여성사 관련 논문을 내놓고 있는 한국의 여성학자가 10여 명은 더 있다. 중국이나 일본, 대만 등지에서는 중국여성사 연구회가 이미 활발한 활동을 벌이고 있다. 우리나라에서도 이러한 모임의 활성화를 이끌기 위해 이 책을 기획한 것이므로, 앞으로 노력한다면 이와 같은 기획은 계속 발전되리라 믿는다.

2006년 윤칠월에
글쓴이들을 대표하여 이양자 씀.

추 근秋瑾
청 말 혁명과 여성해방운동의 선구자

이 은 자

1. 감호여협鑒湖女俠

소흥紹興은 중국의 대문호 노신魯迅을 낳은 지역이다. 소흥 시내에 들어서면 노신과 관련된 유적들이 가장 먼저 눈에 들어온다. 노신의 옛집[魯迅故居], 노신이 공부하던 삼미서옥三昧書屋, 노신기념관, 소설 《공을기孔乙己》(1919)의 배경 함형주점咸亨酒店 등이 대표적 명소이다. 소흥의 북쪽은 항주만에 닿아 있는데, 이곳에서 전당강錢唐江·부춘강富春江·포양강浦陽江 등 세 강이 합류한다. 아름다운 물의 도시 소흥은 중국의 8대 명주 가운데 하나인 소흥주酒로도 유명하다. 성내의 운하는 그물망처럼 종횡으로 흘러 모두 교외의 감호鑒湖로 통하는데, 추근의 호 '감호여협鑒湖女俠'의 감호는 이곳을 이르는 말이다.

소흥의 옛 이름은 회계會稽이다. 회계는 멀리 춘추시대 월越나라의 수도인데, 그 나라의 마지막 왕 구천은 와신상담臥薪嘗膽의 고사로 유명한 인물이다. 잘 알려진 대로 와신상담은 오나라의 왕 부차와 월나라의 왕 구천의 복수에 관한 고사이다. 소흥에서 빼어난 경치를 자랑하는 난정蘭亭은 진晉나라의 대서예가 왕희지의 자취가 남아 있는 곳

추근 고거

이다. 왕희지는 소흥 출신은 아니지만 이곳에서 관직을 지내면서 유명한 〈난정집서蘭亭集序〉를 지었다. 하夏나라의 시조 우禹의 능, 양명학을 창시한 대사상가 왕양명의 묘도 소흥에 있다.

추근秋瑾(1875~1907)은 광서제가 즉위한 1875년에 소흥의 관료 집안의 딸로 태어났다. 그녀의 집안은 전통적으로 과거에 합격한 관리의 가계로, 할아버지와 아버지, 그리고 오빠 모두 향시鄕試에 합격한 거인擧人 출신이다. 어머니 단씨單氏도 관료 집안 출신으로 교양을 갖춘 여성이었다. 오빠 추예장秋譽章을 따라 추근도 어린 나이에 경서와 고전 시문을 배웠다. 어머니도 추근에게 시문을 가르쳐 주었다. 이런 까닭에 추근은 열 살 무렵에 시를 지을 수 있었다.

추근이 열여섯 살이 되던 1890년에, 할아버지가 관직을 그만두자 고향 소흥의 산음현山陰縣에 돌아온 추씨 일가는 명나라 말기에 대관료의 별장이었던 화창당和暢堂을 사들였다. 화창당은 현재 추근의 옛집으로 남아 있다. 추근은 결혼하기 전까지 이곳에서 생활하였고, 일본 유학 뒤 귀국하여 소흥의 대통大通사범학교에서 일할 때 이곳에서 혁명 준비를 위한 비밀회의를 하였다.

추근은 남자에게 밀리지 않으려면 문무를 두루 갖추어야 한다고 생각하여 권법을 배웠다. 그러나 이미 다섯 살에 전족을 한 추근이 무술을 연습하기 위해서는 남자들보다 훨씬 더 많은 고통을 견뎌내야 했다. 이를 보다 못한 어머니는 추예장과 추근을 데리고 무술의 명수였던 사촌 오빠에게 가르침을 부탁하였다. 이 과정에서 추근은 권법, 봉술, 검술, 그리고 승마술까지 습득할 수 있었다. 혁명에 뛰어들고 나서 평생 남자 차림을 즐겨하고, 열정을 시문으로 표현한 것은 바로 이 같은 어린 시절에서 비롯된 것이다.[1]

추근은 많은 저술과 시문을 남겼다. 그녀가 죽자 집안사람들과 그녀와 알고 지내던 사람들이 글을 썼다. 물론 청 왕조의 공식 문건이 있지만, 추근의 저작과 같은 시대 사람들의 저술을 검토하는 것이 추근과 그 시대를 훨씬 더 생동감 있게 그려내는 데 도움이 될 것이다.[2]

2. 불행한 결혼생활과 탈출

추근의 불행은 스물두 살에 부모의 뜻에 따라 호남성 상담湘潭의 부유한 상인의 아들 왕정균(王廷鈞, 자는 子芳)과 결혼하면서 시작된다. 추근의 아버지는 1895년 호남성 상담의 이금국釐金局 총판으로 재직하면서 왕정균의 아버지를 알게 되었다. 왕씨 집안은 호남의 명문 증국번曾國藩의 친척으로, 태평천국을 막기 위한 의용군 상군湘軍이 편성되자 상군의 자금원이었던 이금(화물 통행세)을 관리하면서 부를 쌓았다.

1896년에 추근은 왕정균과 결혼을 하는데, 당시 왕정균은 추근보다 네 살 어렸다. 그러나 시문과 경서를 익힌 추근과, 교양인과는 거리가 먼 왕정균은 애당초 어울리지 않는 부부였다. 추근의 표현에 따르면, 왕정균은 '신의가 없고 인정도 없으며 도박을 좋아하고 타인을 기만하여 자신의 이익만 좇는' 사람이었다.[3]

추근이 불행한 결혼으로 고통 받고 있을 때 중국의 정치 상황은 급변하고 있었다. 1898년(청일전쟁의 패배 이후) 망국의 위기를 타개하기 위해 강유위康有爲·양계초梁啓超 등은 무술변법을 일으켰으나 100여 일 만에 실패하였다. 2년 뒤에는 중국 전역을 혼란으로 몰아넣은 의화단 운동이 일어난다. 영국·프랑스를 비롯한 8개국 열강 연합군은 중국의 반反기독교 운동을 진압하고 기독교민과 선교사 및 자국민을 보호한다는 명분으로 중국과 전쟁을 선포하였다.

추근의 남편 왕정균은 1899년 백은白銀 1만 냥을 주고 호부주사戶部主事의 관직을 얻어 북경으로 가게 되었다.[4] 결혼 1년 뒤에 낳은 어린 아들 원덕沅德을 데리고 남편을 따라 북경에 가 있던 추근은 전란의 참상을 직접 보았다. 재능 있는 시인이었던 그녀는 이때 구국을 위한 강한 열망을 시로 표현하였다.

북경 지방의 전쟁이 언제나 끝날까
중국과 서양 사이에 아직 전쟁이 계속되고 있다 하네.
부질없이 노나라 여인처럼 우국의 한을 품지만
두건을 투구로 바꾸기는 쉽지 않도다.[5]

幽燕烽火幾時收　聞道中洋戰未休
漆室空懷憂國恨　難將巾幗易兜鍪

추근은 국가와 조정에 위난이 닥쳤을 때 백성도 이를 피하기 어렵다는 노나라 여인의 고사를 인용하여, 국가 존망의 위기에 자신이 전쟁에 나서지는 못하나 우국의 심정은 어쩔 수 없음을 토로하였다.[6]

추근 가족은 의화단 전쟁을 피해 귀향하였다. 1901년 상담에서 딸 찬지燦芝를 낳은 추근은, 1903년 처음으로 이곳에 들어온 혁명 팸플릿을 읽었다. 추근은 청 왕조를 비난하고 민중의 각성을 불러일으키는 격렬한 어조의 글을 접하면서 혁명을 생각하게 되었다.

추근의 실천은 다섯 살부터 해오던 전족을 스스로 풀면서 시작되었다. 1903년 남편의 복직으로 다시 북경으로 간 추근은 자신의 전족을 풀었고, 딸에게도 전족을 강요하지 않겠다고 선언하였다. 이외에도 대담하게 남장을 하였고, 자신의 호를 남자와 암수를 '겨룬다'는 의미에서 '경웅競雄'이라고 지었다. 이런 행동은 남편과 갈등을 불러올 수밖에 없었다.[7]

북경에서 추근은 자신의 생애에 중요한 영향을 미치는 두 사람을 만난다. 한 사람은 남편을 따라 북경에 와 추근의 이웃집에 살던 오지영吳芝瑛이다. 그녀는 안휘성 동성桐城 출신으로, 무술변법 시기에 만들어진 경사대학당(京師大學堂: 북경대학의 전신)의 총교습(總敎習: 학장) 오여륜吳汝綸의 조카였다. 오여륜은 청나라 고문학파의 대가였고 오지영 또한 뛰어난 지식인이었다. 추근은 그녀의 집에서 당시의 새로운 서적과 신문 등을 접하게 되었고, 수많은 장서에 감탄했다. 또한 오지영을 중심으로 조직된 '불전족회不纏足會', '상층부녀담화회' 등에 참여하였다.

추근보다 일곱 살 위인 오지영은 그녀와 의기투합하여 의자매의 결의를 하였다. 뒷날 추근이 희생된 뒤 오지영은 그 유해를 수습하여 묘를 세우고 추근 추모사업에 정열을 쏟았던 것으로 보아 추근과 맺었던 의자매의 맹세를 철저하게 지킨 셈이다.[8] 오지영의 회고에 따르면, 추근은 의협심이 많고 언변이 좋아 곧잘 좌중을 압도하였다고 한다. 평소에 추근은 "여자도 당연히 학문을 배워 자립을 해야 남자에게 의존하지 않을 수 있다. 요즘 젊은이들은 혁명, 혁명을 외치는데, 혁명은 당연히 가정에서 시작해야 하며, 이른바 남녀의 평등권리도 마찬가지"라고 말하였다.[9]

추근은 오지영을 통해 도쿄제국대학 교수 출신으로 경사대학당 사범관 총교습, 말하자면 사범대학 학장으로 초빙된 핫토리 우노기치(服部卯之吉)의 아내 시게코(繁子)를 알게 되었다. 시게코는 추근을 처음 만났을 때 남장을 한 이유를 물었다. 추근은 "남자와 마찬가지로 스스로 힘을 기르기 위해 우선 겉모습부터 남자로 하고 마음으로 남자가 되려고 합니다"라고 하면서, "중국 남자의 복장은 한족 고유의 것이 아니라 변발을 한 만주족의 풍속이므로 저는 양복을 입었습니다"라고 답하였다. 시게코는 추근의 과격한 사상에 놀랐다. 그 뒤 시게코는 추근에게 영어와 일본어 교사를 소개해 주고, 그녀의 일본 유학에 동행하여 많은 도움을 주었다.[10]

남편의 반대에도 추근은 어린 자식 둘과 남편을 남겨두고 일본 유학을 결행한다. 유학을 준비하면서 전 예부주사禮部主事 왕희王熙가 무술정변에 연좌되어 투옥되었다는 소식을 듣고, 그를 위해 유학 자금에서 일부를 떼어내 익명으로 감옥에 넣어주었다. 왕희는 석방된 뒤 이 사실을 알고 고마움을 표시하고자 하였으나 추근은 이미 일본으로 떠난 뒤였다고 한다. 추근의 타고난 의협심을 알 수 있는 예라 하겠다.[11]

1904년 5월, 인생의 전환점이 되는 일본행에서 그녀는 서른의 인생 여정을 시로 남겼다.

해와 달이 빛이 없으니 천지가 어두운데
캄캄한 여성세계 누가 구해줄까.
바다 건너 일본에 유학하려고 장식품 팔고
골육과 헤어져 옥문관을 떠났다네.
전족을 없애 천 년의 해독을 썻고
열정적으로 백만 여성의 정신을 일깨우자.
예쁜 비단 손수건 하나

반은 핏물, 반은 눈물이라네.12)

日月無光天地昏　沉沉女界有誰援

釵環典質浮滄海　骨肉分離出玉門

放足湔除千載毒　熱心喚起百花魂

可憐一幅鮫綃帕　半是恤痕半淚痕

3. 일본 유학과 혁명활동

　당시 일본 도쿄는 중국유학생의 집합소였다. 그곳에서 중국유학생들은 새로운 사상을 배우고 경험하면서 메이지(明治) 정부의 우수성과 청 왕조의 후진성을 냉철하게 인식하고 있었다. 대다수 유학생들은 러시아의 만주 점령을 저지한 일본의 러일전쟁 승리에 감탄하였는데, 추근도 예외가 아니었다.13) 그러나 일본이 중국을 비롯하여 동아시아를 침략하는 데 중요한 발판을 마련해준 것이 러일전쟁의 본질임은 인식하지 못했다.

　추근은 청국 유학생회관에 설립된 일본어 강습소에 들어가 일본어를 배우는 한편, 급진적인 유학생들의 글을 접하면서 혁명의 길에 한 걸음 더 나아가게 되었다. 그러나 여성으로서 혁명을 외치는 그녀가 겪는 고충은 매우 컸다. 당시 관비유학생으로 거인 출신인 43세의 호도남胡道南은 혁명과 남녀평등에 반대하였는데, 추근은 그를 '죽일 놈'이라고 욕하였다. 호도남은 이에 앙심을 품고 1907년 추근을 혁명당원으로 밀고한다.14) 추근은 또한 동향 출신 도성장陶成章을 통해 반청 비밀결사인 광복회光復會에 가입하였지만, 처음에는 여성이라는 이유로 거부되었다.

　그녀는 도쿄에서 공애회(共愛會: 1903년 러시아의 만주 점령에 항의하며 일본에 유학하던 여학생 20명이 도쿄에서 결성한 조직)를 개조하여 '실행공애회實行

共愛會'를 조직하였다. 추근은 실행공애회의 장정章程을 작성하여 여학교의 진흥을 목표로 삼고, 호남제일여학당에 편지를 보내 여학생들의 유학을 권유하였다. 그녀는 편지에서, 남자의 속박에서 벗어나려면 반드시 자립해야 하고, 자립하고자 하면 배워야만 한다고 주장하였다.15)

또한 그녀는 돈이 들지 않고, 문자를 모르는 사람도 알아들을 수 있는 효과적인 수단으로 연설을 중시하여, 연설연습회의 부속조직으로 표준어연구회를 조직하고 표준어로 혁명 연설을 해야 한다고 부르짖었다. 당시 방언 문제는 심각하여 북경인에게 상해나 광동 방언은 영어보다 알아듣기 어려웠다. 그녀도 절강의 소흥 방언을 사용하였기에 북경 관화(표준어)를 연습하였다. 추근을 기억하는 사람들은 그녀의 연설이 매우 정열적이고 심금을 울렸다고 한다.16) 추근은 또 청국 유학생회관에서 발행한 월간지《백화白話》의 편집에 관여하면서 '감호여협'이라는 필명을 사용하였다. 그리하여 구어체〔白話文〕로〈2억 여성 동포에게 고하는 글〉,〈우리 동포에게 고하는 글〉 등을 써서 여성의 전족 반대, 유학 장려, 남녀평등을 호소하였다.17)

추근은 남편의 고향인 호남의 동향회에서 왕시택王時澤을 알게 되었다. 왕시택은 1904년 정월 도쿄 홍문학원弘文學院 보통반 가운데 호남반에 편입한 자비유학생이었다. 그는 호남 동향회에 참가하면서 유도일劉道一을 만났고, 반년 뒤 추근을 알게 되었다.

추근은 아홉 살 어린 왕시택과 의기투합하였고, 곧이어 그들은 요코하마에서 열린 삼합회三合會의 입회식에 참여하였다. 그 모임에서 추근은 '백선(白扇, 속칭 軍師)'으로 봉해졌다. 1904년 조직된 요코하마 삼합회는 삼점회三點會라고도 하는데, 유도일은 1차 입회자였고 추근과 왕시택은 2차 입회자였다.18)

추근은 그 뒤 동향인 도성장陶成章을 알게 되었다. 도성장은 신해혁명 시기 절강과 강소 일대 혁명활동의 중심인물로, 상해에서 반청 혁명단체인 '광복회光復會'를 결성하는 데 중요한 몫을 하였고, 혁명에 비밀결사를 끌어들이기 위해 그에 대한 조사에 착수하여 유명한 《교회원류고敎會源流考》라는 귀중한 자료를 남겼다.19)

광복회 회장은 채원배蔡元培였으나, 실질적인 지도자는 도성장이었다. 추근은 도성장에게 광복회의 가입 요청을 하였으나, 도성장은 여성이라는 이유로 곤란해 했다. 그러나 검도와 승마술을 훈련하는 추근을 보고 감복하여, 상해의 채원배와 소흥의 또 다른 광복회원 서석린徐錫麟에게 그녀의 입회 추천서를 써주었다.

추근은 1905년 초 잠시 귀국하여 학비 마련에 애쓰는 한편, 도성장의 추천서를 가지고 채원배와 서석린을 만났다. 채원배는 당시 상해의 애국여학교 교장이었다. 추근과 고향이 같은 채원배는 진사進士 출신 가운데에서도 최고의 엘리트만이 들어갈 수 있는 한림원翰林院에 재직하였고, 신해혁명 이후 북경대학 총장으로 취임하면서 북경대학을 5·4 신문화운동의 거점으로 변모시키는 데 중요한 구실을 한 인물이다.

또 같은 고향 사람인 서석린은 견직물 가게를 운영하는 상인의 아들이었다. 그는 소흥부학교에 재직하다가 일본 오사카에서 열린 박람회 시찰을 명분으로 관비 유학을 갈 수 있었다. 서석린은 추근보다 두 살 위로 권총의 명수였으며, 고도근시 때문에 두꺼운 안경을 쓰고 있었다. 채원배는 추근의 입회를 반대하였지만, 서석린은 추근과 의기투합하였다. 결국 도성장과 서석린의 추천으로 추근은 상해에서 입회식을 거행하고 광복회 회원이 되었다.20)

추근은 일본으로 돌아와서 실천여학교 부설 사범반에 입학하였다. 얼마 뒤 7월 20일(양력 8월 20일) 손문의 주관으로 '중국동맹회'가 창립되었다. 손문을 만난 그녀는 동맹회에 가입하면서 '소흥 산음 출신

추경웅'이라고 서명하였다.[21]

앞서 서술한 대로 추근은 공애회 개조에 큰 구실을 하였다. 실행공애회의 회장은 진힐분陳擷芬이었는데, 그녀는 1902년 상해에서 중국 최초의 여성 잡지 《여학보女學報》를 창간한 지식인이었다. 그녀의 아버지 진범陳範은 상해의 급진적인 잡지 《소보蘇報》의 편집인이었는데, 《소보》에 실린 혁명파의 글이 문제가 되어 일어난 사건 때문에 일본으로 도망하였다. 일본행에는 첩 두 명과 진힐분도 함께하였다. 그런데 진범은 진힐분을 광동의 부유한 상인에게 첩으로 주기로 약속하였다.

이 사실이 알려지자 추근은 일본의 여자유학생들을 모아, 이 사건을 전체 여학생의 명예에 관계되는 일로 규정하고 반대운동을 단행하였다. 결국 진힐분의 결혼은 성사되지 못했다. 또 진범의 두 첩은 모두 절강 출신이었는데, 추근은 동향의 명예를 더럽히는 일이라고 생각하여 동향 학생들과 자금을 모아 이들을 독립시켰다.[22]

왕시택이 잠시 귀국하여 어머니와 같이 도쿄에 왔을 때는 그 어머니에게 남녀평등을 역설하고 여성도 교육을 받아야 한다고 주장하였다. 추근의 권유로 왕시택의 어머니는 마흔세 살의 늦은 나이로 일본에서 공부를 하기로 결정한다. 나중에 그녀는 귀국하여 여학교 교사로 재직하였다.[23]

일본 옷을 입은 추근

추근의 혁명적 열정과 강경한 여성해방론은 일본 유학 시절에 더욱 확고해졌다. 그녀는 일본에서 청나라 만주족 복장의 영향을 받지 않겠다는 뜻에서 일본 옷을 입고 일본도를 차고 다녔으며, 도쿄의 무술회관에서 사격술을 연습하

고 폭약 제조술을 익혔다. 또한 청나라 관리를 암살하려다 처형된 오월吳樾을 찬양하였다.[24]

4. 고국에서 보낸 삶

1905년 10월 일본유학생의 활동에 위기감을 느낀 청 왕조의 요청으로, 일본 문부성은 중국유학생의 집회결사와 언론자유를 금지하는 규칙을 발표하였다. 유학생들은 이에 반대하여 동맹파업에 들어갔다. 그리고 중국에서 강렬한 혁명 선전물을 작성했었던 진천화陳天華는 울분을 참지 못하고 오오모리(大森) 해안에 투신하여 서른한 살의 나이로 생을 마감하였다. 당시 일본의 중국유학생 수는 약 7~8천 명에 이르렀는데, 퇴학하여 귀국하자는 부류와 인내심을 갖고 학업을 계속하자는 부류로 나누어졌다. 추근은 귀국파였고, 왕시택은 잔류파였다. 당시 관비유학생으로, 절강 동향회에서 추근을 한두 번 보았던 노신은 귀국 반대파였다. 추근은 진천화의 추도식을 주도하고, 삼합회 회원인 유도일 등 동지 아홉 명과 십인단十人團을 조직하여 유학생 귀국을 이끌었다.

추근은 귀국한 뒤 왕시택에게 보낸 편지에서 "경자년(1900년 의화단 운동이 일어난 해) 이래 나는 나의 생명을 돌보지 않았다. 만일 성공하지 못하고 죽는다 해도 후회하지 않는다"고 썼다. 또한 "남자로 광복을 위해 목숨을 바친 사람은 많으나 여자로 희생한 사람이 없다는 사실은 여성계의 수치"라고 하였다.[25] 귀국한 뒤 추근의 행보를 짐작할 수 있는 부분이다.

1906년 초 추근은 상해에서 오지영과 다시 만났다. 그리고 소흥의 화창당을 방문한 뒤, 남장 양복의 모습으로 사진관에서 기념사진을 촬영하고 사진 뒷면에 시를 남겼다.

차림이 엄숙한 이 사람은 누구인가.

호협인 이 몸, 생애 전반부를 평범하게 보낸 게 후회되네.

현실 속의 세상을 사는 사람의 형체 원래가 몽환인 걸

미래의 이상세계가 오히려 진실인 듯

사진 속의 남자의 모습, 늦게 만나 감개가 교차하고

천장 바라보며 시국을 한탄하니 의기 더욱 솟구치도다.

이후에 옛 친구 만나면

이미 속된 기운을 떨쳐버렸다고 해야지.[26]

儼然在望此何人	俠骨前生悔寄身
過世形骸原是幻	未來景界却疑眞
相逢恨晩情應集	仰屋嗟時氣益振
他日見余舊時友	爲言今已掃浮塵

이 시는 남장을 한 자신을 거울에 비춰본 감개를 읊은 것이다. 혁
명활동에 대한 투신이 늦었음을 후회하고 신념을 더욱 다지는 내용
이지만, 그 이면에는 남녀 불평등에 대한 불만과 저항도 담겨 있다.
마지막 구절 '속된 기운'은 봉건 예교가 여성에게 가한 속박을 의미
한다고 할 수 있다.[27]

추근은 소흥의 한 학교에서 임시 체육교사로 있다가 아는 이의 소
개로 2월 초에 절강 호주湖州에 있는 심계여학교潯溪女學校 교사가 되
었다. 심계여학교의 교장 서자화(徐自華, 자는 寄塵)는 명망이 높은 현지
유력 가문 출신으로 재능 있는 시인이었고, 여동생 서온화(徐蘊華, 자는
小淑 또는 雙韻)는 이 학교에 다니고 있었다. 추근의 감화로 이 자매는
동맹회와 광복회에 가입하여 혁명활동을 하였으며, 더욱이 서자화는
추근의 '맹우盟友'가 되었다. 서자화는 나중에 추근이 희생되었을 때

오지영과 더불어 유해를 수습하고 추근의 업적을 기리는 데 중요한 구실을 하였다.

남장을 한 추근

얼마 뒤 추근은 보수적 학교 당국과 마찰을 빚어 사직하는데, 서자화도 추근과 같이 행동하였다. 동생 서온화는 추근의 권유로 상해 애국여학교에서 계속 공부를 하였다. 다시 상해로 돌아온 추근은 광복회 회원들과 장강 일대의 회당(會黨: 비밀결사의 일종)을 혁명에 끌어들이기 위해 노력하였다. 때로는 폭약을 제조하다가 부상을 당하는 위험에 처하기도 하였다.

1906년 겨울(양력 1907년 1월), 추근은 상해에서 《중국여보中國女報》를 창간하였다. 서씨 자매는 잡지의 창간을 위해 거액의 돈을 기부하였다. 추근은 책머리에 〈중국여보 발간사〉를 싣고, 〈삼가 자매에게 고함〉에서 여성의 계몽을 구체화하는 방법으로 서적·잡지와 신문을 중시하고, 《중국여보》가 기존의 잡지와 달리 구어를 중심으로 문어를 병용하여 여성들도 읽기 쉽게 하였다는 취지를 설명하였다. 두 달뒤 발행된 2호에는 귀국 직전 일본 옷을 입고 일본도를 차고 도쿄에서 찍은 자신의 사진을 실었다.[28] 또 자신이 쓴 시 〈면여권가勉女權歌〉를 게재하였다.

우리는 자유를 사랑하여
자유에 힘쓰며 술잔을 드네.
남녀평등은 하늘이 부여한 것이니
어찌 소꼬리처럼 종속된 지위에 만족하겠는가.
분연히 스스로 떨쳐 일어나

지금까지의 부끄러운 먼지 때를 씻기 바란다네.
어떻게 하면 동지가 되어
강산을 회복하는 데 여성들 힘에 의지하게 될까.
옛 풍습 가운데 가장 부끄러운 점은
여자들이 우마와 짝한다는 것이라네.
서광이 새로 비치니 문명세상이 기다리고
여성의 독립이 첫 번째라네.
노예 같은 신분 뿌리째 뽑아
신지식과 학문으로 단련되기 바란다네.
책임이 어깨 위에 지워졌으니
여걸들은 기대를 저버리면 안 될 것이네.[29]

吾輩愛自由　　勉勵自由一杯酒
男女平權天賦就　　豈甘居牛後
願奮然自拔　　一洗從前羞恥垢
若安作同儔　　恢復江山勞素手
舊習最堪羞　　女子竟同牛馬偶
曙光新放文明候　　獨立占頭籌
願奴隸根除　　智識學問歷練就
責任上肩頭　　國民女傑期無負

　이 시는 오지영과 술을 마시고 검무를 출 때 읊은 것이라는데, 강렬한 수사로 여권의 독립을 강조하고 있다.
　《중국여보》 발간을 위해 노력하던 추근에게, 다시 한번 인생의 전기가 찾아왔다. 서석린이 세운 대통사범학당을 이어받아 혁명의 전진기지로 삼게 된 것이다. 원래 대통사범학당은 혁명을 목적으로 1905년 서석린이 발의하여 세웠는데, 소흥부 아문의 허가를 받아 정식으로 출범했다. 그런데 서석린이 안휘성 안경安慶의 경찰학교 회판會辦과 육군학교 감독을 맡아 소흥을 떠나자, 추근이 이 일을 맡았다.

1907년 초 대통사범학교 개학식에 소흥부 지부 귀복貴福과 산음현 지현 이종악李鐘岳 등이 참석하여 축사를 하였다. 더욱이 귀복은 추근을 추켜세우며 추근의 호 '경웅'으로 대련을 지었다. '진화를 다투고 겨루어 영웅 세계에 으뜸이 되네〔競爭天演, 雄冠地球〕'라고 쓴 대련은 학당 중앙의 정면에 있는 예당禮堂 내부 좌우 기둥에 걸렸다. 의식이 끝난 뒤 참석자 전원은 기념 촬영을 하였다. 이들은 나중에 추근을 체포하여 그녀가 혁명당원임을 추궁하지만, 그녀는 개학식의 일을 거론하며 오히려 반론을 편다.

추근은 여자체육회를 창설하여 보병을 교련하고 여국민군女國民軍의 편성을 계획하기도 하였으나, 자금 조달의 어려움과 지역 유지의 반발로 무산되었다.[30]

당시 서석린과 추근은 광복군을 조직하여 안휘와 절강의 혁명 봉기를 획책하였다. 그러나 계획은 사전에 알려졌고, 다급해진 서석린은 경찰학교의 졸업식장에서 의례를 주관하던 안휘성 죄고의 장관인 안휘순무 은명恩銘을 저격 살해하였지만, 곧 체포되어 처형되었다. 청왕조 고위관리가 혁명당원에게 살해되었다는 소식은 모든 신문에 실렸다. 혁명당에 대한 정부의 수색이 이어졌고, 서석린이 창설한 대통사범학교는 요주의 대상이 되었다. 소흥의 지역 인사들은 추근이 남장을 하고 말을 타며 거리를 활보하는 것을 비난하였다. 또한 당시 소흥부 학무처學務處 총판이었던 호도남 등은 귀복에게 추근을 혁명당의 용의자로 밀고하였다. 호도남은 추근이 '죽일 놈'이라고 욕을 했던 바로 그 인물이다. 그러나 신해혁명 직전 광복회 회원으로, 추근의 혁명동지였던 회당 출신 왕금발王金發은 도성장의 명을 받아 호도남을 살해함으로써 추근의 복수를 대신한다.[31]

추근은 서석린 사건 기사를 신문에서 봤지만 도피하지 않았다. 추근의 친구와 학생들도 도주를 권유했으나 그녀는 듣지 않았다. 체포된 뒤 개학식에 참석했던 귀복에게 배후를 추궁 받았지만, 오히려 개학식에 귀복이 참석한 일을 거론하며 귀복이야말로 같은 동지라고 반격을 가했다. 이종악은 추근을 일반 죄인이 아니라 현 아문의 객실에 빈객의 예로 초대하여 공술서를 쓰도록 했다. 그녀는 단지 '가을 비 가을바람 애간장을 태우는구나[秋風秋雨愁煞人]'라는 일곱 글자의 절명시를 남겼다.[32] 1907년 6월 6일 추근은 서른세 살의 불꽃같은 생애를 마감하였다.

5. 추근의 시대

추근은 칼을 좋아하여 늘 몸에 지니고 다녔다. 오지영의 회고에 따르면, 추근은 귀국한 다음 오지영을 만나 유학생활의 어려움을 털어놓았다고 한다. 추근은 일본도를 내보이면서 "저는 약한 여자로 만리에 와서 학문을 하였고, 왕복을 거듭 하였으나 선박은 언제나 삼등칸을 이용하였고 쿨리(苦力: 노동자)와 같이 있었습니다. 믿는 바는 자위自衛이므로 오직 이 칼만이 나의 그림자처럼 떨어지지 않을 것입니다"[33]라고 말하였다. 그녀에게 칼은 자위의 수단이자 혁명의 수단이기도 했다. 그녀의 대표적인 시 〈보도가寶刀歌〉는 그녀가 혁명을 위한 자기 희생과 영웅주의적 이상에 얼마나 매료되었는지 잘 보여준다.

한나라 궁궐에 석양 비껴 비치는데
오천 년 역사의 오랜 나라 망하려 하네.
한번 잠에 빠지자 몇 백 년 동안이나 깊게 잠들었고
노예된 치욕을 알지 못하는도다.

우리 옛 조상 이름 헌원이고

발상지가 곤륜임을·기억한다네.

황하와 장강을 개척하고

큰 칼 빛내며 중원에 자리잡았네.

매산(景山의 잘못. 明末 崇禎帝가 자살한 곳)에서 통곡한들 어쩔 것인가

동타는 가시덤불에 묻힌 것을.

몇 번이고 고개 돌려 수도를 돌아보니

망국의 슬픈 노래 쏟아지는 눈물.

북상하는 팔국연합군 많기도 하여

우리 강산을 또 떼어주는구나.

서양 제국주의가 침략해 와 경종을 울리니

그제야 중국인들 놀라 노예의 꿈을 깨는구나.

주인이 나에게 금으로 장식된 칼을 주니

이를 얻은 내 마음은 호매롭도다.

적철주의는 오늘날 무력에 신경 쓰는데

백만의 적도 홍모와 같도다.

보도가 일월에 목욕하니 많은 보배로운 빛이 나고

목숨을 가볍게 여기는 사람은 얼마나 의표 당당한가.

죽음에서 살길을 찾기로 맹세하며

세계 평화는 무장에 의해야만 한다네.

형가가 진시황 죽일 자객 되어

비수로 찌른 사실 못 보았는가.

보좌 앞의 일격이 비록 명중하지 못했지만

전제 마왕의 혼백을 빼앗았다네.

나 혼자 힘으로나마 조국을 구하고자 하는 건

노예 되기 원하는 사람 온 중국에 널려 있기 때문이라네.

사람마다 노예 되길 원하니 너 보도를 어찌할거나
붓 잡고 〈보도가〉나마 지어본다네.
〈보도가〉는 간담을 굳세게 하고
죽은 나라의 영혼들을 많이 깨운다네.
협의의 기골을 지닌 보도에 누가 필적할 수 있을까
평생에 옛 원한 분명히 새겨두네.
칼이 신기한 물건이 아니라고 배척하지 마시오
구국의 공은 칼에 의해 이루어진다오.
지금부터 천지를 용광로 삼고 음양(일월)으로 숯을 삼아
전 중국의 쇠를 모아
천만 손잡이 보도를 만들어
중국의 적들을 깨끗이 쓸어버려야지.
위로 황제의 혁혁한 위명을 이어받아
한꺼번에 수백 수천 년 동안의 이족 침략의 치욕을 씻어야지.[34]

漢家宮闕斜陽裏	五千餘年古國死
一睡沉沉數百年	大家不識做奴恥
憶昔我祖名軒轅	發祥根據在崑崙
闢地黃河及長江	大刀霍霍定中原
痛哭梅山可奈何	帝城荊棘埋銅駝
幾番回首京華望	亡國悲歌淚涕多
北上聯軍八國衆	把我江山又贈送
白鬼西來做警鐘	漢人驚破奴才夢
主人贈我金錯刀	我今得此心雄豪
赤鐵主義當今日	百萬頭顱等一毛
沐日浴月百寶光	輕生七尺何昂藏
誓將死裏求生路	世界和平賴武裝

不觀荊軻作秦客　　圖窮匕首見盈尺

殿前一擊雖不中　　已奪專制魔王魄

我欲隻手援祖國　　奴種流傳徧禹域

心死人人奈爾何　　援筆作此〈寶刀歌〉

寶刀之歌壯肝膽　　死國靈魂喚起多

寶刀俠骨孰與儔　　平生了了舊恩仇

莫嫌尺鐵非英物　　救國奇功賴爾收

願從茲以天地爲鑪陰陽爲炭兮　　鐵聚六洲

鑄造出千柄萬柄寶刀兮　　澄淸神州

上繼我祖黃帝赫赫之威名兮　　一洗數千數百年國史之奇羞

　이 시를 통해 추근은 이민족을 몰아내기 위해서는 칼, 곧 무력에 의지할 수밖에 없는 상황을 형가가 진시황을 저격한 역사적 사실을 들어 빗대고 있으며, 혁명에 대한 신념과 의지를 피력하였다.[35]

　그녀는 또한 여인의 몸으로 전장에서 무공을 세워 국가에 헌신한 여걸을 찬미함으로써, 남존여비의 사회와 관습에 풍자와 비판을 가했다.[36] 지극히 남성적인 영역이라고 할 수 있는 유협의 전통과 보검에 대한 애정을 갖고, 추근은 여성 협객 곧 여협이 되기를 갈망하였다. 실상 그녀의 혁명 봉기는 극소수 유학생과 비밀결사를 규합한 것에 지나지 않았지만, 추근은 상관하지 않았다. 희생된다는 사실을 알고도 '혁명'의 목표를 향해 '무모한' 돌진을 하였다.

　추근이 봉기를 일으키고 희생된 1907년, 청 왕조는 여전히 강력한 힘을 갖고 있었다. 청 왕조는 1901년 의화단전쟁에서 패배한 뒤 신정新政으로 불리는 일련의 개혁정책을 실시하였다. 서양을 본뜬 신식 군대인 신군을 창설하고 경찰을 조직하였으며, 과거제도를 폐지한 뒤 신식 학교를 건립하고 해외유학생 파견을 장려하였다. 입헌제를

건괵영웅

실시하기 위한 준비도 진행하였다. 추근이 추모했던 오월은 바로 청 왕조가 입헌 준비를 위해 파견한 해외사절단을 암살하고자 했던 인물이다. 그러나 당시 혁명파와 마찬가지로 추근은 점진적 개혁을 시행하는 청 왕조에게 아무런 희망을 갖지 않았다.

보기에 따라서는 무모하고 저돌적인 행동과 그로 말미암은 희생은 '정치적 급진주의'나 '혁명 영웅주의'의 표현으로 볼 수도 있다. 그러나 그것은 추근 개인의 한계라기보다는, 동시대 혁명적 지식인의 한계였다고 할 수 있을 것이다.

6. 희생, 그 다음

추근이 희생된 뒤 전국의 여론이 들끓었다. 유학생들은 청 왕조의 행위를 비난하였고, 상해의 신문들도 청 왕조를 질책하였다. 추근의 가족들은 모두 도피하였기 때문에, 시신은 지역의 선당善堂에서 수습

하였다. 그리고 얼마 뒤 오빠 추예장이 몰래 소흥으로 옮겼다. 1908
년 초, 서자화는 "만일 불행하게도 희생된다면 서냉西泠에 묻히기를
원한다"는 추근의 유언을 따르기 위해, 오지영과 의논하여 땅을 사서
추근의 묘지를 항주 서호西湖의 서냉교西泠橋 서쪽으로 이장하고 자신
은 묘표墓表를 썼다.37) 또한 수십 명의 광복회 회원을 모아 추도식을
거행하고, 추사秋社를 조직하여 자신이 사장이 되었다. 아울러 6월 6
일을 '추근 열사 성인 기념일'로 정하였다.

그런데 이 해 겨울, 청 왕조의 관원 가운데 추근의 묘를 없애고 오
지영과 서자화를 추근의 무리라고 고발하는 자가 있었다. 서자화와
오지영은 숨어서 화를 피할 수 있었으나, 추근의 묘지는 항주에 두지
못하고 다시 소흥으로 옮겨야만 했다. 그 뒤 호남성 상담에 있는 남
편 왕정균의 묘와 합장되었다. 1912년 중화민국이 건립되자, 추근의
묘는 추사秋社의 요구에 따라 다시 호남성 상담에서 항주로 옮겨졌
다.

항주를 방문한 손문은 추근을 최고의 동지로 칭송하고 기념 시문
을 썼다. 그리고 추근을 추도하여 '감호여협천고鑑湖女俠千古 건괵영웅
巾幗英雄'이라고 휘호하였다. 또한 손문은 추근을 기념하기 위해 상해
에 학교를 세울 것을 건의하였다. 그리하여 1913년부터 추근의 호를
학교 이름으로 사용하는 '경웅여학'이 서자화에 의해 운영되었다.38)

추근에게는 아들과 딸이 있었다. 이들은 어머니가 희생되고 얼마
뒤 아버지마저 죽자 고아가 되었다. 아들 왕원덕은 상해 정풍대학正
風大學을 졸업한 뒤 신문사 사장, 중학교 교원으로 재직하였다. 중화
인민공화국 수립 이후 호남 문사연구관 비서로 일하다가 1955년에
죽었다.39)

딸 왕찬지는 추근의 일본 유학으로 네 살 때 어머니와 헤어지고,
어머니가 희생되었을 때는 겨우 일곱 살이었다. 그녀는 친척에 의해

길러졌으나 어머니의 피를 이어받아 열다섯 살 무렵부터 시를 지었다. 또한 무술을 좋아하여 유명한 스승에게서 권술과 검술을 익혔다. 임협의 기상을 가지고 있어 남을 돕는 데 인색하지 않았고, 상무진덕회尙武進德會를 조직하기도 하였다. 이런 까닭으로 어머니 추근이 '여협女俠'이라면, 딸 왕찬지는 '소협小俠'으로 불렸다. 왕찬지는 1926년에 추근의 유작을 모아 출판하였으며, 1927년에 서자화가 운영하던 상해의 경웅여학교 교장에 취임하였다. 1928년 남경 국민정부가 혁명열사의 유족에게 지급한 보상금을 기반으로, 미국 뉴욕으로 유학을 가서 항공술과 조종술을 배웠다. 당시 미국 인사들은 왕찬지를 중국 최초의 여성 파일럿으로 '동방의 여기장'이라고 찬사를 아끼지 않았다. 추근이 최초의 여성 혁명가라면, 왕찬지는 최초의 여성 파일럿이 된 것이다.[40] 추근은 희생되었지만 사람들 마음속에 여전히 살아 있었다.

■ 주 ─────

1) 徐雙韻, 〈記秋瑾〉, 中國人民政治協商會議全國委員會文史資料委員會 編, 《辛亥革命回憶錄》 4 (北京: 中華書局, 1962), 205~206쪽.

2) 이 글이 참고한 자료는 다음과 같다. 中國史學會 主編, 《辛亥革命》 3 (上海: 上海人民出版社, 1957); 中國人民政治協商會議全國委員會文史資料委員會 編, 《辛亥革命回憶錄》 4; 王燦芝 編, 《秋瑾女俠遺集》 (臺北: 臺灣中華書局, 1976 제2판); 中華書局上海編輯所 編輯, 《秋瑾集》 (北京: 中華書局, 1960); 中華書局上海編輯所 編輯, 《秋瑾史迹》 (上海: 中華書局, 1958); 郭延禮, 《秋瑾年譜》 (濟南: 齊魯書社, 1983); 陳象恭, 《秋瑾年譜及傳記資

料》(北京: 中華書局, 1983); 王去病·陳德和 編,《秋瑾年表細編》(北京: 華文出版社, 1990).

3) 秋瑾,〈致秋譽章書〉3,《秋瑾集》, 36쪽.

4) 徐雙韻, 앞의 글, 207쪽.

5) 秋瑾,〈杞人憂〉,《秋瑾集》, 58쪽. 이하 추근 시문의 번역문은 박인성의〈秋瑾의 後期詩歌 內容考〉〔중국어문연구회 엮음,《중국어문논총》15 (중국어문연구회, 1998)〕에서 인용하였다.

6) 박인성, 위의 글, 439쪽.

7) 平慧善,《秋瑾》(中國歷代名人傳叢書, 南京 : 江蘇古籍出版社, 1984), 18～22쪽.

8) 徐雙韻, 앞의 글, 207쪽.

9) 吳芝瑛,〈記秋女俠遺事〉,《秋瑾集》, 185～186쪽.

10) 服部繁子,〈回想婦女革命家王秋瑾女士〉,《秋瑾年表細編》 부록 참고.

11) 徐雙韻, 앞의 글, 208쪽.

12) 秋瑾,〈有懷－遊日本詩作〉,《秋瑾集》, 85쪽.

13) 추근은 러시아의 교활함과 메이지 천황의 웅대한 자태 및 독립 정신을 비교하고, 일본 여성의 종군을 찬양하는 시를 지었다(〈日本服部夫人屬作日本海軍凱歌〉,《秋瑾集》, 73쪽).

14) 王時澤 遺稿,〈回憶秋瑾〉,《辛亥革命回憶錄》4, 227쪽.

15) 秋瑾,〈致湖南第一女學堂書〉,《秋瑾集》, 32쪽.

16) 秋瑾,〈演說的好處〉,《秋瑾集》, 3쪽; 吳芝瑛, 앞의 글, 185쪽.

17) 秋瑾,〈敬告中國二萬萬女同胞〉,《秋瑾集》, 5～6쪽;〈敬告我同胞〉,《秋瑾集》, 7～9쪽.

18) 王時澤 遺稿, 앞의 글, 225～226쪽.

19) 도성장은 신해혁명이 일어난 1911년 암살되었지만,《절안기략》을 저술하여 절강 지역의 혁명가와 혁명 상황에 대한 기록을 남겼다. 추근에 관한 기록을 비롯하여 《교회원류고》도 그 안에 포함되어 있다(陶成章,《浙案紀略》,《辛亥革命》3 참고).

20) 陶成章,《浙案紀略》中卷〈列傳 秋瑾〉,《辛亥革命》3, 60～61쪽;〈列傳 徐錫麟〉,《辛亥革命》3, 55～56쪽.

21) 徐雙韻, 앞의 글, 210쪽.

22) 馮自由, 〈鑑湖女俠秋瑾〉, 《秋瑾年譜及傳記資料》, 68쪽.

23) 王時澤 遺稿, 앞의 글, 227~231쪽.

24) 秋瑾, 〈弔吳烈士樾〉, 《秋瑾集》, 78~79쪽.

25) 王時澤 遺稿, 앞의 글, 228~230쪽.

26) 秋瑾, 〈自題小照─男裝〉, 《秋瑾集》, 76쪽.

27) 박인성, 앞의 글, 451~452쪽.

28) 徐雙韻, 앞의 글, 210~213쪽; 秋瑾, 〈中國女報發刊辭〉와 〈敬告姉妹們〉, 《秋瑾集》, 12~13쪽.

29) 秋瑾, 〈勉女權歌〉, 《秋瑾集》, 113쪽.

30) 徐雙韻, 앞의 글, 113~114, 217쪽; 郭延禮, 앞의 책, 113쪽; 平慧善, 앞의 책, 55쪽.

31) 왕시택의 기억에 따르면 도성장이 도쿄에 있을 때 호도남 살해건을 언급하였지만, 실제로 도성장이 찬술한 《절안기략》에는 이 부분이 언급되어 있지 않다고 하였다(王時澤 遺稿, 앞의 글, 231쪽).

32) 현재 서석린과 추근 사건에 관련된 청 왕조의 공식 자료가 남아 있는데, 추근의 자술서도 거기에 포함되어 있다(秋瑾, 〈秋瑾口供〉, 《辛亥革命》 3, 195쪽). 그러나 실제로 추근의 자술서는 귀복의 막료가 위조한 것이라고 한다(徐雙韻, 〈記秋瑾〉, 217쪽; 郭延禮, 《秋瑾年譜》, 113~114쪽).

33) 吳芝瑛, 앞의 글, 185쪽.

34) 秋瑾, 〈寶刀歌〉, 《秋瑾集》, 80쪽.

35) 박인성, 앞의 글, 447, 450~451쪽.

36) 秋瑾, 〈題芝龕記〉, 《秋瑾集》, 53쪽; 박인성, 앞의 글, 451쪽.

37) 徐自華, 〈鑑湖女俠秋君墓表〉, 《秋瑾集》, 183~185쪽.

38) 건괵은 부녀자들이 쓰던 두건으로, 건괵영웅이란 여성영웅을 뜻하는 말이다. 추근이 희생된 소흥의 軒亭口 자리에 추근열사기념비가 세워졌는데, 그 뒤로 秋瑾像과 손문이 쓴 '건괵영웅'의 글자가 보인다. 추근이 체포되어 구금되었던 소흥의 臥龍山에는 절명시 '秋風秋雨愁熬人'에서 비롯된 風雨亭이 세워져 있다. 노신은 일본 유학 시절 추근과 개인적인 교류는 없었으나, 그녀가 희생되었다는 소식을 듣고 일본에서 절강 동향회원들과 추도식을 거행하였다. 또한 1919년 5월 《新靑年》에

발표한 단편소설 〈藥〉에서 夏瑜라는 등장인물을 통해 추근의 희생을 언급하였다 (魯迅 지음/ 정석원 옮김, 〈藥〉, 《아Q정전, 광인일기》, 문예출판사, 2004).

39) 王時澤 遺稿, 앞의 글, 232쪽.

40) 《秋瑾女俠遺集》에는 추근의 딸 왕찬지의 서문과 아들 왕원덕의 발문이 수록되었으며, 부록으로 왕찬지의 시문이 실려 있다(왕찬지에 관해서는 부록에 실린 〈王燦芝小傳〉을 참고할 것). 그녀는 중국에 돌아온 뒤 항공학교 교수와 編譯의 직책을 맡았다. 중화인민공화국 수립 뒤 대만으로 이주하여, 소설 《秋瑾革命傳》(臺北: 三民書局, 1953)을 어머니의 성을 따서 秋燦芝의 이름으로 발표하였다.

하향응 何香凝
적 앞의 맹호 같았던 열정적 혁명가

김 문 희

1. 전족을 거부한 아이

중화민국의 국부 손문孫文의 부인 송경령宋慶齡과 함께, 손문의 오른팔이었던 요중개廖仲愷의 부인 하향응何香凝(1878~1969)은 중국 국민당 좌파로서, 국민혁명과 여성해방에 힘을 쏟은 혁명가이다.

하향응은 서태후 치하였던 1878년 홍콩의 유복한 차茶상인의 집안에서 태어났다. 그녀는 12남매 가운데 막내로, 비록 체격은 왜소하고 유약해 보였으나 총명하고 용감무쌍한 성격을 가진 아이였다.

당시 전족纏足의 풍습은 민국 시기까지 계속되고 있었다. 홍콩은 비록 해외와 교통이 발달하고 풍조가 선진적이었으나 전족의 풍습은 유지되고 있었다. 하향응이 5, 6세 때 어머니는 전족을 시키려 하였으나 고통을 참지 못한 그녀는 밤이면 가위로 발을 감싼 헝겊을 잘라버렸다. 어머니는 전족을 강요하고 하향응은 반항하기를 거듭한 끝에, 아버지의 마음을 감동시켜 "그 아이를 그대로 놔둬라"고 명령하도록 만들었다.

하향응이 전족을 반대한 데에는 단지 육체적 고통을 견디지 못했던 것만은 아니었다. 원래 외가 쪽의 일가친척이 태평천국의 영역에서 생활하였고 일정한 임무를 담당하고 있었으므로 태평천국의 정황에 대해 잘 알고 있었다. 그래서 그녀가 외가 쪽 집안을 방문할 때면 태평천국에 관한 견문을 들려주었다. 하향응은 이 이야기를 매우 좋아했으며 여군들은 전족을 안 한 천족天足이었기에 용감하게 태평천국군의 전투를 수행할 수 있었다고 생각하였다.[1] 그리하여 그녀는 전족에 저항하려는 결심을 하게 된 것이다.

하향응이 7, 8세 되었을 때 독서를 하고 싶었으나, 아버지는 여자는 재주가 없는 것이 덕德이라고 생각하였다. 더욱이 그는 만약 여자아이가 남자아이와 사숙에서 함께 공부를 하면 남자아이의 총명함을 빼앗아갈 것이라고 믿었다. 그래서 남녀가 같이 사숙에서 공부하는 것을 금지하였다. 그리고 선생이 여성으로 이루어진 여서관女書館에서 전통적인 유교 교육만을 허락하고 더 이상은 허락하지 않았다. 그러나 하향응은 형제들이 사숙에서 강의를 받을 때 밖에서 듣거나, 모르는 것은 하녀를 시켜 사숙 선생에게 알아오게 하여 스스로 학문을 익혔다.[2]

이 억척스러운 큰 발의 소유자인 하향응을 오히려 반기며 아내로 맞이한 사람은 요중개廖仲愷였다. 미국에서 출생하여 교육을 받은 요중개는 전족을 하지 않은 여자와 결혼하기를 바라고 있었다. 좋은 혼처를 바라기는커녕 오히려 주위 사람을 비탄에 빠뜨리던 하향응의 천족이 아이러니하게도 생애 최고의 반려자를 얻게 해준 셈이다. 두 사람의 혼인은 하향응이 18세, 요중개가 20세가 되던 해인 1897년 10월 말 성사되었다.

1902년 하향응은 요중개와 함께 일본으로 건너가 유학생활을 시작한다. 여기에도 의미 있는 일화가 있는데, 하향응의 말을 빌리면 다음과 같다.

우리 집안에는 태평천국운동에 참가했던 사람이 있어서, 어릴 때부터 반청反淸에 관한 이야기를 들어왔다. 나는 또 요중개로부터 종종 시국에 관한 이야기를 들으면서 차츰 '국가의 흥망은 필부에게도 책임이 있다'는 인식을 깊게 하게 되었다. 당시 청 정부의 부패 무능은 국가에 수많은 권리 침해와 치욕을 겪게 하였는데, 우리들은 전 국민과 마찬가지로 매우 격분하고 있었다.

무술정변 뒤, 뜻있는 청년들은 일본에 유학 가는 것이 유행이었다. 원래 요중개 집안은 화교 출신이라, 요중개는 미국에서 태어났고 아버지는 미국에서 사망하였으며 친형 역시 미국에서 컸다. 그의 친형은 영문을 어느 정도 이해할 수 있어서 청 정부의 외교관원을 맡고 있었으나, 요중개의 일본 유학 학비 부담에 대해 응답이 없었다. 요중개는 스스로 일본에 갈 여비를 마련해야 하나 돈이 부족하여 내 앞에서 탄식을 하곤 하였다. 그의 뜻을 이루어 주기 위해 나는 결혼할 때 친정에서 준 패물을 팔았다.

요중개가 일본에 간 지 2개월 뒤인 1902년 겨울, 나 역시 일본으로 건너가 나라와 가정을 떠나 독자적으로 공부하는 일종의 신생활을 누리게 되었다. 1903년 초 나는 동경목백여자대학東京目白女子大學에 입학하였다. 나는 매일 기숙사에서 일본어 학습을 하는 것 말고도, 때때로 요중개와 함께 중국유학생들의 여러 활동에 참가하였다.3)

2. 손문을 만나 혁명의 길로

1903년 봄 어느 날 저녁, 두 사람은 도쿄 간다(神田) 진보(神保)마을에 있는 유학생회관에서 말로만 듣던 혁명가 손문을 처음으로 보았다. 하향응의 일생은 이 날을 계기로 완전히 돌변했다 해도 지나친 말이 아닐 것이다.

그들은 손문이 말한 "청국 정부를 뒤엎고 민국을 건립해야 한다"

는 주장에 무척 탄복하고 깊이 공감했으며 혁명사업에 참가하여 미력이나마 바칠 것을 원하였다.

이때부터 그들은 혁명동맹회의 여러 활동에 적극적으로 참가하였다. 그들은 손문의 부탁을 받고 유일留日중국청년학생회를 조직했으며 의용대를 조직하고 군사지식을 학습하여 장래 무장투쟁을 준비하였다. 하향응은 같은 숙소에 거주하고 있던 의용대를 위해 가사를 돌보았으며 매일 아침 일찍 일어나 물을 끓이고 밥을 지었다.

한창 일하던 1904년 하향응은 홍콩에서 장녀 요몽성廖夢醒을 낳았다. 그러나 출산한 지 얼마 안 되어 자식을 친정에 남겨둔 채 다시 그녀의 활동의 무대였던 일본으로 돌아간다.

1905년 8월 동맹회 사업이 완료되었을 때 하향응은 동맹회에 정식으로 가입함으로써 최초로 여성회원이 되었다. 중국 동맹회의 여성회원 가운데에는 추근秋瑾도 있었다. 당시 하향응은 광동어밖에 할 줄 몰랐기 때문에 소흥 출신인 추근과는 필담으로 대화를 나누었다고 한다.4)

손문은 요중개와 하향응에게 도쿄에 있던 그들의 거처를 혁명당원의 통신연락처와 집회장소로 삼을 것을 청했는데, 하향응은 이를 받아들여 혼고(本郷)에서 간다(神田)로 이사하였다. 그리고 고용인도 없이 스스로 쌀을 씻고 불을 피우고 밥을 짓는 등 가사노동을 익혔다. 회원들이 삼삼오오 들어오고 나면 곧 신발을 숨겨 마치 집회가 없는 듯 꾸미기도 하고, 한 번에 20명 정도의 식사준비를 하는 등 힘을 다해 중국 동맹회를 지원하였다. 하향응은 학교에 다니는 한편, 동맹회원의 연락과 근무, 동지들을 엄호하는 각종 사업을 겸했다. 또한 손문의 지시에 따라 요중개 등과 함께 세계 각지의 화교들에게 혁명을 선전하는 편지를 써 보내 많은 원조를 받기도 하였다. 혁명 이후의 신중국에서 그녀가 화교 사무위원회 주임으로 취임한 것은 이때 이름을 떨쳤기 때문이라 하겠다.

그녀는 나중에, "그때 하나의 신념
이 있었는데, 바로 나의 고생은 중화
혁명을 위한 것이다. 이를 생각할 때
마다 그 어떤 고생도 참을 수 있었으
며 즐거웠고 피곤하지도 않았다"고
회상했다.5)

1906년 하향웅은 일본여자대학 교
육학부에 입학하였다가 1908년 장남
요승지를 낳자, 이듬해 혼고여자미
술학교本鄕女子美術學敎로 학교를 옮기

1909년 하향웅 가족사진

고 심기일전하여 그림공부를 시작하였다.

3. 신해혁명에서 제2, 3혁명으로

요중개가 1909년 와세다대학을 졸업한 뒤 길림에서 혁명세력 확대
를 위한 활동을 하였으므로 한 살, 다섯 살짜리 아이들을 데리고 홀
로 도쿄에 남은 하향웅은 1911년 봄 여자미술학교를 졸업하자 아이
들과 함께 홍콩에 돌아와 있다가 무창봉기武昌峰起의 소식을 듣게 되
었다.

이것으로 신해혁명은 성공한 듯 보였다. 그러나 얼마 안 가서 그
성과는 원세개에게 빼앗겨 버렸다.

당시를 회상한 하향웅의 말에 따르면 다음과 같다.

1911년 봄 나는 이미 혼고여자미술학교를 졸업하여 홍콩의 친정으로 돌
아와 있었다. 3월 29일 광주기의廣州起義가 일어나기 전, 홍콩은 이미 혁명

파의 연락거점이 되고 있었다. 나는 비록 기의에 직접 참가하지는 못하였지만, 이 기의의 준비작업에 참여하였고 이것에 대해 미리 알고 있었다.

신해혁명 이후 동맹회는 국민당으로 개칭되었으나, 당원 가운데에는 혁명사상에 충실하지 못한 사람들이 있어서 혁명 사상은 회석되어 갔다. 정권을 잡은 원세개袁世凱에 대한 투쟁을 선언한 손문은 요중개를 북경으로 보내 혁명공작을 하게 하였으나, 원세개의 체포령으로 말미암아 천진으로 도망쳤다가 광주로 돌아왔다. 광주혁명(제2혁명) 때 호한민胡漢民이 정부 주석, 요중개가 재정부장, 주집신朱執信이 교육부장을 맡았으나, 혁명파의 무장역량의 열세와 군벌 및 외세의 공격을 받아 무너지고 말았다. 나와 요중개는 광주를 떠나 홍콩으로 피신하려 하였으나 영국 당국은 우리를 정치범으로 간주하여 입국을 허락하지 않았다. 이런 극단적으로 곤란한 상황 때문에 일본으로 망명할 수밖에 없었다.

1914년 손문이 중화혁명당中華革命黨을 창립하였을 때, 나와 요중개, 주집신, 등중원鄧仲元, 진기미陳其美 등이 참가하였다. 요중개는 중화혁명당의 재정부 차장을 맡았다. 우리는 아오야마(靑山)에 거주하였는데, 손문 부부와 이웃하여 살았다.

일본이 중국에게 21개조를 요구하자, 나는 원세개 정부와 일본의 조약 요구, 그리고 이후 장훈張勳의 복벽復辟에 반대하는 강연을 일본 유학생을 대상으로 하였다. (1916년 원세개의 군주제 복벽에 반대하는 운남기의가 일어난 뒤, 군주제를 취소하자, 4월, 하향응과 요중개는 손문 부부와 함께 원세개의 군주제 복벽 실패를 축하하는 집회를 도쿄에서 열었다. 이후, 손문 요중개와 함께 귀국하여 상해에서 거주하였다.)[6]

원세개가 죽은 뒤 군벌들의 혼전시기가 오자 손문은 호법護法의 구호 아래 북양군벌에 반대하는 투쟁을 전개하였다. 요중개는 손문의 운동을 보좌하여 북양해군 군관인 팽춘원 등을 남하하여 호법에 참가하게끔 하였으며 나는 북양군벌의 부인들을 분담하여 공작을 전개하였다. 또한 해군 부인들

을 초대하여 그녀들에게 호법의 필요성을 강연을 통해 이해시키고 호법에 동참할 것을 설복하였다.[7]

4. 하향응, 요중개를 구하다

1922년 손문은 광동에서 혁명세력을 모아 군정부를 조직하였다. 군정부는 광동지역을 세력범위로 두고 있던 광동군벌 진형명陳炯明과 연합하지 않을 수 없었다. 그러나 진형명은 군정부에 대해 영국제국주의와 직계군벌과 결탁하여 혁명세력을 없앨 음모를 꾸몄다.

6월 16일 새벽 진형명 부대는 총통부를 포위하고 공격을 시작하여 손문을 사지에 밀어넣으려 시도했다. 손문의 심복이었던 등중원鄧仲元은 암살되었고 요중개는 감금되었으며 총독부가 점거당했다. 하향응은 포화로 가득 찬 광동廣東에 홀로 남아 행방불명된 손문의 부인과 요중개를 찾아 분주히 돌아다녔다. 꼬박 이틀이 걸려 겨우 송경령의 거처를 알아낸 그녀는 영풍함永豐艦에 피신 중이던 손문에게 부인의 안부를 전해 줄 수 있었다. 손문은 하향응의 안색이 나빠진 것을 보고는 홍콩으로 돌아가 쉬라고 권했지만, 그녀는 요중개의 거처와 그의 무사함을 확인할 때까지는 결코 광동을 떠나지 않을 결심이었다. 그녀는 손문에게 옷가지를 가져다주는 등 자상하게 배려한 뒤 다시 요중개를 찾아 떠났다.

요중개가 감금된 지 열흘째 되던 날 하향응은 그를 만났다. 그는 손발과 몸이 세 줄의 쇠사슬로 칭칭 묶여 있었는데 감시가 심해 말을 걸 수가 없었고 특히 세 번째 면회 때는 그가 살해될 것이라는 소문까지 나돌았다. 요중개는 이미 자신이 곧 살해된다는 것을 알고 최후의 작별시를 건네주었다.

하향응이 요중개를 위해 사방으로 분주히 뛰어다닐 때, 진형명의 부하 홍조린洪兆麟이 그녀를 찾아와 "영풍함에서 날마다 우리에게 포를 쏘는데, 손문 선생께 오늘 포를 쏘지 말게끔 한다면, 내일 우리는 요중개를 풀어주겠다"고 했다. 그러나 그녀는 그의 요구를 거절하며, "만일 그렇게 한다면 손문 선생께 미안하고, 또 중국인민을 볼 면목이 없다"고 하였다.

8월 진형명이 소집한 총사령부 회의가 백운산에서 열린다는 것을 알고, 하향응은 직접 백운산의 좁고 험한 산길을 큰비를 맞아가며 걸어 올라갔다. 이때 마침 진형명이 군사회의를 열고 있어서 회의실에는 군인들로 가득했다. 하향응은 여러 군관들 앞에서 진형명의 배신 행위를 질책했으며, 진형명이 여러 차례 그녀에게 젖은 옷을 갈아입을 것을 청했으나 모두 거절했다. "비에 젖은 것은 별 문제가 아니다. 오늘 나는 죽을 준비를 하고 왔다. 요중개가 도대체 당신들에게 무슨 잘못한 점이 있어서 그를 가두는 것인가?"라며 따졌다. 진형명은 한편으로는 자신의 책임을 전가하고, 다른 한편으로는 술책을 부려 겉으로는 놓아주는 체하면서 암암리에 죽이려고 생각했다. 하향응은 당장 그것을 폭로하고 반박했으며, "오늘 여기 올 때, 집에 돌아갈 생각을 하지 않고 왔다. 당신이 나를 어떻게 죽여도 두렵지 않다. 다만 똑똑히 물어보고 싶은 것은 요중개를 죽이겠는가, 아니면 놓아주겠는가?"

진형명은 어쩔 수 없이 석방에 동의하였다. 그날 밤이 깊어 요중개는 집으로 돌아왔다. 하향응은 진형명이 마음을 돌려먹을 가능성이 있다고 예감하고 요중개를 설득하여 이튿날 새벽 집을 떠나 상해로 가서 손문 부부와 회합했다.

하향응은, "이 일이 일생의 투쟁 중에서 얻어낸 중대한 승리의 하나였다"고 뒷날 회상했다.[8]

5. 국민당 부녀부장이 되어

국민당 제1차 대표대회(1924. 1) 이후 국공합작이 정식으로 이루어졌다. 이때부터 중국의 국민혁명은 진전되어 각 부분의 대중운동이 고조되었는데, 부녀운동(여성운동)도 그 가운데 하나였다.

하향응은 국민당 제1차 대표대회 이후, 국민당 선전부에서 일하고 있었지만, 오히려 부녀해방 문제에 대해 열심이었다. 1924년 8월 국민당중앙 부녀부의 부장 직에 임명되었을 뿐 아니라 국민당 광동성 당부 부녀부장도 겸직하게 되었다.

먼저 3월 8일 국제 부녀절 행사를 크게 열기 위해 2월 하순부터 국민당중앙 부녀부 간부회의에서 찬동을 얻은 다음, 3월 5일 여학교와 여성계 대표들이 광주에서 국제 부녀절 준비를 위해 모인 회의에서 선전방법과 회의의 절차, 구호 등을 토론하게끔 하였다. 3월 8일 당일 광주의 각 부녀 단체와 각 학교 여학생 2천여 명이 참석하여 성황을 이루었다. 이 대회를 계기로 광동의 부녀운동이 발전하였을 뿐 아니라, 많은 부녀들이 스스로 해방과 국민혁명에 공감하게 되었다.

하향응이 국민당 부녀부장이 된 뒤 부녀운동의 발전은 촉진되었다. 선전 방면으로는, 《부녀지성婦女之聲》이란 잡지의 창간이 그것이다. 국민당중앙 부녀부와 광동성 부녀부가 연합하여 간행한 이 잡지는 국민당의 정책, 부녀해방운동의 기본 이념 등을 펴기 위해 등영초鄧穎超를 주필로 하여 1925년 12월 창간되었다. 동시에 극회와 강연단을 조직하여 각 지역을 찾아다니며 부녀운동과 국민혁명에 투신할 것을 여성들에게 선전하였다. 하향응은 전국의 여성계에 여성당원대회를 소개하고 국민당원의 가족들을 집회에 참석시켜 강연을 통해, 삼민주의와 5권헌법의 내용과 의의를 선전하였다. 여성 자신의 지위와 역량 인식이 발전되어 부녀가 국민당에 참여하고 국가의 부강과 부녀의 권리 투쟁에 나설 것을 권장했던 것이다.

실제적인 활동으로는, 빈민산부인과의원의 창립이 있다. 하향응은 가난한 산모들의 고통과 의원부족문제를 해결하기 위해, 1924년 3월 국민당 부녀부 당원대회에서 빈민산부인과의원 설립을 제안하였고 이후 광주 각 기관 단체로부터 설립 경비를 모으고 국민당 해외부와 미주 화교들로부터 의연금을 모아 6월 의원을 개설하였다.

또한 부녀의 절실한 권익을 위해 부녀학교, 합작사 등 복리사업에 관심을 기울였다. 1924년 3월에는 광주에 세 개의 부녀노동학교를 설립한 뒤 500여 명에 달하는 여공을 입학시켜 그들의 학업신장과 남녀평등의 조건을 쟁취하도록 하였다. 10월에는 광주여자미술연구소를 조직하였고 아울러 광주 여자제작품 판매합작사를 설립하여 여자들이 스스로 경제생활의 독립을 얻고 생산을 하는 가운데 그들 서로 간에 합작이란 협동정신을 드높이려고 하였다. 11월, 하향응은 국민당구호소를 창립하도록 조직하였다. 여기서는 17~28세의 열사들의 유가족과 기타 여자들을 모집하여 '부상병들의 구호를 전담하는 부녀 구호 인재를 양성'하려 하였다. 12월, 부녀부는 노동부녀들의 야학을 열어 낮에 학업을 할 수 없는 부녀들에게 편리를 봐주었다. 1925년 1월 하향응 스스로 경비를 부담하여 광동성에 2개소의 여공보습학교를 열고 자수 기능을 익힐 수 있도록 하였다.[9]

6. 요중개, 암살 당하다

이전부터 손문을 반대하던 국민당 우파들은 창끝을 손문의 유언을 충실히 집행하려고 노력하는 요중개에게 돌려 그를 살해하려는 음모를 꾸몄다. 그러나 그는 언제나 생사는 뒷전으로 하고 혁명을 조금도 늦추려고 하지 않았다.

1925년 8월 20일 오전, 요
중개 부부가 국민당 본부의
중요한 회의에 참가하려 가
고 있을 때 본부 문 어귀에
서 우파의 총격을 받아 하향
응의 바로 앞에서 걸어가던
요중개와 진추림陳秋霖이 탄

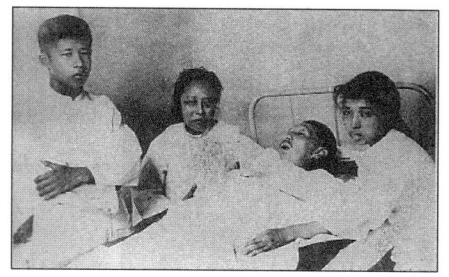

1925년 8월. 암살당한 요중개

환을 맞고 쓰러졌다. 요중개는 병원에 도착하기도 전에 자동차에서
숨을 거두고 서거하였다. 병원에서 하향응은 눈물을 흘리며 요중개
의 유해와 고별하면서, "나는 당신이 가장 근심하는 3대정책이 순조
롭게 집행되지 못할 것을 알고 있습니다. 나는 꼭 당신의 뜻을 이어
받고 당신의 사업을 물려받아 기필코 그것을 실현할 것입니다"라고
말했다. 장례가 끝난 뒤 그녀는 장례행렬의 맨 앞에 세웠던 "정신은
죽지 않았다"는 큰 플래카드를 집 문 앞에 걸어 놓았다. "마음은 애
통하나 당신의 소원을 성취하기 위해 분발하려네, 나라를 위하는 이
마음 언제 다하겠는가?"라고 하면서, "국가에 이익이 된다면 나의 온
집안을 송두리째 바쳐도 아까울 것이 없다"고 결심했다.10)

7. 국민당 좌파로서 활약

1925년 6, 7월 무렵 대계도戴季陶는《손문주의 철학의 기초》,《국민
혁명과 중국공산당》이란 두 권의 소책자를 발표하여 중국공산당과
혁명통일전선을 반대하였다. 같은 해 말, 사지謝持, 추로鄒魯 등은 북
경의 서산에서 회의를 열고 "공산당의 국민당 당적을 취소하고", "중
앙집행위원인 공산당원 이대조를 해임한다"는 제안을 통과시켰다.
1926년 1월 국민당은 광주에서 제2차 전국대표대회를 소집했는데,

송경령과 하향응은 모두 정식 대표였다. 하향응은 담화를 발표하여 서산회의파가 손문의 3대정책을 파괴한 행위를 질책했으며 공산당과 공고히 합작하여 "함께 분투하여 제국주의를 타도하고 우리 모두 혁명의 성공에 도달해야 한다"고 제기하였다.

1926년 3월 장개석은 '중산함 사건'을 일으켜 성항파업위원회와 소련 고문의 주택을 포위하고, 공산당원 이지룡李之龍을 체포하였다. 하향응은 이 소식을 듣자 계엄령이 내려진 것도 두려워하지 않고 즉시 장개석을 찾아가 분노를 감추지 못하고, "손 선생과 요중개의 시체가 식지 않았고 북벌을 시작하고 있는 이때 대적을 눈앞에 두고 당신들은 혁명대오의 분열을 꾀하다니 무엇으로 손 선생을 대하며 무엇으로 요중개를 대할 것인가?"라고 말하였다.

5월 국민당 제2차 2중전회가 광주에서 열리자, 장개석은 〈당무정리안〉을 제출하여 공산당원을 배척하고 타격을 가했다. 하향응과 팽택민, 유아자柳亞子 등 국민당좌파는 반대하였으나, 다수를 차지하는 우파의 제안은 통과되고 말았다. 하향응은 눈물을 머금고, "당무정리안은 손문 선생의 진의에 위반되는 것이다. 손문 선생이 서거한 지 15개월밖에 안 되고 시체도 식지 않았는데, 이 무리들이 자신들의 이기적인 목적을 달성하기 위해 이러한 수단을 쓰는 것은 실제로는 공산당을 반대하고 러시아와의 연합을 반대하는 것이며 노동자와 농민들에게 불리하게 하는 것이다"라고 지적했다.

10월 국민당은 광주에서 중앙위원회와 각 성 당부의 연석회의를 소집하였다. 하향응은 발언에서 반드시 손문의 건국대강을 관철해야 한다고 강조했다.

11월 국민당중앙은 정치회의를 열고 무한武漢으로 천도할 것을 결정하고, 하향응도 딸 몽성을 데리고 보로딘 부인, 팽택민 부부 등과 함께 광주를 떠나 무한으로 향했다. 그런 가운데에도 하향응은 매령

梅嶺에 올라서서 눈 쌓인 산봉우리에 활짝 피어있는 붉고 흰 매화에
매료되어 이렇게 노래했다.

> 10월에 거듭 산봉우리의 매화를 본다.
> 붉은 매화는 눈과 서리를 비웃으며 오만하게 피어있구나
> 매란국죽梅蘭菊竹, 다 모여도
> 유산庾山에 홀로 핀 홍매를 부러워하도다.[11]

이는 우파와 군벌의 방해에도 굴하지 않고 북벌을 완수해야 한다
는 그녀의 심정이었을 것이다

도중에 이들은 국민당중앙과 국민정부위원회가 소집한 여산廬山회
의에 참가했으며, 등연달鄧演達 등 좌파와 함께 장개석, 황부黃郛 등
우파와 천도문제로 또 다시 첨예하게 대립했다. 장개석은 국민당중
앙과 국민정부를 자신의 지배 아래 넣으려고 무한으로 천도하는 것
을 반대했다.

1927년 2월 국민당 좌파는 무한에서 회의를 열어 독재를 반대하고
신우파와 투쟁할 것을 결정하였다. 3월 국민당은 한구에서 2기 3중전
회를 열고 송경령과 하향응 등 국민당 좌파와 공산당원의 노력으로
일련의 결의를 통과시켜 손문의 3대정책을 수호하고 국공합작의 혁
명원칙을 견지하였다.

4월 12일, 장개석이 4·12 쿠데타를 일으켜 혁명당원과 대중을 살
해하고 남경에 따로 정부를 세우자 13일 하향응은 호북성당부 한구
특별시당부에서 〈장개석은 반혁명파〉라는 연설을 발표하여, 장개석
이 농민, 노동자를 반대하는 것은 반혁명으로서 반혁명파를 타도해
야 한다고 주장했다.

7월 14일 좌파였던 왕정위가 장개석과 결탁하여 '분공分共회의'를

열고 공개적으로 손문이 제정한 국공합작과 반제·반봉건의 혁명강
령을 반대하였다. 하양응, 진우인, 팽택민 등 국민당 좌파는 회의에서
왕정위의 반공을 제지하려고 시도했지만, 좌파의 수가 너무 적어 〈분
공결의안〉은 통과되고 말았다. 국민당은 '청당淸黨'을 단행하여 도처
에서 공산당원과 노농군중을 체포하고 살해하였다. 하향응은 여러
차례 직접 맞서기도 하고, 편지로 장개석과 왕정위가 신의를 저버린
데 대해서 호되게 꾸짖었다.[12]

12월, 동맹회와 국민당 원로로서 명망이 높았던 하향응은 장개석
과 송미령의 결혼식에 결혼증인으로 초대되었는데, 그녀는 이 기회
를 이용하여 장개석의 분공시도를 압박하고 손문의 신삼민주의로 회
귀시키려 하였다. 그 결과 양자간에 불유쾌한 분쟁이 발생하자 그녀
는 크게 화를 내며 일언지하에 결혼증인 임무를 사퇴해 버렸다. 이후
그녀는 국민당의 일체의 직무를 포기하고 국민당과 결별하였다.[13]

1929년 6월 하향응은 남경에서 거행된 손문의 국장國葬 이장식에
참가하고 〈총리를 안장한 뒤 어느 날의 느낌[總理奉安後一日有感]〉[14]이
란 시를 지었다.

> 자금산의 중산월은 금릉의 열사들의 피를 비춰주네.
> 바다를 메우고 산을 옮기려는 사람이 많거늘 머리를 싸안고 나라를 위해
> 던질 것을 맹세하누나.
> 여러 사람들 뜻을 합쳐 성 쌓으니 무너뜨릴 수 없고 악惡과 역逆은 결국에
> 는 저절로 망할 것이거늘.
> 머리 돌려 문득 새롭게 밝은 달을 바라보며 파도소리 감상하고, 귀신 소리
> 도 그쳤네.

이는 혁명을 위해 희생된 공산당원과 국민당 좌파에 대한 비통한

심정과 혁명의 승리에 대한 믿음
을 표현한 것이다.

마침내 9월 그녀는 자신과 기타
명인의 작품 300편을 가지고 프랑
스행을 결행하기에 이르렀다. 그
녀는 먼저 런던으로 갔다가 이후
파리 교외에 머물며 매일 그림 그
리는 일로 소일했다.

1931년 구제 국난 서화 전람회에서

8. 항일과 민권의 선봉에 서서

1931년 만주사변이 발생하였을 때 하향응은 프랑스에 있었는데,
그녀는 조국의 안위를 근심하여 국외에서 계속 남아있기를 원치 않
았고, 급히 행장을 수습하여 귀국함으로써 함께 어려움에 동참, 대처
하려 하였다. 11월 상해에 도착한 그녀는 12월 '국난을 구제하기 위
한 서화 전람회'를 발기하여 조직하였다. 그녀는 〈국난을 구제하기
위한 서화 전람회 선언〉을 발표하면서,

"향응이 먼 타향일우에서 나라를 걱정하다가 국난의 위급함을 전
해 듣고 만 리 길을 급히 돌아오니 국가는 급난을 겪고 있는 가을이
되어 필부도 책임이 있다는 훈시를 감히 잊을 수 없다. 완급緩急을 고
려하다가 생각이 변하여 학교를 운영하는 것은 좀 늦출 수가 있지만
나라를 구하는 것은 뒤로 미룰 수 없다고 생각했다"15)고 하며 중개
농공학교 경비를 마련하기 위해 모아두었던 서화로 전람회를 열고
그 수익금으로 항일부상병을 구하는 데 쓸 것이라고 하였다.

1932년 1월 일본에 대항을 선언한 상해 주둔 19로군에 대한 중국
애국군중의 지원이 쇄도하였다. 하향응 역시 의사, 간호원, 공업・상

업계 저명인사가 참가한 회의를 소집하고 19로군 위로, 구호, 난민구제 등의 임시활동그룹을 조직할 것을 결정하여 이튿날 친히 19로군 전선지휘부를 방문하여 위로와 격려를 하였다.

1월 31일 그녀가 조직한 상해여성전선위문대, 구호대, 난민구제대, 구호훈련반과 '국난전사위문구호회' 등은 신갑로에 있는 해관감독청사에 사무소를 개설하였다. 하향응은 이 사무소에서 여러 일을 책임졌으며 송경령, 진명추陳銘樞 부인, 채정개蔡廷鍇 부인, 장광래 부인등과 연계하여 부상병 병원을 꾸려나갔다. 그녀는 언제나 한 무리의 여성들을 거느리고 병원에 가서 용품이나 음식물을 나누어 주었다. 그녀가 병사들에게 나누어 준 물품들은 아무 차별도 없었으며 그들에게 베푼 위문 역시 차별 없이 정성스러웠다.

또한 하향응은 해외 화교들에게 원조를 요청하는 전보를 보냈고 자기 집 문 앞에 큰 종이 한 장을 붙이고서 그 위에 "여기서 뜨거운 원조를 접수합니다"라고 썼다. 상해시민과 귀국 화교들은 앞 다투어 돈과 물건을 보내왔으며 어떤 사람은 항일사업에 참가할 것을 요청하였다.16)

한편 등연달鄧演達의 죽음을 계기로 하향응은 송경령, 채원배, 양행불과 함께 1932년 여름부터 상해에서 '중국민권보장동맹(이하 동맹)'을 조직하였다. 국내정치범의 석방, 정치범에 대한 변호와 원조 , 그리고 출판·언론·집회·결사의 자유투쟁을 목표로 한 동맹은 일련의 진보적인 정치주장을 제기하였으며 국민당의 죄행을 적발했다. 3월 그녀의 장남 요승지가 상해 공안국과 공조한 공공조계에서 체포되었을 때 동맹과 하향응, 송경령, 유아자 등 여러 인사의 노력으로 결국 석방될 수 있었다.17)

그러나 국민당은 동맹을 박해할 것을 획책하고는 동맹의 해산을 요구하거나 남의사藍衣社를 통해 협박했고, 마침내 동맹의 중요멤버인 양행불楊杏佛을 암살하기에 이르렀다. 하향응은 병든 몸을 이끌고 양행불의 입관의식에 참가했다. 그의 희생 뒤 동맹의 활동은 비록 탄압에 의해 저지되었지만 동맹의 성원들은 여러 가지 투쟁방식을 취하며 활동해 나갔다.

항일전선을 원조하려는 전문적인 조직의 요구는 마침내 1938년 6월 송경령을 주석으로 하는 '보위중국동맹(이하 보맹)'의 성립으로 귀결되었다. 여기에는 국내외의 인사를 동원하여 보맹의 사업을 지지 또는 참가하게끔 하였는데, 하향응은 보맹의 열렬한 지지자였고 그녀의 아들 요승지는 보맹의 비서장, 딸 요몽성은 사무실 주임을 맡았다. 요승지의 회상에 따르면 하향응이 홍콩에 온 이후의 주요사업은 바로 보맹을 지지하는 것이었고 중심업무는 팔로군과 신사군을 대신하여 의연금을 모으는 것이었다고 했다. 그녀는 해외 화교와 접촉하여 항전을 선전하며 그들의 원조를 호소하였다. 화교들이 의연금을 낼 때마다 그녀는 자신이 그린 그림을 한 장씩 주었다고 하는데 그 수는 헤아릴 수가 없었다.[18]

1941년 12월 8일 일본이 태평양전쟁을 도발한 이후, 같은 달 25일 홍콩이 함락되었다. 보맹의 핵심멤버였던 하향응은 홍콩을 떠나 중경으로 가려 하였으나 장개석의 방해로 결국 중경행 비행기에 오르지 못했다. 중국공산당의 대규모 비밀구출작전을 통해 하향응 등 저명인사들을 구출하였는데, 하향응 일행은 광동성 해풍현을 거쳐 1942년 8월 광서성 계림에 도착할 수 있었다. 이후 그녀는 소평을 거쳐 팔보에서 거주하였는데, 피난의 소용돌이 속에서도 많은 진보인사를 모아 소평현 민중항일자위위원회를 성립하고 친히 주임위원을 담당했으며 자위대를 위해 겨울옷과 군용품을 모집하는 활동을 벌였다. 그 결과 군중자위무장의 발전을 두려워한 광서민단 부총지휘 장여전은 하향응을 소평에서 나가게끔 하는 에피소드도 벌어졌다.

하향웅은 피난 기간 내내 검소한 생활을 했으며 시를 짓고 그림을 그렸는데, 지나간 일을 기술하고 감회와 울분, 포부를 토로하며 많은 진귀한 서화를 남겼다. 〈일제가 홍콩을 침략한 뒤 월동으로 돌아오는 도중의 감회〔日寇侵占香港後回粤東途中感懷〕〉, 〈홍콩함락 뒤 계림으로 향할 때의 느낌〔香港淪陷後赴桂林有感〕〉, 〈일화 때문에 광서로 이주하는 배에서〔日禍移居廣西舟中〕〉, 〈감회〔感懷〕〉 등과 매란국죽 등의 그림 어느 것이나 그녀의 불굴의 혁명정신과 숭고한 혁명절개를 나타내지 않는 것이 없었다.

9. 민국民國 13년의 국민당원

1945년 일본의 무조건 항복으로 중국 인민의 항전은 승리로 끝났으나 중공과 국민당의 통일전선은 위기를 맞게 되었다. 이에 하향웅을 비롯한 민주인사들은 내전을 반대하고 평화와 민주를 쟁취하는 투쟁에 뛰어들었다.

6월 23일 하향웅은 팽택민, 채정개 등 평화를 사랑하는 민주인사 98명과 함께 '장개석, 모택동 및 민주동맹 청년당과 무당파 사회인사에게 보내는 전보', '미국의 트루먼 대통령에게 보내는 전보', 마지막으로 '국내외 신문사와 통신사에 보내는 전보' 등 세 통의 전보를 보내며 내전을 반대했다. 그러나 장개석의 중원해방구 진격을·계기로 촉발된 내전은 급속히 전국의 도시와 농촌으로 파급되었다. 이에 6월 30일 장개석에게 100인 연명으로 보낸 전보에는, "즉시 영구히 정전 명령을 반포하고 국내의 당쟁은 정치협상 방식으로 해결해야 한다. 전쟁을 그만두고 평화를 회복하여 백성들을 재난 속에서 구해야 한다"고 강력히 요구하였다.19) 또한 1946년 요중개 서거 21주년 기념대회에서 하향웅은 157명과 연명으로 국민당에 전보를 보내어, "즉시 정전령을 반포할 것을 요구하고 정협회의의 결의를 실행하며, 전쟁을 그만두고 평화를 회복하며, 백성을 도탄 속에서 구해야 한다"고 주장하였다.

1947년 하향응과 이제심, 풍옥상 등 국민당 혁명파는 장개석의 독재성을 인식하고 마침내 장개석과 공개적으로 결별하였다. 같은 해 여름 하향응 등 홍

1949년 제1차 중국인민정치협상회의에서

콩에 집결해 있던 국민당 혁명파는 다시 결합하여 '중국국민당혁명위원회(이하 민혁)'를 조직하였다. 마침내 1848년 '민혁'이 정식으로 성립하였고 송경령을 주석으로 하향응은 풍옥상, 이장달 등과 함께 주요 영도자가 되었다. 이들은 중공과 함께 신중국 건립을 위해 싸우면서 장개석과 국민당에 타격을 주었다.[20]

내전은 중공에 유리하게 전개되어 1949년 1월에는 중국혁명의 승리와 중공중앙의 정치협상회의의 소집이란 결과를 낳게 되었고, 하향응은 4월 중순 홍콩을 떠나 새 정치협상회의 준비사업에 참가하였다. 하향응은 9월 21일 개막된 중국인민정치협상회의 제1기 전체회의에 참석하여 '중국국민당혁명위원회'를 대표하여 축사를 하였다. 그녀는 "우리가 공동강령을 실현하고, 우리의 단결을 유지하고 더욱 강하게 하여 공동으로 제국주의를 향해 투쟁하고, 손문 선생의 친소정책과 모택동 주석의 건국방침을 준수하고 모 주석의 영도아래 단결분투할 수 있기만 하면 우리 국가의 전도는 무한히 광명하고 우리 인민의 전도는 무한히 행복할 것이다"라고 격동된 어조로 연설하였다. 그녀는 중앙인민정부위원회 위원으로 당선되었다.[21]

하항응 서거

신중국이 성립된 뒤, 하향응은 중앙인민정부위원회 위원, 정협 전국위원회 부주석, 화교사무위원회 주임, 중국미술가협회 주석 등의 직책을 역임했다. 70대의 그녀는 비록 나이가 많아 행동이 불편했으나 자기를 잊고 사업에 몰두하였다. 그녀는 일상적으로 화교대표와 외국귀빈들을 접견하고 국민당의 전직 군정요인들과 친절하게 회견하였다. 또한 조국의 건설사업에 관심을 갖고 여러 차례 공장과 농촌에서 가서 사업을 시찰하였다. 그녀는 자주 문장을 쓰거나 연설문을 발표하였으며 붓을 들어 그림을 그리고 사회주의 조국을 노래하고 공산당의 영도를 옹호하였다.

1972년 9월 1일 94세의 하향응은 북경병원에서 세상을 떠났다. 5일에 열린 하향응의 추도대회에서 송경령은 친히 추도사를 다음과 같이 올렸다.

하향응 여사는 손중산 선생의 혁명전우이며 요중개 선생의 혁명적 반려였고, 중국공산당의 친밀한 벗이었으며 국민당 혁명파의 걸출한 대표입니다. 그녀는 조국을 열애하고 사회주의 제도를 열애했으며 중국공산당을 열애하고 모 주석을 열애했습니다. 하향응 여사의 일생은 혁명적이고 전투적인 일생이었습니다.[22]

자신을 언제나 '민국 13년(1924년)의 국민당원'이라 불렀던 하향응은 손문사상의 계승자이자 국공합작에 따른 민족통일전선을 지지한 혁명가였다. 그녀는 여성을 혁명의 주체로 인식하였으며 자신 또한 혁명의 일생을 견지하며 걸어갔던 것이다.

■주 ───────────

1) 小野和子 지음/ 이동윤 옮김, 《現代中國女性史》(서울: 정우사, 1985), 19~24쪽. 태평천국의 여자들은 맨발의 큰 발을 가지고 있었다. 그리고 치마를 걸치지 않고 바지를 애용하고 있었다. 태평천국에는 몇 명의 여장군이 있었는데, 蘇三娘의 무용은 노래로도 전해지고 있다.

2) 尙明軒, 《何香凝傳》(北京: 北京出版社, 1994), 6~12쪽.

3) 何香凝, 〈我的懷憶〉, 尙明軒·余炎光 編 《雙淸文集》(北京: 人民出版社, 1985), 907~908쪽.

4) 尙明軒, 앞의 책, 47~51쪽.

5) 《宇宙風》, 1937년 11월 11일, 제51기.

6) 이양자, 《송경령과 하향응》(부산: 지서원, 2000), 46~47쪽.

7) 何香凝, 앞의 글, 907쪽.

8) 廖夢醒, 《我的母親何香凝》(北京: 民出版社, 1984), 11~12쪽.

9) 이양자, 앞의 책, 50~56쪽

10) 尙明軒, 앞의 책, 159~166쪽.

11) 이양자, 앞의 책, 37쪽.

12) 이양자, 위의 책, 69~76쪽.

13) 王開林, 《民國女性之生命如歌》(長沙: 岳麓書社, 2004), 28~29쪽.

14) 《문헌》, 1981년 제7기.

15) 《申報》, 1931년 12월 12일자.

16) 尙明軒, 앞의 책, 209~220쪽.

17) 尙明軒, 위의 책, 222~230쪽.

18) 尙明軒, 위의 책, 272~274쪽.

19) 《신화일보》, 1946년 7월 6일자.

20) 尙明軒, 앞의 책, 319~325쪽.

21) 尙明軒, 위의 책, 332~339쪽.

22) 《인민일보》, 1972년 9월 7일자.

송경령宋慶齡
지조 있는 여성 혁명정치가

이 양 자

1. 유년시절에서 결혼에 이르기까지

송경령은 1893년 1월 27일 상해의 유별난 집에서 태어났다. 그녀의 부모는 둘 다 기독교 사회가 아닌 사회 속에서 사는 경건한 기독교인이었다.

목사인 아버지 송가수宋嘉樹와, 서광계徐光啓의 후손이며 그 당시로는 신식여성이었던 어머니 예계진倪桂珍 사이의 둘째딸로 태어났다. 그녀의 언니 애령靄齡, 동생 자문子文, 미령美齡, 자량子良, 자안子安 등 6남매는 모두 뒤에 현대 중국에서 정치, 경제, 사회적으로 지위를 가지면서 사람들 입에 오르내리는 송씨 왕조를 이룬다.[1] 6남매는 모두 미국 유학을 하였으며, 송경령은 미국 조지아주에 있는 웨슬리안대학 철학과를 졸업하였다. 그녀의 아버지 송가수는 해남도의 가난한 집안 출신으로, 친척의 양자로 미국에 건너갔다가 보스턴에서 점원으로 얼마 동안을 지낸 뒤 도망쳐서 노스캐롤라이나로 가 남감리교회파의 도움으로 신학대학을 졸업하고 귀국한 전도사 출신이었다. 나중에 그는 상해에서 제분공장과 인쇄소 등을 경영하여 부르주아로

송씨 세 자매(왼쪽 위부터 시계방향으로 경령. 미령. 애령)

성공하였다. 또한 그는 중국의 자유와 독립에 관심을 가져 일찍부터 손문의 민족주의 혁명사업을 경제적으로 도왔다.[2] 이 같은 가정환경은 송경령에게 중국 혁명에 대한 관심을 높여 주었으며, 졸업 후 영웅으로 숭배하던 손문과 결혼까지 하게 만들었다.

송경령을 비롯한 애령, 미령 등 세 자매는 모두 전족을 하지 않았으며, 미션 계통인 중서여숙中西女塾을 졸업한 뒤 미국으로 유학을 떠났다. 세 자매의 성품은 장녀인 송애령과 동생 송미령은 꽤 활발한 편이었는데, 송경령은 내성적이고 온순했으며 학구적이고 사색적이었다고 한다.[3]

송경령은 16세 되던 해 미령과 함께 미국으로 가 뉴저지주의 서미트에서 대학입시를 준비한 뒤 이듬해 웨슬리안대학에 입학하였다. 4년의 대학생활 동안 그녀는 학교 잡지 《The Wesleyan》의 문학편집을 맡았으며, 네 편의 글을 실었다. 그 가운데 〈귀국 유학생이 중국에 미치는 영향〉이란 글에서는 "조국은 변하지 않으면 안 된다"고 전제하고, 청조의 정치적 부패를 바로잡고 아편 추방, 전족 반대, 변발 폐지, 빈민의 생활상태 개선, 사회개혁 등 변혁에 힘과 관심을 기울이는 것이 유학생이 해야 할 일이라고 주장하였다. 이처럼 그녀의 유학 목적은 뚜렷하였으며, 초점은 대중의 행복에 맞추어져 있었다.

1911년 10월 10일 무창봉기 성공 뒤 손문이 임시 대총통이 된 사실을 안 송경령은, 청조의 국기[龍旗]를 떼어내고 아버지가 보내준 공화

국의 새 국기를 달고 신해혁명의 승리에 환호를 보냈다. 그러고는 학
교 잡지에 〈20세기 최대의 위대한 사건〉이라는 글을 발표하여 "혁명
은 중국에 자유와 평등을 가져왔다. 너무나 많은 고귀한 영웅적인 생
명을 희생시킨 대가로, 누구에게도 양도할 수 없는 자유와 평등의 인
간 권리를 확립했다. 그러나 그와 더불어 박애가 획득되지 않으면 안
된다. 박애야말로 자유·평등의 기반이다"라고 쓰고 있다.

이 내용은 그녀의 생애를 관철하는 사상과 행동의 원류였다고 할
수 있다. 그녀는 비록 추상적인 표현이기는 하나 인간 본연의 자세,
사회 본연의 상태에 대해 이미 진지하게 추구하고 있었으며, 이제 혁
명이 시작된 조국의 미래에 인간애, 정의, 평화가 실현되기를 기대하
고 있었음을 느낄 수 있다.

그녀의 문장 속에는 애국심과 중국의 미래에 대한 신념이 가득하
였다. 그렇기 때문에 귀국 뒤 송경령은 마음속에 늘 민족의 영웅으로
숭배하던 손문에게 적극적으로 접근하였고, 부모 친지의 반대를 무
릅쓰고 아버지와 같은 연배인 27세 연상의 손문과 대담하게 결혼할
수 있었던 것이다. 그것은 "진정한 혁명운동의 중심으로 접근"하기
위한 것이었으며 "애정의 이상과 혁명의 이상"의 결합이었던 것으로
바로 그녀의 이상주의적 민족주의 열정의 징표였다.[4]

손문과 송경령의 생애에 극적인 변화를 가져다주는 일이 일본에서
의 망명 기간 동안 일어난다.

49세였던 손문은 한번도 깊은 감정의 소용돌이에 빠진 적이 없었
다. 그러나 갑자기 그 앞에 나타난 송경령은 너무나 젊고 활기차고
아름다웠으며, 손문의 혁명운동에 열정을 가지고 완벽하게 헌신하였
다. 마침내 두 사람은 1915년 10월 25일 도쿄에서 결혼하였다. 손문
49세, 송경령 22세였다.

중국 같은 사회에서 그 결혼은 가십과 소문과 전설적 이야기의 온

1915년 10월 25일, 일본 도쿄에서 찍은 결혼 사진.

상이 되는 일대 센세이션을 불러일으키는 사건이었다. 이혼을 강력히 반대하는 기독교인들은 이 결혼을 크게 반대하였으며, 손문의 절친한 동지이자 친구인 아버지 송가수도 반대하였다. 특히 정적들은 이 결혼을 비난거리로 만들었다.

그러나 긍정적인 반응이 훨씬 더 많았다. 급진주의자들이나 젊은이들로부터는 따뜻하게 환영 받았다. 그것은 봉건적 전통에 대한 도전을 뜻했으며, 또한 사랑하는 남자와 결혼하기 위해 집을 뛰쳐나간 송경령은 여성해방운동에 커다란 자극을 주었던 것이다. 센세이션은 곧 사라졌고, 대부분의 중국인들은 송경령을 훌륭하고 위엄 있는 퍼스트레이디로서 따뜻하게 맞이하였다.5)

2. 중국의 퍼스트레이디 시절

송경령과 손문의 결혼생활은 겨우 10년 동안이었다. 1925년 3월 12일 손문은 북경에서 간암으로 사망하였다. 그들의 결혼생활 10년은 중국의 정치상황이나 그들 부부의 생활에서 늘 끊임없는 소요과 운동이 계속된 기간이었다. 손문은 권력의 안팎을 들락거렸고, 손문과 송경령 두 사람은 모두 위험을 안고 살아야 했다.

송경령은 손문과 결합함으로써 그와 함께 혁명전선에 투신하는 계기를 얻었다. 손문과 함께한 결혼생활 10년은 송경령에게는 정치를 익히고 혁명을 배우는 중요한 과정이었다.

결혼 뒤 송경령은 손문과 그의 혁명활동을 위해 최선을 다했다. 비서이기도 했고 통역관이기도 했으며 조언자이기도 했고 참모이기도 했으며 동지이기도 했고 아내이기도 했다. 뿐만 아니라 순수하고 천진난만한 송경령의 성품은 솔직하고 낙천주의적인 손문과 매우 잘 어울렸으므로 손문을 항상 즐겁게 해줄 수 있었다.

이 같은 송경령의 구실은 그 당시 중국문화 속에서는 놀라운 일이었다. 손문의 경호원이었던 모리스 코헨(Morris Cohen)은 송경령의 구실에 대해 다음과 같이 이야기했다.

"손문의 참모들 가운데 가장 중요한 사람은 바로 부인인 그녀 자신이었다. 그녀는 그가 집무하고 있을 때는 방해하지 않았으며, 무슨 일이 일어나더라도 그를 즐겁고 행복하게 지켜줌으로써 손문이 생활하는 데 도움을 주는 유일한 사람이었다."6)

1916년 원세개가 죽고, 이듬해 손문은 광동군정부를 수립하고 총통의 자리에 올랐다. 그가 해야 할 일은 안으로는 군벌을 정벌하고 통일을 하는 일, 밖으로는 제국주의 열강을 쫓아내는 일이었다. 먼저 군벌을 없애기 위해 북벌을 시작했지만 실패하였다. 그러자 1922년 군벌 진형명을 영입하여 관동군정부를 세우고 다시 북벌을 시작하였다. 그러나 진형명의 배신으로 죽을 고비를 넘기는 참담한 시련을 겪어야 했다.

이때 송경령은 죽음의 고비 앞에서 남편 손문만 먼저 탈출시키고 자신은 임신 중인 아이까지 유산하며 며칠 만에 겨우 탈출할 수 있었다. 이때 겪은 일을 기록한 〈광동탈출〉은 빼어난 문장으로 꼽힌다.7) 이러한 실패는 손문에게 강한 충격을 주었을 뿐 아니라 새로운 방향 모색에 큰 영향을 주었다. 결국 소련 코민테른의 원조 아래 1923년

제1차 국공합작을 단행한 손문은 황포군관학교를 세우고 다시 북벌에 나섰다. 언제나 송경령과 함께였다.

1924년 12월 북쪽 군벌의 요청에 따라 손문은 국민회의 개최를 요구하며 북경의 단기서段祺瑞와 회담하기 위해 북상하였다. 도중 잠시 일본을 방문하여 고베(神戸)여고에서 손문은 〈대아시아주의〉를, 송경령은 〈현대여성의 각오〉를 주제로 강연하였다.8)

드디어 천진에 도착하였으나 이미 손문은 간암으로 건강이 악화되어 곧바로 북경의 협화병원에 입원해야 했다. 그 뒤 손문이 서거하기까지 3개월의 투병기간 동안 송경령은 병상을 지키며 한 발짝도 곁을 떠나지 않으면서 침식을 잊고 병간호를 하였다. 손문은 타계하기 얼마 전에 슬퍼하는 부인 송경령에게 "동지는 계속 혁명에 힘쓸 것을 희망한다"는 유언을 남겼다. 손문의 이러한 유언은 의미심장한 것이었다. 그것은 바로 손문에게 송경령은 동지였음을 비로소 드러낸 것이라고 할 수 있다. 송경령은 사상으로나 혁명사업 수행에서 독자적인 활동으로 손문의 신뢰를 얻고 있었던 것이다.9) 1925년 3월 12일, 손문은 송경령과 동지들에게 중국의 자유와 평등을 위해 국민혁명을 꼭 이루어달라고 당부하며 생을 마감하였다.10)

그녀는 손문 만년의 중요한 시기에 모든 정치적 사고와 행동을 그와 함께하였다. 특히 5·4운동에서 손문과 청년운동가들 사이에 매개 구실을 하였고, 손문과 레닌 사이에 오고 간 편지를 기초하였으며, 손문과 코민테른 대표 마링, 소련대표 요페와 가진 회담 및 공산당대표 이대교李大釗 등과 가진 회담에 그녀가 함께하였고, 국민당 개조과정에서 손문을 도운 보로딘과 일상적인 대화를 나누는 등 송경령 자신이 중국국민혁명에 입문함으로써 손문 만년의 주의나 정책에 그녀의 영향 또한 적지 않았다.

손문이 세상을 떠났을 때 그녀의 나이 32세였다. 마음으로 그녀는 너무나 깊은 상처를 받았다. 10년의 결혼생활 동안 두 사람은 늘 함께 있었으며, 고난을 함께 나누고 혁명활동을 같이하면서 화합하고 행복한 가정생활을 꾸려나갔다. 손문의 죽음은, 남편이며 지도자이며 스승이며 아버지 같이 자애로운 사람 그 모두를 한꺼번에 그녀로부터 빼앗고 말았다. 그 뒤 손문의 기일이 되면 그녀는 늘 자기 방에 틀어박혀 가능한 한 공적 행사도 피하고 고독한 회상에 잠겼다.[11]

3. 망명시절 ─ 혁명정치가로 홀로서다

많은 사람들이 송경령은 손문의 죽음으로 말미암아 무대 뒤로 사라질 희미한 존재로 생각했고 또 기대했다. 그러나 그녀는 앞으로 겪을 암담한 세월을 통해 자신이 지녀왔던 독특한 도덕적 권위를 가지고 손문의 이상을 실현하겠다는 열정 속에 우뚝 선 혁명정치가로 홀로 일어섰다.

이것은 가부장적 유교사회에서, 남성 주도적 활동 속에서 여성으로는 불리한 입장에 놓여 있었으나 그녀는 이 일을 해냈다. 수줍음을 극복하고 훌륭한 연설자가 되기 위해, 또 공적 인물이 되기 위해 자신을 강철같이 단련시켰던 것이다.

손문이 죽은 뒤 송경령은 그의 유지를 계승하고 정책을 수호하기 위해 몸 바쳤다. 국공합작의 상황에서 공산당원과 접촉하면서[12] 대중운동에 참가하여 5·30운동을 통하여 반제反帝노선을 견지하는 등 혁명정치가로서 자립하였다. 이후 국민(당)정부의 중앙집행위원회 위원으로 선임되었고, 국민당 좌파 구성원으로서 무한정부武漢政府 수립에 적극 참여하였다. 그러나 장개석의 4·12 반공쿠데타 이후 무한정부의 붕괴로 이어진 반反혁명적 사태를 맞아 송경령은 손문과 장개석의 이념적 단절을 뼈저리게 느꼈다. 그리하여 그녀는 장개석의 국민정부와 결별하고 모스크바로 정치적 망명을 떠났다.

송경령에게 이 시기는 대단히 중요한 시기였다. 좌절한 국민혁명을 다시 일으키기 위하여 손문의 이른바 신삼민주의와 3대정책을 좌파적 관점에서 해석하고, 그것을 수행하기 위해서는 노동자 농민이 주축이 되는 급진적 사회혁명이 선행되어야 함을 주장하였다. 여기에는 그녀 자신의 이상주의적 혁명관뿐 아니라 장개석을 비롯한 국민당 우파의 무자비한 반공정책이 국민혁명에 끼친 손실 때문에 송경령의 정치적 선택에도 큰 영향을 끼쳤던 것이다.

송경령의 모스크바 망명시절은 정치적으로도, 경제적으로도 춥고 참담했다. 스탈린의 태도는 냉담했으며, 중국으로 돌아가서 차라리 장개석과 협력하라고 재촉하는 형편이었다.[13] 그리고 혁명 직후의 소련은 아직도 트로츠키파와 갈등하면서 안정을 찾지 못하고 혼란과 곤궁 속에 빠져 있었다.

게다가 함께 간 동지인 미국인 급진주의자 레이나 프롬의 죽음은 송경령에게 큰 타격을 주었다. 뿐만 아니라 송경령이 진우인과 결혼했다는 근거 없는 추문이 신문에 나돌면서 손문 부인으로서의 위상에 큰 흠집을 주는 등, 너무나 큰 상처를 입어 신경쇠약에 걸릴 지경이었다. 결국 1928년 3월 그녀는 등연달鄧演達을 뒤따라 독일로 갔다.

이때부터 송경령의 가장 그녀다운 활동, 즉 국제적 반제국주의・반전・반파시즘 활동을 시작하였다. 그녀는 1927년 브뤼셀에서 열린 국제반제국주의 동맹대회에서 명예회장으로 선출되었다. 이 회의에는 아인슈타인, 앙리 바르뷔스, 자와할랄 네루, 막심 고리키, 로망 롤랑 등이 참여하였으며, 송경령과 서로 교류하였다. 1929년에는 베를린의 반파시즘 국제대회에 출석하였으며, 그 뒤에도 유럽의 반제평화운동에 꾸준히 참가하였다. 송경령은 그 뒤 이 국제운동의 경험을 가지고 귀국함으로써 중국혁명에 새로운 바람을 일으켜 나갔다.[14]

3년에 걸친 독일 망명 세월 동안 송경령은 등연달과 함께 민생문제, 특히 토지문제를 연구하고 토론하였다. 이 일이 송경령 개인적으로는 문장 실력을 높이는 큰 계기가 되었다.《신청년》에 실린 이대교·진독수·운대영 등의 문장을 읽고 등연달의 도움으로 문장연습과 숙어공부에 매달렸다. 유럽에 머무는 동안 송경령은 1929년 손문의 국장(남경 중산릉으로 이장)에 참여하기 위해 잠깐 귀국한 일 말고는 주로 독일 베를린에서 지냈다.

1927년 무한에서 국민당중앙정치위원으로 삼민주의 실행에 헌신할 때 송경령의 모습.

이 시절, 그녀의 귀국을 종용하러 온 사랑하는 동생 송자량에게 송경령은 "송씨 집안이 중국을 위해서 있는 것이지 송씨 집안을 위해 중국이 있는 것이 아니다"[15]라고 한 말은, 그녀의 철저한 애국사상을 이해하는 데 큰 도움을 준다. 장개석과 송미령의 결혼으로 송씨 집안은 이젠 돈에다 권력까지 가지게 되었고, 이들은 중국의 정치를 점점 더 우익 쪽으로 몰고 갔다. 이것은 송경령의 결혼을 바탕으로 이루어진 송씨 왕조였지만 아이러니컬하게도 그녀는 이 왕조를 붕괴시키려는 길고도 험난한 과업에 자신의 일생을 바쳤다 해도 지나친 말이 아니다. 그것은 오직 민중 편에 서고자 한 애국심의 발로에서였다.

손문 부인으로서의 특수한 지위를 발판으로 1920년대 국민혁명의 무대에 진출했던 이상주의자 송경령은, 손문의 혁명 생애 마지막에 도달했던 민족주의적 사회혁명으로서 국민혁명의 성과를 지키려고 했다. 그러기 위하여 그녀는 장개석 국민정부와 외로운 투쟁을 하면서 손문사상을 새로운 단계로 발전 변용시켜 역사에서 독자적 지위를 획득한 혁명정치가였다.

4. 반장反蔣, 항일시기의 활동

송경령은 1931년 어머니 예계진의 죽음을 눈앞에 두고 다시 귀국하였다. 그러나 그녀를 맞이했던 것은 일본의 만주침략이었다. 이리하여 4년의 유럽 체류 뒤 귀국한 송경령의 1930년대 활동은 만주사변 이래 일본의 중국침략에 대한 국민 저항운동과 국제적 반제·반전·반파시즘 활동과 연계되면서 반장反蔣·민권운동과 항일민족통일전선 형성에 주력하였다. 송경령의 생애 가운데 가장 활기차고 빛나는 1930년대를 더 깊이 살펴보자.

송경령은 일제의 계속되는 화북침략에 대한 장개석의 시종일관한 타협적인 양보정책을 맹렬하게 비난함과 동시에 거국적 항일구국운동을 펴나갔다. 장개석은 '선안내후양외先安內後攘外'를 내걸고 철저한 '초공剿共'과 대일타협의 내전정책을 계속 고수함으로써 반장운동은 전국적 민중적 연합의 수준으로까지 고조되어 갔다. 특히 장개석의 등연달 살해와, 9·18사변 이후 학생의 항일요구를 철저하게 탄압한 장개석정권에 대해서 송경령은 그것을 '정치세력'으로 인정하지 않고 '제국주의 앞잡이'로 몰아붙여 격렬하게 규탄하였다. 또한 그녀는 상해사변 이후 직접 모금운동, 병원 건립, 부상병 치료 및 전선 방문과 같은 물심양면에 걸친 항일전 지원에 나섰다. 이러한 운동을 통하여 그녀는 군대의 항일의지가 곧 민중의 공감대를 형성하고 있음을 깨닫고, 민중의 애국적 무장동원을 지지했을 뿐만 아니라, 중국 민중의 민족의식을 토대로 장개석정권의 내전정책에 대한 저항력을 결집시키는 데에도 큰 구실을 하였다.

또한 송경령은 중국민권보장동맹을 결성하여 정치적 이념과 당파를 떠나서 한 시민으로서 민권과 자유를 위하여 투쟁하였다. 장개석의 국민정부가 초기 국민혁명의 이념에서 벗어나 극우적 권위주의적 정치성향을 띠면서 남의사, CC단 등의 비밀폭력집단을 동원하여 항일구국의 진보적 인사들을 탄압하였다. 이에 대항한 송경령의 민권 또는 민주화운동은 혁명적 정치범을 보호하는 제도적 조직이었고, 민중이 벌이는 항일운동의 추진력이 되었다. 또한 장개석정권의 독재강화에 제동을 거는 반정부 민간여론을 대표하고 있었다. 민권운동은 민주주의를 위한 독자적 의미를 갖는 운동이었음에도 당시 제국주의 침략 아래서 항일민족운동과 대중적 사회혁명에 이바지하는 방향으로 흡수 통합되었다. 그러나 당시 민권운동의 정신인 자유주의・박애주의적인 요소는 주목해야 한다.

동시에 송경령은 1930년대 초기에 국제적으로 추진되던 반제・반파시즘운동에도 가담하였다. 즉 '혁명적 계급에 대한 억압을 배제하고 피압박민족의 해방을 쟁취하기 위하여' 국내외적으로 '파쇼적' 정권과 제국주의에 대항하여 싸우는 것을 정당화하기 위함이었다.

그리고 1935년에 접어들어 화북을 상실할 위기의 상황에서 중국 민중의 항일구국의지가 전국에 팽배하여 마침내 전국각계구국연합회를 결성하게 되자 송경령은 이 운동에 앞장섰다. 국민당은 '안내양외安內攘外'를 내걸고 대일 부주저항정책으로 일관하고, 오히려 민중의 항일운동을 탄압하였다. 공산당 중앙은 소비에트 건설과 계급혁명에 급급하여 일본의 침략으로 말미암은 민족모순에 대처하지 못한 채, 국민당의 초공작전에 대항하기에 바빴다.

이러한 상황에서 확대되는 민중의 항일 역량을 끌어내어 항일민족통일전선을 형성하는 데 주요한 구실을 담당한 것이 송경령을 비롯한 재야의 중간파 또는 좌경 민주세력(민족자산계급을 포함한 좌파 인텔리겐치아)이었다. 12・9항일학생운동의 파장은 거국적 구국회운동으로

번져가, 마침내 '전국각계구국연합회'(1936)가 성립되어 구국전선이 형성되고, 항일과 민주를 목표로 한 항일구국회를 통하여 민족통일 전선운동이 전개되었다.

그러나 장개석 정권이 구국회 7인을 체포하자(7君子사건) 송경령은 그들이 감금된 소주감옥소로 가서 "구국이 죄라면 나도 감옥에 들어 가겠다"고 항의하였다.16) 사실 제2차 민족통일전선(국공합작)의 성공 은 이들 진보적 지식인을 비롯한 일반민중의 항일구국운동에서 말미 암은 것이고, 국민당과 공산당을 항일구국운동이라는 민족공동의 과 제 속으로 끌어들인 세력이 바로 이들이었다.

1937년 중일전쟁 발발 이후 항전기간 동안 송경령은 항일통일전선 을 유지하려고 최선을 다했다. 먼저 중일전쟁이 일어나자 송경령은 상해에서 20여 개의 부녀단체를 불러 모아 항일 구망救亡 단체를 영 도하였고 국민당의 구국채권 모집운동에 적극 참여하였다. 또한 국 제적으로는 영·미의 대일불간섭 중립정책을 비판하고 국민정부에 대해 손문의 삼대정책을 실행하고 항일통일전선 구축을 촉구하는 한 편, 국공합작을 실현시키기 위하여 오랜 동안 끊어져 있던 국공 양당 의 관계개선에 다리 노릇을 하였던 것이다.

그리고 제2차 국공합작이 성립된 뒤 송경령의 구망활동 가운데 '보위중국동맹'은 중국 항일전의 진상을 전 세계에 알려서 항일전을 지지하게 함과 동시에, 전쟁에 필요한 물자를 원조하도록 하기 위하 여 그녀가 조직한 단체였다. 이 '보위중국동맹'은 항일전의 전 기간 에 걸쳐 국제적인 중국원조기구와 해외 화교들과 긴밀한 관계를 유 지하였고, 이들의 국제적 지원으로 아동·부녀·부상병·난민·유 격대 전사를 도울 수 있었다.

이어서 일본군에게 천진·상해·광동 등 주요 항구가 함락됨에 따라 중국 공업이 심각한 타격을 입자 레위 알리, 에드가 스노우(Edgar

Snow) 등 외국인이 발안하여 '공업합작사'운동이 일어났다. 이것은 바로 운동전(게릴라전)에 적합하게 이동 가능한 조직 형태(소규모 공장설립과 산재한 노동력의 결합 형태)를 취하는 공업으로서 난민구제 수단으로도 유효하였고, 노동자의 경영참가 원칙으로 운영되는 민주적 성격을 띤 것이었다. 송경령은 이 운동에 적극 참여하였다. 더구나 그녀는 이 운동을 더욱 발전시킬 목적에서 '중국 공업합작사 국제위원회'(1939)를 발족시켜 국내외의 많은 인사가 참가함으로써 '공업합작사'운동은 정부 통제에서 벗어난 대중운동으로서 자주성을 유지할 수 있었다.

또한 제2차 국공합작이 성립된 다음 송경령은 항일통일전선의 유지를 위해 어떠한 정치적 논평도 삼갔다. 뿐만 아니라 헤어졌던 송씨 세 자매는 다시 단결하여 항일운동에 앞장섰다. 이들 세 자매가 단결한 모습은 국공합작의 굳건한 상징으로 보였다.

그러나 환남사변皖南事變(1941) 이후 항일민족통일전선이 결정적 타격을 입게 되자 그녀는 장개석정권을 거세게 비난하였다. 이 사변에서 중간 입장에 섰던 많은 단체와 개인이 내전 반대를 외치고 공산당 지지로 나섰다. 그녀는 끝까지 항일·단결·민주를 고수하고, 손문의 신삼민주의와 3대정책의 실행을 주장하였다. 중일전쟁의 끝남과 함께 국공연합정부 수립을 주장하였던 송경령의 노력도 무산되고, 국공내전을 치루는 과정에서 그녀는 점차 중공으로 기울어져, 내전이 끝나자 결국 중공정권과 합류하였다.

5. 인민공화국 참여와 사회주의 사상

1949년 10월 1일, 북경의 천안문에는 인민공화국 출범을 알리는 모택동 옆에 송경령이 부주석으로 서 있었다. 인민공화국에 합류한 송경령은 중앙인민정부 부주석이라는 지위와 함께 전국부녀연합회 명예주석, 인민구제총회 주석, 중소우호협회 회장 등을 맡았다.

송경령이 중공을 선택하게 된 것은, 당시 중국의 유력한 정치세력으로 국민당과 공산당이라는 좌우의 양자택일밖에 할 수 없는 상황에서, 중공이 국민정부보다 대중적 반제 사회혁명에 더 접근해 있다고 생각하였기 때문이다. 무한정부가 무너지고 그녀는 이미 국민당과 결별하였고, 등연달 살해 이후 장개석의 독재체제 구축을 위한 정치운용 방식, 정권구조의 비민주성, 부패, 무능에 그녀는 크게 실망하여 '국민당은 이미 정치세력이 아니다'[17]라는 '송경령선언'을 발표한 바 있었다. 특히 반식민지 민족해방투쟁에서 장개석의 비민중적 투쟁방식은 효과가 없었다. 곧 민중을 무장동원 하는 항일투쟁은 항일전쟁시기 같은 아주 심각한 제국주의적 침략 아래서는 불가피한 전략이라고 송경령은 이해하였고, 중공이 이 전략에 성공했음은 알려진 사실이다. 그리하여 국민당정권에 비판적이었던 송경령을 비롯한 각 민주당파로 하여금 중공에 합류하게 한 것이다.

실제로 개인의 정치적 권리나 인권 및 민권의 개념이 없는 공산주의 사회는, 이런 것들을 지녀 온 송경령을 비롯한 재야 민주세력에게는 이상적 사회라고 보기 어렵다. 비록 전략적인 면에서 중공의 대중운동을 지지하고, 인도적인 면에서 중공을 지원하긴 했지만, 국민당이외에 다른 선택이 없었던 시기에 와서 그들은 결국 중공으로 가야만 했다.

사회주의는 송경령의 꿈 가운데 일부는 충족시켰다. 그러나 사회주의의 시행착오가 나타났을 때 그녀는 과연 만족하였을까, 또 그녀의 태도는 어떠했는가?

모택동이 백화제방, 백가쟁명을 부르짖은 다음 이어 불어 닥친 반우파투쟁의 암흑기에 그녀는 방관자로서 있었다. 그때 그녀는 아무

1956년 북경에서 장문천 모택동 주은래 진의와 함께(좌로부터).

런 거리낌도 없었을까?

　그녀는 장개석의 일당독재를 맹렬하게 공격하지 않았던가. 그녀는 손문이 남긴 유산의 한 본질로서 민주주의를 옹호했다. 그러나 송경령은 공산당 치하에서는 국민당 치하와는 전혀 다른 태도로 행동했다. 이것은 공산주의 사회에서 보편적이며 불변하는 현상인 자기모순에 빠진 것이다. 공산주의는 생사를 건 투쟁이 불가피하고 공산당을 선택하는 것 말고 다른 길은 있을 수 없었다. 세 번째 길이 있다면 그것은 죽음이었다.[18]

　공산주의자들은 송경령을 손문혁명의 계승자로 믿었기 때문에 그들 편으로 합류하게 했다. 토법제철운동이나 인민공사화化의 대약진운동 때도 송경령은 협력하였다. 팽덕회와 유소기가 우익기회주의자로 낙인찍혔어도, 미친 듯한 문화대혁명 때도 그녀는 아무 말도 하지 않았다. 공산주의사회는 그런 것이었다.

송경령에 대해 중공정부는 그녀의 공헌을 인정하고 세심하게 살폈다. 한편, 그녀는 정치적으로 모든 헌신을 다 했지만, 정책입안에는 관여치 않았다. 그녀의 구실은 더 명예로우며 상징적인 것에 있었다. 그녀는 명성을 지니고 있었으며, 그 명성은 그녀가 공산당 측에 서서 함께 싸운 것에 대한 하나의 선물이었다. 또한 그녀가 중국 본토에 남아 있다는 사실만으로도 공산주의자들에게 손문혁명의 합법적 계승자라는 보증을 해준 것이 되었다. 이런 의미에서 직위는 저절로 그녀에게 붙어 다녔다.

1981년 5월 29일, 송경령은 88세의 나이로 북경에서 백혈병으로 사망하였고, 곧 그녀는 인민공화국 명예주석의 칭호를 받았다.

그렇다면 여기서 중공에 합류한 송경령의 사상적 측면, 곧 손문주의의 계승과 좌경화, 그리고 그녀가 지닌 민족주의, 박애주의의 성향과 사회주의 사상과의 관계에 대해서 살펴볼 필요가 있다.

송경령은 손문이 그의 혁명에서 절정기에 이른 제1차 국공합작에 따른 국민혁명을 고수하기 위해 손문주의 이념의 계승을 표방하면서, 그것을 이른바 신삼민주의, 3대정책이라고 주장하였다. 장개석의 국민당 우파는 물론 국민당 좌파마저 이 노선을 포기한 다음에도 송경령은 새로운 상황에 따라 손문주의를 재해석함으로써 점차 좌경화해 갔다. 다시 말해 그녀는 손문보다 더 이상주의적 국제주의적 원칙성, 보편성을 고집하여 손문주의를 반제·사회혁명의 필요성에 더욱 철저히 결합하도록 재해석함으로써 국공합작에 따른 대중적 민족혁명노선을 견지해 나갔던 것이다. 그녀와 손문 사이에 일정한 사상적 굴절이나 변용이 있다고 할지라도, 손문의 혁명적 낙관주의에 따른 애국적 혁명의지만은 장개석이나 국민당 좌파의 그 누구보다 송경령에게서 연속성을 찾을 수 있다.

손문주의에는 민족주의(구국주의)를 중심으로 불평등조약의 폐지,

점진적 사회정책적 요소를 포함한 국가자본주의적 지향성이 있었음은 사실이다. 그러나 송경령이 이를 더욱 이상주의적 국제주의적 반제·사회혁명의 이념으로 변용시켰던 것은, 그녀가 손문의 만년, 가변적인 전략지침이었던 이른바 3대정책을 삼민주의의 본질로 규정하고, 일정한 연속성이 있는 구삼민주의와 신삼민주의를 단절된 것으로 구분한 점에 잘 집약되어 있다. 송경령이 손문주의를 계승하는 방식은, 모든 혁명은 본질적으로 사회혁명이라는 그녀의 인식을 토대로 한 것이었으며, 따라서 노농대중은 혁명동원의 주체로서 더욱 절대시되었던 것이다.

송경령은 이처럼 손문주의를 좌경시켜 마르크스 레닌주의와는 구별되지만 결국 국민당 좌파로서 민주주의·국가자본주의의 요소를 갖는 사회주의 사상에 도달하였다. 송경령이 손문의 혁명운동에 참여한 것은 손문의 만년, 국공합작과 국민당 개조과정에서 본격화했으며, 또 국민당 좌파가 주도하던 국민혁명 초기까지 좌파의 일원으로서 그녀의 사상은 사회주의화해 가고 있었다. 그럼에도 송경령의 좌경화가 확인되고 좌파의 시각에서 손문주의와 국민혁명을 이론적으로 재해석한 것은 1927년이었다. 바로 국민당의 반제·사회혁명노선 포기와 국공분열의 사태에 직면하여 당의 현실노선과 혁명의 과제 사이에 괴리가 생기는 위기 상황에 대처하게 되면서부터였다. 국민혁명의 완성을 위하여 진보적 계급연합과 대중적 사회혁명의 필요성을 주장하다 보니 반장反蔣·연공聯共의 입장을 지탱하게 되었다. 결국 만주사변 이후 항일구국운동의 격화 과정에서 실질적 무력을 갖춘 국공 두 세력 가운데 송경령은 국민혁명 이념에 더욱 가까운 중공 쪽으로 다가가는 오랜 과정을 걷게 된 것이다. 또한 송경령의 이상주의 국제주의적 경향은 민주적인 반제·사회혁명의 국제성을 강조하게 되었다.

이상과 같은 송경령의 사상 경향이야말로 그녀를 나머지 국민당 좌파와도 구별하는 특성이라 할 수 있다. 1931년 일제의 9·18사변과 그와 같은 시기의 국민당 좌파 등연달 처형사건을 계기로 송경령의 사회주의화와 반장투쟁은 더욱 확고한 현실적 기초를 갖게 되었다. 그녀의 민권운동과 항일민족운동이 국제적 반제·반파쇼 논리와 맞물리며 펼쳐짐에 따라 그녀의 민주적 사회주의 지향은 항일민족통일전선의 주요한 요소로서 작용하였다.

송경령은 손문주의에서 사회주의로 좌경화하였는데, 사실 이 두 서로 다른 사상을 결합시킨 기본 사고는 청년시기부터 만년까지 그녀 사상의 밑바탕에 자리 잡고 있었던 민족주의와 민주·박애사상이었다. 이 두 가지 사상 요인은 그녀의 손문주의 해석이나 사회주의 사상을 꿰고 있을 뿐 아니라, 그녀의 여성운동, 사회복지활동까지 포괄하고 있다.

송경령 사상의 출발점은 언제나 민족주의(구국주의)로서, 이것은 반제·반파시즘·항일운동을 꿰는 대전제가 되었으며, 나아가 그녀의 민주·박애사상은 바로 민족과 국가의 구원을 핵심으로 하여 전개되었다. 한편 민주·박애사상은 청년기의 기독교적 박애주의와[19] 미국적 자유주의에서 시작하여 그 뒤의 민권, 여성, 사회주의운동과 사회복지활동을 포괄하고 있다. 그렇다면 초기의 민족주의, 기독교사상, 자유주의에서부터 반제, 사회주의 사상으로 전개되어 가는 계기는 무엇인가? 그것은 당시 중국이 놓인 제국주의 아래의 반식민지 상황과 이에 대처하는 국민정부의 비민중적 정책과 아울러, 이 시대 청년 지식층의 사고를 특징짓는 국제주의·이상주의라는 보편적 진보적 사고의 틀이었다고 생각된다.

6. 중국혁명에서 송경령의 위치

송경령은 손문의 부인으로, 또 송씨 가족의 일원으로 더 많이 알려져 있으나, 그보다는 1920, 1930년대 중국혁명에서 독자적 노선을 지켜가며 크게 영향을 준 중요한 역사적 인물이다. 그녀는 여성 혁명정치가였고 사회활동가였으며, 인류의 평화와 복리증진을 위해 노력한 국제적 명사이기도 하다. 그녀는 90년 가까이 살면서 파란만장한 중국현대사 속에서 평범한 여성으로 안주하지 않고, 국가와 민족의 운명에 깊은 관심을 가지고 혁명운동에 몸을 바쳤다. 송경령이 추구한 반제 민족해방운동은 민주·박애주의의 이상과 결합하고 있었지만, 그녀는 그것을 당시 반식민지 반봉건적 시대상황에서 노동자·농민 및 여성의 해방을 사회혁명을 통하여 이루고자 하였다.

송경령은 유복한 기독교 가정에서 태어나 혁명의 무대로, 미국 유학에서 애국혁명의 길로 크게 변신하면서, 신해혁명 이래로 손문 곁에서 그를 따라 혁명에 발을 들여놓았다. 또한 송경령은 손문의 아내이자 비서, 동지로서 반원反袁투쟁, 호법護法운동, 북벌, 국민당 개조 등 혁명사업에 함께 참가하였다.

1920년대 손문 사후에 송경령은 국민혁명의 과정에서 정치적 사상적으로 독자 위치를 확립하였다. 혁명이 발전함에 따라 그녀는 또한 손문주의에 대하여 독자적인 해석을 내렸고, 국공분열 이후에는 국민당의 지도권을 장악한 장개석정권의 정치노선에 끝까지 저항한 국민당 좌파 인물로서도 유명하다.

1930년대 만주사변 이후의 항일구국운동 시기에는 세계 반제·반파시즘 운동과 중국민권보장동맹을 통해 반장·항일노선을 지켜가고 그 활동에 적극 참여함으로써 제2차 국공합작·항일통일전선의 형성에 기여하였다. 종전 뒤 내전을 거치면서 그녀는 끝내는 중공정

권 건설에 합류하였고, 중화인민공화국 성립 후에는 여러 정부요직
을 맡는 한편 여성과 아동을 위한 평화·복지사업에 헌신하였다.

따라서 이러한 송경령의 사상과 정치활동은 다만 중국 현대여성사
에서의 위치뿐만 아니라 중국현대사의 주도세력으로 국민정부와 중
공의 양대세력이 표출되어 가는 과정에서 민주적 중간파나 국민당
좌파의 존재이유, 그리고 그들의 사상적 모색과 정치적 선택을 연구
하는 데서도 중요한 사례연구로 자리매김할 수 있으리라 본다.

손문의 부인으로서 상징적인 지위에 머무르지 않고 독자적 역사성
을 지녔을 뿐 아니라, 장개석의 국민당정권이나 중공과의 특수관계
등으로 미루어 보아 중국현대사에서 송경령의 위치는 대단히 중요하
다. 이 같은 송경령의 위치를 평가하기 위해서는 그녀가 민족과 조국
에 끼친 업적들을 간추려 보아야 할 것이다.

송경령은 무엇보다도 먼저 민족주의자였음을 높이 평가해야 한다.
그녀의 미국 유학도 단순한 것이 아니고 목표가 명확히 정해져 있었
음은 앞에서 보았다. 그리고 송경령이 27세나 차이 나는 아버지의 친
구인 손문과 결혼하는 동기를 살펴볼 때, 그녀의 애국심을 능히 가늠
해 볼 수 있다. 부모나 친지들의 반대를 무릅쓰고 영웅으로 숭배하던
손문과 대담하게 결혼한 것은 "진정한 혁명운동의 중심으로 접근하
기 위한 것이며, 손문만이 조국을 구할 수 있기 때문이다"[20]라고 한
그녀의 말을 떠올릴 때, 그것은 그녀의 이상주의적 민족주의의 열정
으로만 설명이 가능할 것이다.

송경령의 애국적 공헌 가운데 가장 두드러진 것으로는 1, 2차 국공
합작에 기울인 노력을 들 수 있다. 송경령이 손문 생전에 그의 국공
합작사업을 확고하게 지지하고 밀었음은 말할 필요도 없으며, 그의
사후 무한정부 붕괴시기까지의 위기에서 국공분열을 반대하여 합작,
단결, 통일을 옹호한 노력은 대단한 것이었다. 그런데 그녀가 손문의

국공합작정책의 알맹이라고 본 것은 이른바 신삼민주의와 3대정책이었다. 송경령이 국민당 우파와 좌파가 차례로 포기한 국공합작을 끝까지 지켜낸 것은 무엇 때문인가? 그녀의 처지에서 국공합작이 깨져서는 당시의 정세에서 사회혁명과 반제혁명도 성취할 수 없을 것이라고 생각했기 때문이다. 송경령이나 중공이 말하는 이른바 3대정책에, 공농대중운동 말고도 용공容共과 연소聯蘇가 있는데, 이 둘은 국공합작을 가능케 하는 한 조건이었다.

만주사변 이후 점차 거세지는 일본의 침략 속에서 송경령은 항일구국운동에 앞장섰다. 1933년에는 '국민어모자구회國民禦侮自救會'를 조직하고 '중화인민대일작전기본강령'을 발표하였으며, 1934년에는 '중화민족무장자위위원회'를 결성하고 공산당의 '항일구국 6대강령'을 지지하였으며, 12·9운동(1935) 이후 1936년에는 '전국각계구국연합회'의 성립에 참여하여 광범한 구국전선을 형성하였다. 1931년에서 1937년에 이르기까지 6년 동안 송경령은 상해에서 재야의 입장에서 장개석과 국민당에 대한 지속적인 비판에 심신을 바쳤다. 아울러 전 민족을 동원한다는 발상, 곧 계급과 정당을 초월한 전 민족의 동원이라는 방법을 씀으로써 하나의 이데올로기나 정당에 매몰되지 않고, 혁명에 동원시킬 수 있는 모든 세력을 다 동원하고자 노력하였다. 그렇게 함으로써 송경령은 제2차 국공합작과 항일민족통일전선의 형성에 크게 이바지하였던 것이다. 송경령의 애국주의·구국주의는 일제침략 아래서 민권운동과 항일민족운동을 항일민족통일전선운동으로 통합시켜 나간 혁명적 민족주의였다.

다음으로, 송경령은 사회활동가였음을 높게 평가하여야 한다. 그녀는 중국의 사회문제에 깊은 관심을 기울여 빈민구제와 복지사업에 몰두하였고, 전쟁 중에는 난민과 고아의 구제에 헌신하였으며, 신중국 성립 뒤에는 모자건강과 아동교육에 애착을 가지고 활동하였다.

1950년대 후반 하향응과 송경령

1938년에 그녀는 항일전의 참된 정황을 세계인에게 알리고, 아울러 중국항전에 얼마나 원조가 절실한가를 이해시켜 국제적으로 더 많은 전시물자를 얻어 항일무장 근거지를 원조하기 위해 '보위중국동맹'을 만들었다. 송경령의 활동은 매우 중요한 것이었다. 항일전이 끝난 뒤 그녀는 내전기간 동안에는 보위중국동맹을 중국복리기금회로 바꾸어 부녀와 아동위생과 전쟁고아를 위한 문화교육사업에 헌신하였다. 인민공화국 성립 이후 1950년에는 중국복리기금회를 다시 중국복리회로 개조하고 부녀아동보건과 소년아동문화교육사업에 힘썼으며, 아울러 국가적으로는 중국인민구제총회 집행위원회 주석에 선임되어 사적으로나 공적으로나 사회의 복지증진에 헌신하였다.

또한 송경령은 여성해방의 제창자였다. 그녀는 한평생을 하루같이 여성해방운동에 남다른 관심을 가지고 큰 공헌을 하였다. 그녀는 청년시절부터 "하늘의 반쪽을 지탱하는 여성을 소외시킨 인류사회의 발전은 존재할 수 없으며, 인류의 반쪽인 여성을 높이는 것 없이는 또 다른 반쪽인 남성을 높일 수 없다"[21]는 기본적인 남녀 천부인권의 평등을 전제한 사상을 제기하였다. 우선 송경령은 여성과 혁명의 관계를 불가분의 것으로 보았다. 그녀는 각 시기마다 그 시기의 혁명주체로서 여성을 인식시키고 혁명대열에 참여시키고자 노력하고, 혁명의 완성이 바로 여성해방을 가능케 한다고 강조하였다. 다시 말해 여성운동은 국민혁명의 한 부분이므로 국민혁명에 참여해야 하며, 국가의 자유·독립 획득은 바로 여성 자신의 해방을 얻는 길이며, 여성은 바로 국민의 한 부분이라고 주장했다. 그러므로 여성해방운동을 다만 내용이 빈곤한 여권주의의 기치 아래서가 아닌 민주운동의 한 부분으로 파악하였던 것이다.

마지막으로, 송경령은 세계평화운동의 지도자였다. 그녀는 로맹 롤랑, 조지 버나드쇼, 앙리 바르뷔스, 하인리히 만, 토마스 만, 막심 고리끼, 앨버트 아인슈타인 등 반전, 반파시즘연합전선조직을 제창한 세계 각국의 우호적인 인사들과 친분관계를 가지고, 세계반제대동맹의 명예주석으로 있으면서 국제적 반제운동에 적극 참여함으로써 세계평화를 지키는 데 힘썼다. 이 같은 국제적 활동과 구제복리사업을 함으로써 평화를 실현시키려는 노력을 한 공로로 1950년 송경령은 '스탈린 국제평화상'을 받았다.

송경령이 일생 동안 벌인 혁명활동은 노동자·농민과 같은 피억압 기층대중과 여성대중의 해방에 일관된 역점을 두고 있는데, 이 같은 사회혁명을 강조하는 것은 그녀의 박애주의(휴머니즘)의 발전형태라 할 수 있겠다. 송경령의 삶 속에 흐르고 있는 민족주의와 박애주의적인 면에 그녀는 국내외 많은 사람들로부터 존경을 받았다. 이는 그녀의 친지들이 증언하고 있다.

에드가 스노우는 "송경령은 중국의 미완성 혁명의 양심이며 항구적 핵심이다"[22]고 말했다. 그리고 님 웨일즈(Nym Wales, Helen F. Snow)는 "어떤 사람도 정치에서는 성인을 발견하지 못한다. 그러나 우리는 바로 정치의 한가운데서 상처를 안고 있으나 더럽혀지지 않고 정치에서 물러나 있는 송경령을 발견하게 된다. 그녀는 중국의 양심이며 인간 본성의 승리자 가운데 한 사람이다"고 평가하고 있다.[23] 또한 빈센트 쉬언(Vincent Sheean)은 "그녀는 순전히 개성의 힘과 동기의 순수성과 최고의 정직에 힘입어 영웅이 되었다. 중국혁명의 좌절 속에서 이같은 현상은 가장 비범한 일 가운데 하나다"[24]고 하였다.

로맹 롤랑은 "우리의 탁월한 부주석 송경령 여사는 그저 세계에서 향기를 내는 아름다운 꽃일 따름인가? 결코 아니다. 그녀는 둘러쳐진 철조망을 물어뜯어 버리려는 용맹스런 사자다"[25]라고 증언하였다. 그리고 인도의 네루 수상은 "지나간 세월 동안 어떠한 폭풍과 비바람이 중국을 뒤흔들었어도 그녀의 신념은 결코 비틀거리지 않았으며, 그녀의 목소리는 언제나 평화를 위해 울려 퍼졌다"[26]고 증언하고 있다.

이러한 증언을 통해, 송경령은 내면의 순수성과 강직성에 뒷받침된 이상주의자로서, 세속적 권력투쟁의 소용돌이 속에서 혁명적 원칙을 순수하게 고집해 나간 인물임을 알 수 있다.

이상에서 살펴본 바와 같이 송경령은 단지 손문의 부인으로서가 아닌, 홀로 자립한 혁명정치가이며 사회활동가이며 여성해방운동의 제창자이며 세계평화운동가이며 아울러 애국주의자였음을 알 수 있다. 그녀는 도덕심이 높으며, 자신이 옳다고 생각하는 원칙과 가치에 대해서는 흔들리지 않는 신념으로 단호하고 용기 있게 밀고 나갔다. 반면에 감성적이며 아름다움을 사랑하는 섬세한 성품도 간직하고 있었다. 또한 송경령은 많은 글을 썼는데, 그녀의 문장은 절도가 있고 간결하고도 논쟁적이었으며, 90세 가까이 살면서 그녀는 중국과 중국민족을 사랑하고 대중 편에 선 글을 많이 펴냈다.

등소평鄧小平은 송경령이 죽은 뒤 추도사[27]에서 "송경령은 세상에 널리 그 이름이 알려진 애국주의·민주주의·국제주의·공산주의의 위대한 전사이며, 세계평화와 인류의 진보사업에 헌신하여 사회의 발전과 인류의 행복을 위해 필생의 정력을 다 바친 위대한 여성으

로, 어떠한 정황에서도 정
치의 원칙성을 굳게 지키
며 역사의 발걸음을 따라
부단히 전진하여 혁명민
주주의자에서 위대한 공
산주의자가 되었다"고 평
가하였다.

중국공산당 제8차 전국대표대회에서의 연설 모습

필자는 송경령이 민주
주의자였으며 국제주의적 우호와 평화옹호자였으며 민족주의자였음
에는 동의하지만 공산주의자였다는 데에는 동의하고 싶지 않다. 그
녀는 좀더 포괄적인 의미에서 사회주의를 지향한 이상주의자였다고
할 수 있을 것이다. 다시 말해서, 송경령은 그녀가 살던 시대의 과제
에 따라 민족주의, 민주·박애주의를 구체적으로 실현하고자 했던
이상주의자로서, 그녀가 사회주의의 길을 걸었던 것은 진정 대중 편
에 선, 다 함께 잘사는 사회, 자유·평등·박애의 사회를 추구하고자
하였기 때문이다. '민중을 위한 진정한 사회주의'가 있을 수 있다면
송경령은 바로 그것을 지향하는 민주 사회주의자였다고 생각한다.

■ 주 ────────

1) 언니 애령(1888~1973)은 중국 최초로 미국에 유학한 여성이었으며, 손문의 비서
   를 지내다 1914년 山西省 太谷 출신의 유명한 금융업자 孔祥熙(1880~1967)와 결혼
   하였다. 공상희는 일찍부터 기독교로 개종하였으며, 기독교 계열의 노스차이나 유

니언 컬리지를 졸업한 뒤 미국 오하이오주 오벌린 대학을 졸업하고 예일대학에서 경제학 석사를 받았다. 그가 일본 도쿄에서 중국계 YMCA의 총간사직을 맡고 있을 때 애령과 결혼하였다. 그는 그 뒤 장개석 정권 아래서 실업부장, 재정부장, 행정원 원장 등 요직을 두루 거치며 중국 굴지의 재벌이 되었고, 애령은 남편 뒤에서 실력자로 활약하였다[李陽子, 《宋慶齡硏究》(서울: 일조각, 1998), 25쪽].

남동생 자문(1894~1971)은 미국 하버드대학을 졸업하고 이어 콜럼비아대학에서 석사학위를 취득한 뒤 뉴욕 국제은행에 근무하다 1917년 귀국하였다. 손문의 광동 군정부에 재정부장으로 참가한 이래 재정적 수완을 발휘하여 국민정부의 각 시기에 행정원장, 재정부장을 역임하는 한편, 중국의 금융을 지배하여 세계적인 대부호로 불릴 정도로 재산을 모았다. 1957년 이래 미국 뉴욕에서 살았으나, 1971년 한 식당에서 식사 도중 목에 음식이 걸려 급사했다.

여동생 미령(1897~2003)은 처음에는 경령과 함께 웨슬리안대학에 입학하였으나 언니가 귀국한 뒤, 오빠 자문이 다니는 하버드대학 근처로 옮겨서 미국 매사추세츠주의 웰즐리대학을 졸업한 재원으로, 1927년 장개석과 결혼하여 일세를 풍미하였음은 잘 알려진 바다. 그런데 그녀는 1998년 100세를 맞이하였고 2003년 106세를 일기로 뉴욕의 롱아일랜드에서 사망하였으니, 3세기에 걸쳐 살아간 그녀의 모습이 놀랍다.

2남 자량(1899~)은 미국 반더빌트대학을 졸업했으며, 국민당 정부 외무부 비서 및 총무사 사장, 중국은행 이사 및 사장, 중국건설공사 이사, 광동성 재정특파원, 광동성 정부위원 겸 재정청장을 역임하였으며, 1947년 이후 미국에서 거주하고 있다.

3남 자안(?~1969)은 하버드대학을 졸업하였으며, 장개석 정권 아래서 중국건설은행공사 사장과 중국 國貨公司 감찰직을 역임하였다. 1948년 홍콩광주은행 이사회 회장을 역임하였고, 이후 미국 샌프란시스코와 홍콩을 오가며 거주하였다[尙明軒·陳民·劉家泉·趙楚云, 《宋慶齡年譜》(北京: 北京社會科學出版社, 1986), 23~25쪽].

2) 李陽子, 앞의 책, 10쪽.

3) 중국여성연구회 편, 《중국여성해방운동의 선구자들》(서울: 도서출판 한울림, 1985), 137쪽.

4) 李陽子, 앞의 책, 11~15, 220쪽.

5) 장롱, 존 할리데이 저/ 이양자 역, 《송경령평전》(서울: 지식산업사, 1993), 40쪽.

6) 위의 책, 44쪽.

7) 宋慶齡, 〈廣州脫險〉(1922年 6月), 《宋慶齡選集》(증보판) 上卷(北京: 人民出版社, 1992), 15쪽.

8) 《神戶又新日報》 大正 13年(1924) 11月 30日字.

9) 1925년 4월 12일 上海 各公團 孫中山 선생 추도대회에서 何香凝이 한 추도연설문 내용(上海 《人民日報》 1925. 4. 13). 그리고 이 추도대회에서 하향응은 "지금 선생은 서거하셨습니다만 부인은 건재하십니다. 우리들은 선생의 말씀을 생각하고 일어나서 부인의 뒤를 따라 함께 분투하지 않으면 안 됩니다"라고 함으로써 송경령의 존재와 위치를 공식 자리에서 확인시켰다.

10) 손문은 세 통의 유서를 남겼는데, ① 〈국민당에 대한 遺囑〉, ② 〈가족에 대한 유촉〉, ③ 〈소련에 대한 유촉〉이 그것이다. ②의 내용은 "나는 국사에 진력하느라 가산을 다스리지 못했다. 남기는 서적, 의복, 주택 등은 모두 나의 처 송경령에게 주어 기념이 되게 하라. 나의 자식들은 이미 성장하여 자립할 수 있을 것이다. 바라건대 각각 자애하고 또 나의 뜻을 이어갈 것을 유촉한다."〔陳錫祺 主編, 《孫中山年譜長編》 下冊(北京 : 中華書局, 1993), 2130~2132쪽.〕

11) 손문과 10년의 결혼생활에서 송경령은 손문을 존경하고 사랑하였다. 그 뒤 56년 간의 긴 미망인 생활 동안 손문의 기일이 되면, 그녀는 누구와도 만나지 않고 말하지 않았으며, 어떠한 회합에도 참가하지 않고 집안에서 칩거하였다〔이스라엘 엡스타인 저/ 이양자 역, 《20세기 중국을 빛낸 위대한 여성 송경령》 상, (서울: 한울, 2000), 191쪽〕.

12) 元伯, 〈宋慶齡左傾記〉, 《現代史料》(홍콩: 波文書局版, 1980년 재판), 145쪽. 이때 구추백의 처 양지화, 채화삼의 처 상경여 등 여성공산당원이 송경령을 자주 방문하였으며, 이들과 5·30운동에 참가하였다.

13) 이스라엘 엡스타인 저/ 이양자 역, 앞의 책, 285~286쪽.

14) 尙明軒·唐寶林, 《宋慶齡傳》(北京: 北京出版社, 1990), 192~193쪽.

15) 스털링 시그레이브 저/ 윤석인 역, 《宋家別曲》 하(도서출판 동지, 1992), 68쪽.

16) 尙明軒·陳民·劉家泉·趙楚云, 앞의 책, 102~103쪽; 宋慶齡, 〈救國入獄運動宣言〉(1937年 6月), 앞의 책, 181쪽.

17) 宋慶齡, 〈國民黨已不再是一個政治力量〉(1931年 12月 19日), 앞의 책, 83쪽.

18) 儲安平 〈중국의 政局〉(《觀察》, 1947년 3월 8일, 6쪽)에서 말한 다음과 같은 내용은 이에 대한 이해를 높여준다. 곧, "적어도 국민당 치하에서는 우리는 자유를 위해서 투쟁할 수 있으니 자유가 아무리 제한되어 있다고 하더라도 그것은 多寡의 문제이다. 그러나 중국공산당이 정권을 장악하면 그것은 有無의 문제가 된다."〔수잔 페퍼, 〈전후의 국민당과 공산당의 대결 − 방황하는 자유주의 지식인과 관련하여〉, 민두기 편, 《중국현대사의 구조》, 청람문화사, 1983, 237쪽)〕

19) 송경령은 자신의 기독교 정신에 대해 "나의 정신 가운데는 聖書 사상은 박애라는 형태로 남아 있다"고 했다〔"宋慶齡さんのこと − あとがきをかねて"; 宋慶齡 著/ 仁木富美子 譯, 《宋慶齡選集》(東京 : ドメス出版, 1979), 643쪽〕.

20) Cornelia Spencer, *Three Sisters : The Story of the Soong Family of China*, New York, 1939.

21) 송경령, "The Modern Chinese Women", *The Wesleyan*, 1913. 4.

22) 尙明軒 · 唐寶林, 앞의 책, 319〜321쪽.

23) Helen F. Snow(Nym Wales), *Women in Modern China*(New York : The Hague Mouton & Co., 1967), 103, 117, 121쪽.

24) 장룽, 존 할리데이 저/ 이양자 역, 앞의 책, 67쪽.

25) 위의 책, 84쪽.

26) 위의 책, 149쪽.

27) 《人民日報》 1981年 6月 4日字, 〈鄧小平同志在宋慶齡同志追悼大會上致道詞〉.

상경여 向警予
중국 공산당 최초의 여성부 부장

지 현 숙

1920년대 중국인들은 개조된 국민당을 중심으로 민주적·자주적인 국민정부 수립을 위해 반제反帝·반군벌反軍閥의 국민혁명을 수행하였다. 국민혁명을 수행하는 중심축의 하나가 바로 각 계급, 각 계층의 대중운동이었다. 여성운동 또한 국민혁명의 일환으로 펼쳐졌다. 국민혁명기 여성운동을 논할 때 빠뜨릴 수 없는 인물이 바로 상경여 向警予[1]이다. 그녀는 중국공산당의 영향 아래 있던 여성운동을 총괄하였고, 국공합작 후 국민당 상해시 당부에서 활동한 대표적인 여성운동가이다. 상경여는 단체조직과 선전활동에 뛰어났고, 빈틈이 없어 1920년대 중국의 여성운동에 참여했던 여성들이 할머니[祖母]라고 불렀다.[2] 따라서 상경여에 대한 연구는 상경여 개인 뿐 아니라 국민혁명시기 중국의 여성운동을 이해하는 데도 도움이 될 것이다.

1. 교육구국에서 혁명의 길로

상경여는 1895년 호남성湖南省 서포현漵浦縣의 한 상인 가정에서 태어났다. 아버지인 상서령向瑞齡은 서포상회 회장을 역임하였고, 교육

상경여

을 중시하였다. 당시 집안 분위기는 상당히 자유로웠던 것으로 보인다. 그는 딸에게 전족을 시키지 않았고, 초등학교에 입학시켰다. 집안에서는 형제들끼리 역사인물의 공과功過에 대해 토론하기도 하였다. 열 명의 형제 가운데 네 명이 일본유학을 했는데, 제일 큰오빠인 상선월向仙鉞은 일본 유학 때 동맹회에 가입하여 활동하였다. 다섯 번째 오빠인 상선량向仙良 역시 교토부립의과대학를 다닐 때 무창기의가 일어나자 중국유일의약학생구호대中國留日醫藥學生救護隊에 참여하여 중국에 돌아와 활동하였다.

가족 가운데 상경여에게 가장 커다란 영향력을 미친 인물은 상선월이었다. 그는 일본으로 유학 가기 전 상덕서로사범학당常德西路師範學堂 교사로 근무하였다. 그때 상경여는 어머니와 잠시 상덕에 머물렀는데, 상선월의 영향으로 《민보民報》, 《신민총보新民叢報》 등의 신문, 잡지를 접하게 되었다. 이로 말미암아 그녀는 어린 시절부터 여성 문제를 중국을 개조하는 차원에서 이해하였다. 1910년 가을 상덕여자속성사범학당 시절, 일곱 명의 급우와 의자매를 맺고 서약한 글에서도 이 점을 확인할 수 있다. 서약의 내용은 여성의 기개를 진작振作 분투奮鬪하고, 독서에 힘써 남녀평등을 도모하며, 교육으로 구국救國의 목적에 이르는 것을 공동의 염원으로 한다는 것이다.[3] 이는 여성이 불평등한 지위에 놓이게 된 원인이 남성에 있는 것이 아니라 독서 곧, 교육의 불평등에 있다고 보고, 교육으로 여성을 각성시켜 남녀 불평등의 문제를 해결하도록 하는 동시에, 중국이 직면한 위기상황에서 벗어날 수 있도록 한다는 의미로 해석할 수 있다.

이러한 상경여의 인식은 호남성립제일여자사범湖南省立第一女子師範, 주남여자사범周南女子師範을 거치면서 심화되었다. 1912년 가을 호남성립제일여자사범에 입학한 상경여는 진보적인 교장이었던 주검범周劍凡이 면직되자, 의식 있는 학생들과 함께 주검범이 세운 주남여자사범으로 전학하였다. 이때 준현俊賢이라는 이름을 경여警予로 바꾸었다. 주검범은 초등교육을 중시하여, 학생들에게 학교 졸업 후 2년 동안 초등학교에 재직하도록 호소하였다. 이는 상경여가 지닌 교육구국에 대한 믿음을 강화시켰던 것으로 보인다.

1916년 주남여자사범을 졸업한 뒤 고향 서포로 돌아온 상경여는 서포의 진보적 인사와 가족들의 후원으로 서포여학교를 설립하였다. 그녀는 교육을 국민의 자양분으로, 여학을 교육의 원천으로 규정하고, "현재는 이미 남녀가 평등하고 천연적으로 적합하지 않은 것은 도태되니 …… 학생들이 준비를 잘해서 여성계를 위해 크게 빛내기를 바란다"고 설립 목적을 밝히고 있다. 상경여는 사회진화론의 영향을 받아 현시대의 대세는 남녀평등으로, 시대에 적합하지 않은 남녀불평등은 사라질 것이기 때문에 여학생을 교육하여 여성계를 위해 커다란 몫을 담당하도록 하자는 것이다.

학교 설립 초기에는 학생 모집을 위해 상경여가 가가호호 방문하여, 가장을 설득해야 할 정도로 서포는 봉건적인 인습이 강한 곳이었다. 상경여의 노력 덕분에 한때 학교는 본 궤도에 오르게 되었고, 장사長沙의 동문들을 교사로 초빙하였다. 그러나 상경여는 여기에 만족하지 않고 진정한 자신의 일을 찾기를 원하였다. 서포에 있으면서도 주남여학교 동문들과 편지로 교류하였고, 학교 일 때문에 장사로 갈 때는 시간을 쪼개서 친구들을 만나기도 하였다. 이러한 교류를 통해 장사의 새로운 분위기를 접하고 자신의 미래에 대해 고민하였다.

1919년 5·4운동이 일어났다는 소식이 서포에 전해지자 상경여는 서포여학교의 학생과 교사들을 조직하여 가두시위를 벌이고, 상인들을 설득하여 일본상품 판매금지운동을 펼쳤다.

한편, 서포여학교를 운영하면서 봉건적인 인습과 마찰, 재원 부족 등의 문제로 어려움을 겪고 있을 무렵, 그녀는 주남여학교 동창인 채창蔡暢으로부터 한 통의 편지를 받았다. 내용은 장사로 와서 함께 호남여자유법근공검학회湖南女子留法勤工儉學會를 조직하자는 것이었다.

프랑스로 유학 가자는 근공검학勤工儉學운동4)은 당시 호남湖南 장사長沙 신민학회新民學會 발전 방법의 하나였다. 신민학회는 1918년 4월 4일 학술을 혁신하고 품행을 연마하여, 인심과 풍속을 개량한다는 취지로 설립되었는데, 중심인물은 모택동·채화삼蔡和森·소자승 등이었다. 채화삼이 동생인 채창에게 호남여자유법근공검학회를 조직할 것을 제안하였던 것이다.

채창의 편지를 받은 상경여는 장사로 가 1919년 하반기에 신민학회에 가입하고, 채창과 함께 주남여자유법근공검학회를 모태로 호남여자유법근공검학회를 조직하였다. 그리고 1919년 10월 채창과 그녀의 어머니인 갈건호 등과 상해로 가서 유법근공검학생들을 위한 여러 활동에 참여하였다.

한편, 1919년 11월 14일 장사에서 여학생 조오정趙五貞이 봉건적인 결혼에 반대하여 가마 속에서 자살하는 사건이 발생하였다. 모택동은 《대공보大公報》에 아홉 편의 글을 발표하여, 중국 사회의 암흑과 혼인제도의 죄악을 비판하였다. 당시 상경여는 모택동과 상의해서 주남여학교에서 조오정 기념대회를 열었다.

상경여 또한 봉건적인 결혼을 거부하였다. 1918년 말 서포에 주둔하고 있던 상서진수부사湘西鎭守副使 겸 제5구사령第五區司令 주칙범周則范이 상경여에게 청혼을 하였다. 그녀의 아버지는 주칙범의 권세를

프랑스 근공검학의 신민학회 회원들이 몽따쥐공원에서 찍은 단체사진
(오른쪽 제일 앞 사람이 상경여)

이용할 생각으로 결혼을 허락하였다. 그러나 상경여는 주칙범의 집으로 가 독신으로 나라를 위해 헌신하겠다는 말과 함께 청혼을 거절하였다.5)

청혼을 거절한 뒤 상경여는 갑자기 혼자 북경으로 향했다. 상경여가 북경을 방문한 구체적인 이유를 말해주는 자료는 없다. 다만 유법근공검학留法勤工儉學 프로그램을 조직한 채원배를 방문했고, 북경에서 서포의 집으로 보낸 편지 속에 "계획은 정해지지 않았으나 반공반독半工半讀의 범위를 벗어나지는 않을 것"이라는 구절로 보아 유법근공검학에 관해서 알아보기 위한 것으로 추측된다. 상경여가 유법근공검학을 선택한 이유는 봉건적인 결혼을 회피하기 위한 것이기도 했던 것으로 보인다.

1919년 12월 25일, 봉건적인 결혼을 거부하고 구국의 방법을 찾기

채화삼과 상경여의 결혼사진

위해 상경여는 채창·갈건호·채화삼·웅계광·이지신 등 50여 명과 함께 프랑스로 출발하였다. 1920년 1월 30일, 36일 동안의 항해 끝에 드디어 마르세유에 도착하였다. 화법교육회의 주선으로 상경여는 채창·채화삼 등과 몽따쥐(Montargis)시에 도착하였다. 그녀는 몽따쥐(Montagis)여자중학에서 프랑스어를 배우고 고무공장과 방적공장에서 일하였다. 이 시기 상경여는 프랑스어판 《공산당선언》과 《가족, 사유재산, 그리고 국가의 기원》 등의 책을 통해 마르크스주의를 학습하기 시작하였으며, 《부녀의 소리[婦女聲]》, 《여권보女權報》 등의 잡지를 읽고 여성 문제에 대한 인식을 심화시켰다.6) 그녀의 마르크스주의 수용에는 남편이었던 채화삼7)의 영향이 컸다. 두 사람은 상경여가 장사에서 학창시절을 보낼 때 채창을 통해 알게 되었다. 프랑스로 가는 동안 많은 대화를 하면서 상경여와 채화삼은 서로를 깊이 이해하게 되었고, 상경여는 마르크스주의를 수용하기 시작하였다. 두 사람은 1920년 5월 결혼하였는데, 이들의 결혼은 봉건적인 인습을 타파한 동지적인 결합으로 인정되어 상채동맹向蔡同盟8)이라 불렸다.

상경여가 마르크스주의자로서 모습을 분명하게 드러낸 것은 두 차례의 토론회에서였다. 1920년 7월 6일부터 10일까지 프랑스의 신민학회 회원들이 중국을 개조하는 방법을 두고 격렬한 토론을 벌였다. 토론은 두 가지 각도에서 진행되었다. 여기에서 채화삼은 공산당의 조직, 무산계급 독재 실행, 러시아적 혁명방법 채택을 주장하였다. 반면 소자승蕭子升은 교육을 수단으로 노동조합과 합작사 개혁을 실행하는 방법 즉, 프루동(Pierre-Joseph Proudhon, 1809~1865)식의 무정부주의적 방법을 제기하였다. 회의는 서로의 주장만 확인한 채 결론 없이 끝났다.9) 9월에는 공학호조사工學互助社의 성원들도 중국이 직면한 문제의 해결방법으로 러시아적 방법과 무정부주의적 방법을 두고 논쟁을 폈다.10) 두 모임에서 상경여는 《공산당선언》을 회의장 앞에 걸어놓고 회의석상에서 무정부주의를 논박하는 연설을 하였다. 이후 2·28운동, 중불비밀차관반대운동, 중법대학회수운동中法大學回收運動에서 여학생 대표로 활동하는 가운데 자신의 변화된 인식을 실천하고자 하였다.11)

중법대학회수운동를 전개하다 채화삼이 중국으로 송환되자, 임신 중이던 상경여는 1921년 11월 프랑스 여자유학생을 위한 청원의 임무를 지니고 귀국하였다. 귀국한 뒤 그녀는 모금활동과 웅희령, 이석증 등의 도움을 얻어 프랑스에 체류 중인 40여 명의 근공검학 여학생에게 학비와 생활비를 보조할 수 있었다.

귀국 후 상경여는 1922년 1월 상해에서 공산당에 가입하였다. 7월에 열린 제2차 중국공산당 전국대표대회에서 중앙집행위원회 후보위원 겸 여성운동 담당자로 선출된 뒤, 3차에서 5차 전국대표대회까지 중국공산당의 여성정책 입안과 여성운동의 지도를 담당하였다. 그리고 상해《민국일보民國日報》부간附刊인《부녀주보婦女周報》편집인으로도 활동하였다.

그녀가 부녀부장으로 선출되기 이전 중국 공산당의 여성운동 관련 사업은 상해중화여계연합회上海中華女界聯合會 개조와 평민여학平民女學의 설립 운영, 《부녀성婦女聲》발간 정도였다.

개조된 상해중화여계연합회는 왕회오·왕일지·왕검홍 등의 공산당원과 사회주의청년단원을 중심으로 활동하였으며, 왕회오를 주편으로 《부녀성》을 발간하였다. 그리고 1921년 12월 반독반공半讀半工 형식으로 평민여학교를 창설하였다. 평민여학교는 여성노동자들을 흡수하려고 노력하였으나, 경제적인 문제로 1년을 채우지 못하고 22년 가을 폐교되었고, 《부녀성》도 10기를 끝으로 폐간되었다.

이러한 상황에서 상경여가 중국공산당의 여성운동을 담당하게 되었는데, 프랑스에서 돌아온 뒤 바로 활동을 개시하지 못하였던 것으로 보인다. 이 점에 대해, 당시 중국공산당은 여성운동 기반을 참정운동 단체에 두고 있었는데 참정활동에 비판적이던 그녀가 부녀부장으로서의 책임을 방기하여, 국민당과 합작하고 나서야 비로소 활동을 시작하였다는 지적이 있다. 그러나 상경여가 바로 활동을 개시하지 못한 것은 평민여학이 폐교된 뒤 중국 공산당의 여성관련 사업이 없었고, 당시 중국여성도 저조하여, 여성운동에 대한 공산당 내부의 평가가 낮았기 때문이 아닌가 생각된다. 그리고 상경여 개인의 차원에서도 출산 문제와 귀국 후 국내 여성운동 상황을 파악하기 위한 시간이 필요했을 것이다.

그녀의 논설과 〈중국공산당 부녀부의 중국여성운동에 관한 보고〉 등을 고려해 볼 때 활동을 시작한 것은 1923년 중국공산당 제3차 전국대표대회 이후로 그녀는 주로 당시 전개되었던 여성운동 분석에 열중하였다. 국공합작 이후에 상경여는 국민당 상해 집행부 청년부녀부 조리助理로 활동하였다. 그리고 1924년 3월 부녀운동위원회가 설립되자 실무를 전담하였다. 상경여는 국민당 상해시 당부와 부녀운동위원회를 통해 다른 여성단체와 접촉하면서 상해 및 전국 여성운동을 주도하였다.

2. 상경여가 바라본 국민혁명시기 중국의 여성운동

프랑스에서 돌아온 상경여는 당시 중국의 여성운동 실태를 분석하고 여성운동의 새로운 방향을 모색하였다. 그녀는 1920년대 중국 사회가 제국주의와 군벌의 지배를 받고 있기 때문에 중국의 사회구조에서 파생한 여성 문제를 해결하기 위해서, 여성운동은 반제·반군벌을 목표로 한 국민혁명적인 성격을 지닐 수밖에 없다고 인식하였다.

여성운동을 국민혁명 안에 자리매김하고자 한 상경여는, 당시의 여성운동을 운동의 주체에 따라 여성노동자운동과 여성지식인운동으로 나누어 분석하였다.

당시 중국은 경공업의 발달로 아동노동자와 함께 여성노동자의 비율이 높았다. 1920년까지 여성노동자는 방직공장의 경우 65퍼센트, 식품 및 음료공장의 경우 43퍼센트, 잡화상품 공장의 경우 23퍼센트, 화학공장의 경우 22퍼센트, 금속공장의 경우 4퍼센트를 차지하였다. 여성노동자와 아동노동자는 12시간에서 14시간까지 일을 하지만, 동일 노동에 성인 남자의 최고 임금이 1원인 데 견주어 여성노동자의 최고 임금은 7각角이었으며, 최저임금은 1각도 되지 않았다. 한편, 공장주들은 예를 들면 일화방적공장의 경우 여성노동자주의를 채택하여 1919년부터 남성노동자를 해고하고 숙련된 여성노동자로 교체하였다. 여성노동자의 임금이 남성노동자들보다 낮고 봉건적인 인습으로 말미암아 순종적으로 생활해 왔기 때문에, 노무관리도 쉽다는 판단에서 나온 것으로 생각한다.

여성노동자들의 파업이 본격적으로 일어난 것은 1922년부터였다. 상경여의 조사에 따르면 1922년 한 해 동안 여성노동자의 파업횟수는 18회, 파업에 참가한 노동자는 3만에 이르렀다. 파업을 통해 여성노동자는 임금인상, 노동시간 감소, 공장규약 개정, 노동자 학대 금지 등을 요구하였고, 노동조합 승인, 노동조합 유지 등을 주장하였다.[12]

상경여는 여성노동자와 여성농민을 중국 여성운동의 사회적 기초로 파악하였다. 특히 여성노동자의 경우 경제적으로 독립되어 있다는 점과 제국주의와 직접 대치하고 있다는 점을 들어 여성운동의 주력으로 평가하였다. 한편, 여성노동자운동의 문제점으로는 사회의식의 결여, 단결력과 조직 부족 등을 지적하였다. 해결책으로 여성 독자의 평민교육을 실시하여 여성노동자를 각성시킬 것을 주장하였다. 여성 독자의 평민교육운동을 제시한 것은 봉건적인 관념 때문이었다. 여자평민학교를 설치 운영한다면, 여성이 쉽게 아버지와 남편의 허락을 받아 입학할 수 있어, 그들을 교육하여 민치民治의 기초를 튼튼히 할 수 있다는 것이다.

당시 노동운동에서 남성노동자와 여성노동자들 사이에 갈등이 쉽게 발생하였다. 중국공산당 3차 전국대표대회 〈부녀운동결의안〉에서도 파업에서 남성노동자와 여성노동자가 충돌하는 상황을 지적하였다. 종법사회宗法社會에서 여성을 경멸하던 습관과 선입관을 남성노동자가 여전히 몸에 배어 있기 때문에 이러한 상황이 발생한 것이라 보고, 남성노동자의 봉건적인 습관과 선입관을 해소하는 데 노력을 기울일 것을 강조하였다. 그러나 결의안은 이 문제를 해결할 구체적 방안을 제시하지 못하였다.

당시 중국공산당은 여성노동자의 이익을 고려할 것을 강조하였지만 이 시기 여성노동자 운동에 미친 영향은 크지 않았다. 운동 수준은 노동자 파업 때 모금활동을 하거나 야학을 운영하는 정도였다. 동향적同鄕的 유대인 봉건적인 방幇 조직이 강했기 때문에 여성노동자에 대한 조직적인 접근이 어려웠던 것으로 보인다.

상경여는 1924년 9월 발생한 상해의 남양형제연초공사南洋兄弟煙草

工司의 파업에 참여하였으며, 평민야학을 설립하여 여성노동자와 접촉을 시도하였다. 또 여성노동자에 개별적으로 접근하여 선전작업을 하면서 여성노동자의 의식을 계발하였다.

한편, 그녀는 당시 단체를 조직하여 활동하던 여성지식인운동에 대해서도 분석하였다. 먼저 여성지식인을 세 가지 유형으로 분류하고 각각의 특성을 지적하였다.[13] 그녀에 따르면 여성지식인은 소가정파, 직업파, 낭만파로 구분할 수 있었다. 먼저 소가정파는 개인적 쾌락주의를 기반으로 일부일처의 핵가족을 추구하였다. 그리고 위생적인 의식주, 양호한 아동양육과 교육을 통해 가정의 행복을 증진시키는 것을 목적으로 하며, 서양에서 유학하고 돌아온 여성 다수가 이에 속하였다. 직업파는 독립적인 생활과 사회봉사를 목적으로 하며, 교육·실업·종교 세 방면에 분포하였다. 낭만파는 일부 신청년으로 절대 자유와 쾌락을 추구하며, 이들 사이에 가장 유행하는 구호는 사교의 공개이고, 그들의 궁극적인 목표는 자유연애였다.

상경여는 세 유형의 특징이 환경의 차이에서 비롯된 것으로 보았다. 즉, 소가정파와 낭만파는 경제적으로 안락한 지위가 보장되어 있고, 직업파는 하고 싶어서 일을 하는 극소수 이외에 대부분은 실제 생활이 절박하기 때문이라는 것이다. 사회 공헌도를 기준으로 직업파, 소가정파, 낭만파 순으로 의미를 부여한 그녀는, 직업파에게 비교적 사회의식이 있다고 평가하였다. 그러나 세 유형 모두 종합적인 인생관과 전반적인 사회의식은 없다고 지적하였다.

상경여는 소가정파, 직업파, 낭만파의 여성 지식인이 수행한 운동을 참정·여권운동, 기독교 여성운동으로 나누어 실태를 파악한 뒤 문제점을 지적하고, 여성운동의 방향을 모색하였다.

중국의 참정·여권운동은 신해혁명 전후 서양에서 여권과 참정을 주장하는 사조가 전파되면서 시작되었다. 신해혁명 시기 여성참정운동은 혁명의 실패와 더불어 좌절되었다. 그러나 5·4운동 시기에 여성의 각성과 참정의식이 높아지면서 여성단체가 각지에 광범위하게 설립되었다. 그리고 1921년 직계군벌의 무력통일 기도에 대항하여 각 성 지방군벌이 성자치省自治와 연성자치聯省自治를 주장한 것과 더불어 참정·여권운동은 다시 전개되었다. 지방군벌은 자치의 민주성을 부각하기 위해 제헌위원회를 구성하고, 성헌법省憲法을 제정하였는데, 참정·여권운동은 여성참정권을 성헌법에 명시하기 위해 전개되었다.

1922년에는 총통으로 임명된 여원홍黎元洪이 구국회舊國會 회복령을 내리고 제헌의회를 선포하였다. 이에 자극을 받아 7월 북경중국대학, 법정전문학교 및 북경여자사범대학 학생들은 여자참정협진회女子參政協進會를 설립하고 8개 성에 분회를 결성하였다. 6월에는 북경여사대학생인 주민周敏, 장인서張人瑞 등이 여권운동동맹회를 결성하고 상해·천진 등 각지에 분회를 조직하였다.

상경여는 위의 두 단체를 중심으로 당시 참정·여권운동을 분석하였다.14) 그녀는 여자참정협진회에 대해 정치 문제를 모든 문제의 중추로 인식하여 참정 문제에만 관심을 기울인다고 비판하고 참정파라 명명하였다. 반면 여권운동동맹회를 여권파라 규정하고, 참정뿐아니라 직업과 임금평등권, 모성보호에도 주목하기 때문에 단체의 성격이 편협하지는 않다고 보았다. 그러나 두 단체가 실제 행동의 면에서는 하나라고 평가하였다. 두 단체의 대다수 회원들은 몸치장에만 관심을 가지고 회의 하나도 제대로 진행하지 못하며, 참정을 청원하는 것으로 소임을 다했다고 생각한다는 것이다. 참정·여권운동의 역량이 낮은 이유로는 운동 수행자가 경제적으로 부속 지위인 아가씨, 마님의 생활을 영위하여 운동하려는 의지가 박약한 때문이라고 보았다. 또한 여성지식인의 이해만을 고려하고, 첩과 여성노동자들이 자신들의 아름답고 단정한 대오를 어지럽히는 것을 싫어해서 이들을 도외시하였기 때문에 운동의 사회적 기초를 상실하였다고 평가하였다.

그러나 상경여가 참정·여권운동을 부정한 것은 아니었다. 그녀는 법률과 제도가 사회생활의 모형이며, 인간의 사상과 행위는 늘 이러한 모형의 제한을 받는다고 보았다. 그래서 여권운동이 근본적으로 여권을 보장할 수 있는 법률을 제정한다면, 사회생활의 구 모형을 대체하는 신 모형을 창조할 수 있다고 보았다.[15] 이는 봉건적인 사회생활이나 인간의 사고는 봉건적인 사회제도의 영향을 받기 때문에, 여권운동을 통해 남녀평등의 법률을 제정한다면 봉건적인 관념을 일소하고 남녀평등의 사회생활, 인간사상을 창조할 수 있다는 것으로 이해할 수 있다. 따라서 상경여가 여권운동 자체를 부정했다기보다 소수의 여자가 관리가 되고 의원이 되는 운동으로 전락한 당시의 참정·여권운동을 비판하였던 것이다.

중국의 참정·여권운동이 발전하기 위해서는 여성지식인들이 여성노동자 문제에 관심을 기울이고 그들의 요구를 대변해야 한다고 상경여는 제안하였다. 이러한 작업을 통해 여성지식인들은 여성노동자와 결합해서 더욱 철저한 여권을 보장하기 위해 제국주의와 군벌을 타도하고 민주적인 국민정부 수립을 목표로 하는 국민혁명에 참여해야 한다고 주장하였다. 여성대중을 각성시키고 조직화하는 여성운동의 간부 구실을 여성지식인 특히 여학생에게 부여하였다. 그녀는 상해대학 여학생들과 접촉하면서 그들을 여성운동의 간부로 양성하고자 노력하였다.

한편, 1920년대 중국에는 여청년회女青年會, 중화부녀절제회中華婦女節制會, 중영미부녀회中英美婦女會 등의 기독교 여성조직이 활동하고 있었다. 이들 가운데 가장 규모가 큰 것이 여청년회였다. 1922년 반기

독교운동이 중국 전역으로 확산되자 여청년회는 이에 대응하여 사회
문제에 적극적으로 관심을 가지기 시작하였다. 1922년 봄 노공부勞工
部를 설립하여 여성노동자의 노동조건과 생활상태 개선에 주력하였
다. 그리고, 상해사창上海紗廠 여성노동자의 파업에도 관심을 나타냈
고, 중영미부녀회와 함께 상해조계공부국上海租界工部國에 정립보호동
공조례訂立保護童工條例를 제출하여 12세 이하 아동노동자의 야간작업
금지와 공독工讀학교 설치, 노동자의 위생에 주의할 것 등을 요구하
였다. 한편, 상해부녀절제회도 양수포楊樹浦 일대에 탁아소를 설치하
는 등 기독교 여성단체들은 실생활과 밀접한 문제를 통해 중국 여성
에게 접근하였다.

당시 제국주의의 문화적 침략도구로 기독교 여성조직을 평가한 상
경여는 억압에 저항했던 기독교의 근본정신을 회복시키고, 기독교
여성운동을 중국화하여 민주적인 국민정부 수립을 목표로 하는 국민
혁명에 참여할 것을 주장하였다. ·

여성지식인과 여성노동자의 결합을 중시한 상경여는 여성들이 연
합하여 국민혁명에 참여하는 것을 당시 중국 여성운동의 방향으로
설정하였다. 이러한 방향 설정은 중국의 여성 문제가 사회 문제의 일
부라는 발상에서 나온 것이지, 여성운동을 국민혁명에 종속시키고자
했던 것은 아니었다. 또한 국민혁명이 완성되면 여성 문제가 저절로
해결될 수 있다고 생각하지는 않았던 것으로 보인다. 이 점은 그녀의
여계국민회의촉성회운동女界國民會議促成會運動에 대한 평가를 통해서
도 확인할 수 있다.

3. 상경여와 여계국민회의촉성회운동

1924년 10월 북경정변이 발생한 뒤 풍옥상馮玉祥은 정치 문제를 협

1924년 상경여가 국민당상해집행부에서 일할 때, 국민당 인사들과 찍은 단체사진(앞줄 제일 오른쪽이 상경여, 뒷줄 오른쪽에서 세 번째가 운대영, 아홉 번째가 모택동, 열 번째가 등중하)

의하자는 명목으로 손문의 북상을 요구하였다. 손문은 11월 1일 북상선언을 발표하고 국민회의 소집을 제의하였다. 단기서段棋瑞 역시 시국을 수습하기 위해 선후회의善後會議, 국민대표회의를 소집한다고 하였기 때문에, 평화통일에 접근할 기회가 왔다고 생각하고, 국민회의 소집을 주장하는 각계의 움직임은 국민회의 운동으로 결집되었다.

각지의 여성단체들은 국민회의 소집에 찬성하면서도 여성단체의 참여가 배제되었다는 점에 이의를 제기하였다. 그리고 예비회의와 국민회의에 여성단체 참가를 허용해 줄 것을 요청하면서 여계국민회의촉성회를 결성하였다. 이러한 움직임은 상경여가 활동하던 상해지역을 중심으로 전개되었다.

국민회의에 여성단체의 참가를 처음으로 주장한 것은 상경여를 중심으로 한 국민당 상해집행부 여당원들이었다. 이들은 손문에게 전보를 보내 여성단체의 참여를 주장하였다. 12월 4일에는 상해부녀운동위원회를 중심으로 15개 여성단체가 연합하여 상해여계국민회의촉성회를 조직할 것을 제안하였다. 이 제안에 호응하여 12월 7일 상해대학여학생단, 상해부녀운동위원회, 여자참정협진회 등 21개 단체대표와 개인자격으로 참석한 10명이 상해대학에서 주비회籌備會를 개최하였다. 주비회에서는 출석한 단체를 발기자로, 상해여계국민회의촉성회를 조직할 것을 결의하고 전국 여성계에 전보를 발송하였다. 국민회의는 인민단체의 국민회의가 되어야 하며, 이를 위해 여성계의 국민회의 참여, 불평등조약 폐지, 조계租界 회수 등이 필요하다는 내용이었다. 그리고 국민회의와 국민회의촉성회에 참여하기 위해 각지에 여계국민회의촉성회를 결성할 것을 제안하였다. 당시 상경여는 준비위원으로 선출되어 활동하였다.

12월 21일 상해여계국민회의촉성회 성립대회가 열렸는데, 상경여는 대회의 종지宗旨를 설명하였다. 이후 천진・광주・강서・북경 등지에서도 촉성회가 조직되었다.

12월 24일 인민단체의 참여가 배제된 선후회의 조례가 공표되자 상경여는 주석으로 선출되어 상해여계국민회의촉성회 제1차 정식위원회를 개최하였다. 위원회는 전국 각 단체, 각 학교에 국민회의 예비회를 즉시 소집할 것을 호소하는 전보와 선후회의를 부정하는 내용의 전보를 단기서에게 보낼 것을 결정하였다. 1925년 2월 5일 상경여는 여계국민회의촉성회 전국대표대회의 대표로 선출되었다.

단기서가 1925년 2월 19일 발표한 국민대표회의 조례 초안은 여성단체의 참여가 배제되었을 뿐 아니라 문맹, 공민권 박탈자 등을 제외한 만 25세 이상의 남자에게만 선거권과 피선거권을 부여하였다. 이는 여성의 참정권을 보장하기 위해서는 군벌이 타도되어야 하는 대상임을 명백히 하는 동시에, 다수 여성단체들이 여계국민회의촉성회 운동에 참여하는 결과를 가져왔다. 여계국민회의촉성회에 참여하지 않았던 상해와 항주의 여권운동동맹회가 촉성회와 연대해서 3월 22

일 여국민대회를 중앙대회당에서 개최하였다.

한편, 1925년 3월 1일 북경에서 국민회의촉성회 전국대표회의가 소집되어 1개월 동안 진행되었다. 대표단 200여 명 가운데 여성은 26명이었고, 광주 여성계의 대표인 증성曾醒이 대회주석단의 일원으로, 등영초가 집행위원 및 문서부 주임으로 선출되었다. 또한 여성단체의 참여를 허락하였다. 내정문제위원회에도 부녀문제소조婦女問題小組가 설치되고, 여성 문제가 대회보고 사항에 포함되었다.

국민회의운동은 손문의 사망, 단기서 정권의 탄압, 5·30운동 발생 등으로 일단락을 고하였다. 국민회의운동 자체는 성과 없이 무산되었지만 여계국민회의촉성운동은 국민회의에 여성단체의 참여를 관철시키는 목적을 달성하였다. 그리고 여권을 실현하는 데 군벌이 장애요소가 된다는 점과 여성 대중에 기반을 둔 여권운동이 반봉건적인 의미를 지닌다는 것을 명확히 하였다.

상경여가 국민회의운동에 여성의 참여를 주장한 이유를 파악하기 위해서는 먼저 국민회의에 대한 인식을 해명해야 한다. 국민회의에 대한 그녀의 인식을 직접적으로 나타내는 자료는 없다. 다만 그녀가 국민회의를 인민 스스로 시국을 수습하고 국시를 해결하는 유일한 방법이자, 군벌의 전제정치를 타파하고 인민의 정치를 실현하는 첫 단계로 설정하고 있다는 점16)과, 상경여가 집행위원으로 있던 상해 국민회의촉성회가 단기서의 집정정부를 부정하고 국민회의가 정권을 담당해야 한다고 주장한 점이 실마리를 제공한다. 이 두 가지를 종합하면 상경여는 국민회의를 군벌의 전제정치를 타파하고 새로운 정치질서를 수립하는 기구로 인식한 것이라 해석할 수 있다.

전제정치를 타파하고 새로운 정치질서를 수립하는 기구에 여성도 참여해야 한다고 상경여가 주장한 것은 어떠한 의도를 지닌 것인가? 그녀는 앞서 지적한 것처럼 사회생활의 모형인 정치, 경제, 사회의 법률, 제도가 남녀평등적인 성격을 지니게 된다면, 그것의 지배를 받는 인간의 의식이나 행동 또한 남녀평등적인 것으로 변모할 수 있다고 생각하였다. 따라서 여계국민회의촉성회 운동을 통해 여성은 새로운 정치질서를 수립하는 기구에 참여할 수 있게 되고, 운동과정에서 보이는 여성대중의 역량에 따라 여성의 이익을 보장할 수 있는 담보물의 크기가 결정된다고 보았다.[17] 호남성의 여성 재산권 규정이 봉건적인 인식을 지닌 남성의원에 의해 취소된 사실[18]에 주목한 상경여는, 여성의 권리는 주어지는 것이 아니라 여성 자신의 힘으로 쟁취해야 확실히 보장될 수 있다고 생각하였다.

당시 국민회의에 여성단체가 독자적으로 참여하는 문제에 대해 비판적인 시각이 있었다. 이를 정리해 보면, 첫째, 여성과 남성은 성적인 구별일 뿐이므로 각 정당, 학생단체 등에 여성이 가입하여 국민회의에 참여할 기회를 얻어야지, 성적인 표시를 나타내는 여성단체의 참가를 주장해서는 안 된다는 것이다. 둘째, 국민당은 대내정강對內政綱 12조에 여성의 이익을 명시하였기 때문에 여성단체가 참여하지 않아도 국민당이 여성의 이해를 대변한다는 것이다.[19]

이에 대해 상경여는 다음과 같이 반박하였다.

일반여성은 역사조건의 제한 — 봉건적 속박 — 을 받아 아직 각 단체에 가입하여 대표로 당선될 정도로 진보하지 못하였다. 각 단체에는 여성이 적을 뿐만 아니라 없는 곳도 있다. 여성단체가 참여하지 못하면 여성은 국민회의에서 발표할 기회가 없다. 설사 한두 명의 뛰어난 여성이 각 대중단체 대표로 당선되더라도 자신이 속한 단체의 이해에 관련된 일을 맡게 된다. 여성 자신의 요구, 예를 들면 모성보호권, 결혼·이혼의 자유, 재산계승권, 직업평등권, 교육평등권, 참정권 및 사회의 모든 지위상 남녀의 평등한 권리 등을 학생회대표, 공회대표, 사회대표의 명의로 제출할 수 있는가? 어떤 사람은 다른 단체가 (여성의 요구를) 제출할 수 없어도 국민당은 틀림없이 제출할 것이라고 주장한다. 그런 사람은 현재 중국에서 보수세력이 진보세력을 능가한다는 사실을 이해하지 못한다. 여성단체가 국시를 해결하는 국민회의에 참가하지 않으면, 어떤 사람이 여성 자신에 관한 요구를 제출해도 좌중에 요구하는 주체가 없어 항쟁의 실력이 없고, 여성 대중의 옹호와 분투를 바랄 수 없다. 다른 사람이 대신 제출한다 해도 역량이 미약하여 종국에는 취소될 것이다.[20]

중국 남성들이 수천 년 동안 예교의 영향을 받아 봉건적인 관념에서 탈피하지 못했기 때문에 여성 문제는 여성 자신의 힘으로만 해결할 수 있고, 해결해야 하기 때문에 여성단체가 독자적으로 국민회의에 참여해야 한다는 것이다.

따라서 상경여가 여성계의 독자적인 참여를 요구한 것은 이후에 수립될 정치제도를 남녀평등적인 것으로 만들어 여성을 속박하는 봉건적인 관념을 없애고자 한 의도에서였다. 또한 여성의 권리는 주어지는 것이 아니라 운동에 참여한 여성의 역량에 따라 그 범위가 결정되며, 확보된 권리를 지킬 수 있다는 것이다. 국민혁명의 일환으로 펼쳐진 국민회의운동이 여성의 이익을 반영할 경우, 여성의 참여를 이끌어 반제·반군벌의 목표를 이루기 위한 대중적인 기반을 확대할 수 있다고 보았다. 따라서 국민혁명과 여성운동과의 관계를 상호보완적인 것으로 파악한 것이다.

4. 생의 마지막에

여성계의 반제·반군벌 연합운동을 추진하는 데 힘썼던 상경여는 1925년 10월 돌연 채화삼과 함께 코민테른 제6차 확대회의에 참석하기 위해 소련으로 떠났다. 팽술지彭述之의 연애사건이 주요 이유 가운데 하나였던 것으로 보인다. 소련에 있는 동안 상경여는 채화삼과 결국 이혼하였다.

상경여는 소련에 머무르는 동안 코민테른집행위원회 제6차 전회 확대회의에 중국여성노동자대표로 참석하고, 동방노동대학에서 유학하였다.21)

1927년 3월 귀국하여 중국공산당 한구漢口시위원회와 호북성위원회에서 선전작업과 공산당 기관지인 《대강大江》 편집을 담당하였다. 국공분열 이후 무한에는 백색테러가 벌어지고 있었다. 이 때문에 대부분의 중국공산당 지도자들은 무한을 떠났다. 상경여도 다른 곳으로 이동할 것을 권유받았으나, 계속 무한에 남아 활동하다가 1928년 3월 20일 한구의 프랑스 조계에서 체포되었다. 프랑스 조계에서 인도되어 5월 1일 국민당에 의해 처형당하였다.

국민혁명운동이 여성의 이익을 보장하는 방향으로 전개된다면 더욱 많은 여성들이 참가하게 되어 운동의 대중적 기반을 확대할 수 있고, 여성의 권리는 운동에 참여하는 여성들의 역량에 따라 보장될 수 있다는 상경여의 주장은 이념이나 방법은 다르지만 오늘날에도 유효해 보인다.

■ 주 ────────

1) 向을 姓으로 쓸 때는 '상'이라고 읽는다.

2) 楊子烈, 《張國燾夫人回憶錄》(香港: 自聯出版社, 1970), 131쪽.

3) 丁玲, 〈向警予同志留給我的影響〉, 《丁玲散文集》(北京: 人民文學出版社, 1980), 225쪽.

4) 1912년 蔡元培, 李石曾 등이 북경과 사천 등지에서 유법근공검학회를 발기하면서 분위기가 형성되었다. 프랑스로 가서 일하면서 공부하여 서구의 민주주의와 과학을 학습한다는 취지로 시작되었다. 1915년 채원배가 프랑스에서 근공검학회를 조직하고, 프랑스 인사와 華法敎育會를 설립하면서 분위기가 고조되어 21년까지 1600여 명의 청년들이 근검공학운동에 참여하였다. 운동에 참여한 청년학생들은 프랑스에서 사회과학, 자연과학, 예술 등을 학습하고 귀국하여 이들 전문분야에서 활동하였다. 이들 가운데 周恩來, 鄧小平 등은 중국 공산당 旅歐支部를 건립하기도 하였다. 1921년 근공검학생들의 리옹대학점거 사건이 발생한 후 점차 운동은 쇠퇴하기 시작하였다. 주) 11참조

5) 戴緒恭, 《向警予傳》(北京: 人民出版社, 1981), 35~36쪽.

6) 淸華大學中共黨史敎硏組 編, 〈新民學會赴法會員蒙達尼會議情況〉, 《赴法勤工儉學運動史料》 2卷 下(北京: 北京出版社, 1980), 808쪽.

7) 채화삼은 중국에 있을 때부터 마르크스주의에 대한 관심과 초보적인 지식을 가졌던 인물로 1920년 8, 9월 무렵 이미 중국에 볼셰비키식의 당을 건설할 것과 사회주의를 실현하는 방법으로 프롤레타리아독재를 주장하였다. 유법근공검학 시기 채화삼은 중국의 혁명단계를 러시아의 2월, 10월혁명의 단계와 동일시하여 설정하였다. 그리고 중국의 현존 또는 미래의 부르주아를 제국주의의 부속물로 보고, 중국의 무산계급과 제국주의가 직접 대치한다고 파악하여 봉건군벌에 대한 인식을 소홀히 하였다〔〈蔡林彬給毛澤東〉(1920년 8월·13일 및 9월 16일), 49~54, 63~72쪽; 〈馬克思學說與中國無産階級〉, 《蔡和森文集》(北京: 人民出版社, 1980), 74~79쪽〕.

8) 〈蕭子暲給毛澤東, 彭璜的信〉(1920년 6월 22일), 《留法勤工儉學運動》 2, 207쪽.

9) 淸華大學中共黨史敎硏組 編, 〈新民學會赴法會員蒙達尼會議情況〉, 《赴法勤工儉學運動史料》 2卷 下(北京: 北京出版社, 1980), 807쪽.

10) 공학호조사는 채화삼·왕약비 등을 중심으로 자구책 도모, 사회주의 연구를 목적으로 성립되었으나, 조직에 참여한 사람들의 정치적 성향은 달랐다〔何長工, 《勤工儉學生活回憶》(北京: 工人出版社, 1958), 61쪽〕.

11) 2·28운동은 화법교육회가 재원 부족을 이유로 근공검학생에게 보조금 지급을 중지하자 학생들이 유법근공검학생대표대회를 열어 1921년 2월 28일 중국 공사관

에 求學權을 요구한 운동이다. 중법비밀차관반대운동은 북경정부가 군비확보를 위해 프랑스 정부와 차관 교섭을 벌인다는 소식이 전해지자, 근공검학생들이 중국인 노동자들과 함께 차관 교섭을 반대한 운동으로 여론에 밀려 차관 교섭은 보류되었다. 한편, 근공검학생의 수용이라는 명분으로 프랑스가 돌려준 庚子賠償金의 일부로 Lyons에 설립된 중법대학이 근공검학생의 입학을 불허하자, 학생들은 중법대학 회수운동을 전개하였다. 근공검학생들은 선발대를 조직하여 중법대학을 점거하였으나, 채화삼 등 선발대 전원이 중국으로 송환되고 운동은 실패하였다.

12) 向警予, 〈中國最近婦女運動〉, 《前鋒》1期, 59쪽.

13) 向警予, 〈中國知識婦女的三派〉, 《向警予文集》(長沙: 湖南人民出版社, 1985), 137∼139쪽.

14) 向警予, 〈中國最近婦女運動〉, 《前鋒》1期, 60∼61쪽.

15) 向警予, 〈評王碧華的女權運動談〉, 《向警予文集》, 117∼118쪽.

16) 向警予, 〈寒假中女學生應努力的一件大事〉, 《向警予文集》, 183쪽.

17) 向警予, 〈婦女運動與國民運動〉, 《向警予文集》, 186쪽.

18) 向警予, 〈今後的中國婦女的國民革命運動〉, 《向警予文集》, 119쪽.

19) 向警予, 〈國民會議與婦女〉, 《向警予文集》, 180∼181쪽.

20) 위와 같음.

21) 向警予, 〈共産國際執行委員會第六次全會擴大會議第17次會議的記錄〉, 《向警予文集》, 233∼234쪽.

송미령宋美齡
20세기 중국에서 가장 영향력을 펼쳤던 여성

1. 들어가며

19세기에 태어나 21세기에 사망한 송미령宋美齡(1897～2003)은, 미국
의 엘리노어 루스벨트(루스벨트 대통령 부인), 아르헨티나의 에바 페론과
함께 1940년대에 세계에서 가장 유명한 세 여성으로 일컬어진다. 그
동안 소설과 영화, 드라마로 널리 소개되었을 만큼 그녀의 일생은 격
동기 중국현대사의 중심에서 파란만장한 궤적을 그려 왔다. 비록 남
편을 배경으로 한 것이기는 하지만 그녀 자신도 당대의 영향력 있는
정치가이자 외교관이며 사회활동가로서 손색이 없었다.

하지만 그녀는 대륙을 잃은 '패배자' 장개석蔣介石의 아내였기에,
또한 거의 신격화한 언니 송경령宋慶齡의 그림자에 가려져 연구자들
의 관심 밖에 있었다. 여성주의의 시각에서 볼 때 송미령 같은 전형
적인 명사名士, 남성중심사회에 순응한 사회활동가는 그다지 매력적
인 대상이 아니기 때문에 여성사 연구에서도 배제되어 왔다. 그녀가
죽은 뒤 평전과 기념논집 등이 붐을 이루었지만 실증적인 연구는 여
전히 부족하다. 옛날에는 송미령을 반동적 숭미주의자로 비판하더니,

이제는 죽은 그녀를 이용해 양안의 화해를 도모하려고 하는 중국 정치가들의 불순한 의도는 그녀의 본 모습에 다가가는 데 오히려 걸림돌이 되고 있다.

이 글에서는 그녀가 남긴 글과 주변 인물들의 회고를 바탕으로, 또 최근의 연구성과를 최대한 반영하여 인간 송미령의 면모에 다가가려고 한다.1) 나아가 비록 한계는 있지만 주어진 한도 안에서 여성의 구실을 규정하고 입지를 넓혀보려고 했던 송미령의 노력을 젠더(Gender)의 시각에서 1930, 1940년대에 집중해서 살펴보려 한다.

2. 독특한 가정환경과 교육

송미령은 1897년 송요여宋耀如(영문명은 찰리 송이며, 중문이름은 韓嘉樹)와 예계진倪桂珍 사이에서 태어났다. '송씨 가족의 설립자'로 불리는 송요여는 광동성 해남도海南島 문창현文昌縣 출신으로, 혼혈을 연상시키는 특이한 외모에 숱한 전설을 남긴, 그야말로 입지전적인 인물이다. 외모뿐 아니라 강인한 성격과 열정 모두 고스란히 송미령에게 전해진다.

원래 성이 한씨였던 그는, 집이 가난해 아홉 살 때 동남아의 먼 친척집에 보내져 일을 돕다가 마침 그곳을 들른 송씨 성을 가진 친척의 양자로 입양되어 함께 1878년 미국의 보스턴으로 건너갔다. 중국의 비단과 차를 판매하는 친척의 가게에서 일하던 송요여宋耀如는 중국 최초의 미국유학생 가운데 한 사람인 우상주牛尙周, 온병충溫秉忠 등과 교류하며 중국의 현실에 눈을 뜨게 된다.2) 양부모의 형편은 그다지 넉넉하지 못했지만 그의 성실과 재능을 눈여겨 본 미국 선교단체의 도움으로 송요여는 감리교 계통의 트리니티(현 듀크)대학과 반더빌트 대학에서 신학을 공부하고 1886년에 귀국했다. 상해에서 박봉의 선교사 생활을 하고 있던 그에게 미국에서 만났던 우상주는 '신세계로 통하는 문'3)을 열어주었다. 우상주가 처제이자 상해의 부상의 딸인 예계진을 그에게 소개해 주었던 것이다. 온화한 얼굴과 늘씬한 체격에 전족을 하지 않은 예계진은 상해의 브리지먼여학교와 배문培文여자중학교를 우수한 성적으로 졸업한, 매우 지적인 여성이었다. 그녀의 어머니는 마테오리치를 통해 중국 최초로 기독교신자가 되었던 명 말의 대학사 서광계徐光啓의 후손이었다. 송요여는 22세인 1887년 여름, 19세의 예계진과 결혼했다.

예계진은 송여요에게 행운을 가져다주었다. 적응력이 뛰어나고 현실감각이 뛰어난 송요여는 결혼한 지 얼마 안 되어 정식으로 목사가 되었지만 얼마 뒤 목사를 그만두고 사업가로 변신한다. 제분공장(상해복풍면분창福豊麵紛廠)을 운영하기도 했으며, 외국의 기계를 수입하다가 나중에는 직접 기계를 만들기도 했다. 또한 상해미화인서관上海美華印書館을 세워, 상해에서 이름 있는 출판업자이자 실업가로 성장했다. 그를 비난하는 사람들은 그를 '매판'으로 매도하지만 오히려 민족자본가로서의 비중이 더 크다고 보아야 한다. 한편으로 그는 비밀리에 반청反淸조직 삼합회三合會에 가입하여 반청 선전문을 인쇄하기도 했으며, 1894년에는 육호동陸皓東의 소개로 알게 된 손문의 혁명사업을 열심히 지지했으며, 사업가로 성공한 뒤에는 특히 재정적으로 상당한 도움을 주었다.4)

가정생활도 매우 행복했다. 두 사람은 17년에 걸쳐 장녀 애령靄齡(1888), 차녀 경령慶齡(1893), 장남 자문子文(1894), 삼녀 미령(1897), 차남 자량子良(1899), 삼자 자안子安(1906) 등 여섯 명의 자녀를 낳았다. 20세기 초 중국에서 종교와 학력, 재산이 출산에 미치는 영향을 조사한 자료들에 따르면, 기독교신자이고 고학력일수록, 게다가 재산이 많을수록 출산하는 자녀수가 많음을 확인할 수 있는데, 송요여 부부는 이

가족사진(왼쪽 위부터 시계방향으로, 송자량, 장개석, 공상희, 송자안, 언니 애령, 어머니, 송미령)

세 가지를 다 갖춘 경우라고 볼 수 있다.[5] 부부는 신앙심이 깊고 상호 존중하며, 부부가 모두 관심을 기울여 자녀를 열심히 교육하는, 자애에 넘친 성聖가정의 전형이었다. 하지만 '남외여내男外女內'라고 하는 부부간의 역할분담은 명확하여, 아내는 가사를 도맡고 남편은 사업을 책임졌다.

재산이 늘어나고 자녀들이 많아지면서 송요여는 경령이 태어난 지 얼마 안 되어 상해 홍구교구虹口郊區에 서양식 대저택을 지어 이사했다. 그는 곧 상해의 손꼽히는 재벌로 성장하게 되고, 이때를 전후하여 막내딸 미령이 태어났다. 당시 중국의 많은 여자아이들이 생존을 위한 몸부림으로 여공이 되거나 여용(女傭; 가정부 또는 유모)으로 힘겨운 나날을 보내고 있던 것에 견주면, 부유하고 화목한 가정의 막내로 태어난 미령은 '작은 등불(小燈籠)'이라는 별명처럼 세상의 어둠을 모른 채 유년기를 보낸다.

　자녀교육에 관한 한 송요여 부부는 누구보다 열정적이었다. 개항 이후 중국의 여성교육은 꾸준히 발전하여 문맹률도 차츰 줄어들었지만, 그 이전에는 "여자에게는 재주(識字능력)가 없는 것이 덕"이라는 관념이 널리 유포되었고,[6] 재주를 지닌 여성은 "그건 여자들이 할 일이 아니야(非女子爲也)"라는 운명을 감수해야 했다.[7] 그러나 송요여 부부는 아들과 딸을 조금도 차별하지 않고 똑같이 기회를 주었으며, 모두 미국으로 유학 보냈다. 집안 분위기는 자유롭고 개방적이었으며 아이들에게 자신의 의견을 거침없이 표현하도록 가르쳤다. 남녀차별은 커녕 '중녀경남重女輕男'에 가까울 정도로 딸을 아끼고 존중했다.

　막내이기도 했지만 자녀 가운데 가장 영리한 송미령을 유난히 예뻐했다. 어디를 가든지 그는 막내딸을 데리고 다녔다고 한다.[8] 아버지를 쏙 빼닮아 동글동글한 얼굴에 포동포동한 몸집의 송미령은 얼굴뿐 아니라 성격도 아버지를 많이 닮아 아주 영리하고 활달했다. 다만 너무 응석받이로 자라 그런지 오만하고 고집이 셌다. 흥분하거나 화가 나면 온몸에 두드러기가 돋을 정도였다.[9]

　이렇게 명랑하고 쾌활한 한편 남에게 지기 싫어하고 자기과시적인 성격은 이후 그녀의 결혼관, 사회활동에 그대로 드러난다. 미국으로 유학 가기 전 미령은 다섯 살 때 언니 애령을 따라 상해의 유명한 외국인학교, 중서여숙(맥타이어여학교) 유아반에 들어갔지만, 마마에 걸린 데다 적응도 잘 못해 결국 집에서 가정교사를 불러 공부하다가 열 살 때 언니 경령을 따라 미국으로 간다.[10]

3. 미국 유학생활

　미국에서의 생활은 송미령의 내면에 접근하기 위해서나, 나아가 이후 정치가로서의 송미령을 이해하는 데 꼭 필요한 부분이다.

최초의 여자 미국유학생은 개항장을 중심으로 세워진 교회 여학교를 졸업한 뒤 선교사의 도움으로 유학을 마친 경우로, 대표적인 인물이 김아매金雅妹, 강애덕康愛德, 석미옥石美玉과 오금영吳金英 등이다. 이들은 1880년대 이후 의사, 간호사, 여교사로 사회활동을 시작한다. 한편 청조는 동치同治 11년(1872)부터 해외에 유학생을 파견했다. 정식으로 관비 여학생을 선발하여 유학을 보낸 것은 20세기 초의 일이며, 그 결과 1906년에 강소성 출신 세 명의 여학생이 미국의 웰즐리대학으로 유학을 갔다.11)

이후 민간에서도 유학생들이 계속 늘어나는데, 남녀를 불문하고 유학생은 대부분 일본으로 갔다. 경비도 적게 들 뿐 아니라 문화적으로도 적응이 수월했기 때문이었다.12) 청 말에 일본에 유학한 중국여학생은 이미 수백 명에 이르렀다. 추근秋瑾, 하진何震, 하향응何香凝 등의 예에서 알 수 있듯이, 일본으로 유학한 여성들은 당시 일본의 급진적 사회주의자, 그리고 일본에서 활동하고 있던 중국의 혁명가와 교류하면서 학문보다는 혁명의 실천에 관심이 더 많았다.

이에 견주어 미국으로 유학한 여성들은 대부분 귀국 후 결혼을 하거나, 교수·의사 등 전문직 여성으로 일하였다. 일본유학생보다 정치적 행동주의는 떨어지지만 학문을 통한 자립과 해방을 실현하는 등 매우 실용주의적 입장이었던 것이다. 여섯 자녀 모두를 미국으로 유학 보낸 송요여 부부 또한 이러한 생각을 하였을 것이다.13)

이제 겨우 열 살인 미령은 둘째언니 경령을 따라 1907년 미국에 도착했다. 큰언니 애령은 이미 3년 전에 미국에 와서 대학을 다니고 있었다. 애령과 경령은 각각 1909년과 1913년에 조지아주의 웨슬리안대학을 졸업하였다. 이 대학은 미국에서 처음으로 특별허가를 받아 설립된 여자대학으로 반더빌트대학, 트리니티대학, 그리고 에모리대학과 함께 남부 감리교회에서 설립한 학교였다. 미령은 아직 고등학

교에 들어갈 나이가 아니었지만 청강
생으로 웨슬리안의 기숙사에서 지내
는 것을 허락받았다. 언니 경령과 마
찬가지로 독서광이어서 피터 래빗의
이야기를 유난히 좋아하던 어린 미령
은, 1909년 조지아주의 피어몬트에서
잠시 학교를 다니다가 이듬해 다시 언
니 경령과 함께 웨슬리안대학으로 돌
아온다. 아더왕 이야기에 심취했으며,
생리학 과목을 좋아했다.14)

1910년 5월. 열세 살의 송미령

1910년에는 큰언니가, 1913년에는
작은언니마저 귀국하자 16세의 미령
은 오빠 자문을 보호자로 삼아 그가 다니고 있던 하버드대 근처의 웰
즐리대학(1875년 개교)에 정식으로 입학하였다.15) 이 학교는 바싸대
학,16) 스미스대학 등과 함께 미국의 7대 명문 여대 가운데 하나이다.
앞에서 말했듯 중국 최초의 관비 여자유학생도 이 학교에 입학한 바
있다. 송미령과 힐러리 클린턴, 그리고 여성 최초로 미국의 국무장관
이 된 올브라이트가 이 대학 출신 가운데 가장 저명하다.

이 학교에서 나이가 가장 어렸던 미령의 이름은 Mayling Olive
Soong이었으며, 영문학을 전공했다.17) 송미령이 서안사변(1936년 12월
12일)으로 세계적인 명사가 되자, 1938년 2월 웰즐리대학은 교내 간행
물에 송미령의 학창시절을 다룬 기사를 실었다. 그에 따르면 "미령은
매우 뛰어난 학생으로 영문학을 전공했으며 철학을 부전공했다. 불
어와 음악은 4년 동안 조금도 중단한 적이 없었고, 기타 천문, 역사,
식물, 영작문, 성경사 및 변론술 등을 공부했다. 1916년 여름에는 버
몬트대학에서 교육학을 이수하기도 했다. 웰즐리에서의 마지막 1년

웰즐리대학

동안 그녀는 교내의 최고 영예상인 듀란트장학생에 선정되기도 했다"고 한다.

1917년 6월 19일, 송미령은 200여 명의 학생 가운데 유일한 중국인으로 웰즐리를 졸업했고, 1942년 6월 15일에는 이 학교로부터 법학박사학위를 받게 된다. 이미 세계적인 명사가 되어버린 그녀를 대신해 주미대사 호적胡適이 대신 학위를 받았다.

1917년 귀국하기까지 10년 동안의 미국생활은 아버지 송요여와 마찬가지로 송미령에게도 취향에서부터 가치관, 신념을 형성하는 인생의 가장 중요한 시기였다. 그녀는 평생 초콜릿과 야채샐러드, 카멜 담배를 즐겼다고 하는데,[18] 이 모두가 미국에서의 오랜 유학생활에서 갖게 된 취향일 것이다.

그녀가 미국의 급우들에게 했다고 하는 "내 몸과 정신에서 유일하게 동양적인 것이 있다면 그것은 내 얼굴뿐"이라고 하는 말은 지금까지도 회자되는 유명한 말인데, 이는 단순히 용모에 대한 불만의 표출만은 아닐 것이다. 서양인의 눈으로 동양을 바라보는, 이른바 '오리엔탈리즘'이 유학생활에서 체득되었던 것이다. 한편으로는 비록 외모는 다를지라도 그녀 자신은 서양인에 뒤질 것이 없다고 하는 당당한 자신감의 발로이기도 하다. 따라서 유학시절 그녀에게는 다른 동양유학생들의 얼굴에서 흔히 발견되는 일종의 비굴함 같은 것은 찾아볼 수 없었다.[19] 지기 싫어하는 그녀는 외모 가꾸기도 게을리 하지 않았던 것 같다. 아버지를 닮아 둥글고 검었던 그녀의 얼굴은 점점 희고 갸름하게 변해 갔다. 통통했던 몸매도 가녀린 체구로 바뀌었다. 창백한 얼굴과 가녀린 체구는 그녀에게 매료된 서구의 남성들로 하여금 '동양적 신비'를 느끼게 만들었지만, 사실 그녀의 처지에서 보면 동양적인 것에 대한 부정이 낳은 결과물일 것이다.

요컨대 10년에 걸친 미국생활로 말미암아 그녀는 인문학과 자연과학의 폭넓은 지식을 지니게 되었으며, 유창한 영어에 서구식 매너를 익힌 우아하고 세련된 용모의 소유자로 재탄생했다. 이러한 내면적 외면적 자산들은 나중에 퍼스트레이디가 되어 외교활동을 펼칠 때 진가를 발휘하게 된다.

4. 사랑과 야망, 그리고 결혼

웰즐리대학에 다니는 동안 송미령은 남학생들에게 인기가 많았다. 대학 4년 동안 미령과 개인적으로 알고 지냈던 한 교수가 기록한 학적부의 대외 비밀 신상평가란을 보면, "진리를 추구하는 유형이어서 이전에 습관적으로 생각하고 배웠던 것이 틀렸다는 걸 알게 되면 분개했"으며 "남자들이 매우 연모하는 대상이었지만 그것은 예뻤기 때문이 아니라 정열, 순수함, 그리고 강한 의지 때문"이라고 적혀 있다.[20]

2004년 12월 27일 북경 《오락신보》에는 송미령의 첫사랑에 대한 기사가 실렸다. 이에 따르면 미국 유학시절 송미령은 오빠 자문의 소개로 뉴욕에 공부하러 온 유기문劉紀文이라는 준수한 청년을 만나 사랑을 하게 되었고, 두 연인은 오빠의 주례로 뉴욕에서 부모 몰래 조촐한 약혼식을 올렸다는 것이다. 귀국한 뒤 아버지 송요여가 영국에서 경제학을 공부하고 귀국한 주자청周子淸이라는 사람과 선보라고 하자 비로소 첫사랑을 실토했고, 이에 충격을 받고 쓰러진 송요여는 곧 사망하게 된다. 유기문 또한 귀국 당초에는 송미령과 결혼하려 했지만, 이미 송미령에게 반해 있던 장개석의 협박을 받은 아버지의 친구 고완의古緩儀의 회유에 약혼녀를 단념할 수밖에 없었다고 한다. 이 기사는 전 세계에 보도되었으며, 곧바로 《송미령과 유기문의 첫사랑〔宋美齡與劉紀文的初戀〕》이라는 제목의 책으로 출간되었다.

필자가 생각하기에, 이 신문기사와 책의 내용은 송미령의 사망 직후 붐을 이루었던 '송미령 특수'에 편승하여 급조된 것으로, 그대로 믿기 어렵다. 우선 유기문이 당시 미국에 있었는지조차 분명하지 않으며, 송미령은 학적부에 있듯이 매우 신중한 성격이며, 가족을 소중하게 여기고 가족관계에 순응했으며, 가문에 대해 커다란 자부심을 갖고 있었다. 서로 호감을 갖고 데이트를 즐겼을 가능성은 있지만, 부모와 아무 상의 없이 비밀리에 약혼했다는 것은 납득하기 어렵다.

무엇보다 송미령은 매우 현실주의자인 데다가 욕심이 많았다. 재벌인 큰형부 공상희孔祥熙, 정치적 거물인 둘째형부 손문孫文과 비교해 손색이 없어야 했다. "영웅이 아니면 시집가지 않겠다"고 공언해 온 송미령에게 준수한 용모에 사진 찍기가 취미인 이 멋쟁이 청년은 그저 연애의 대상일 뿐이 아니었을까?

귀국한 뒤로 송미령은 중국어를 열심히 공부하는 한편, 기독교여청년회에 가입하여 활동했으며, 그 밖에도 영화심사위원회, 소년노동자위원회 등에서 근무하기도 했다. 상해의 몇몇 학교에서 학생들에게 영어와 사회학을 가르치기도 했다. 여성교육의 발전에 따라 등장한 여교사는 중국의 대표적인 여성직업이자 '고상한 직업'21)으로, 주위의 부러움을 사고 있었고, 그 때문인지 영화나 소설의 소재로 곧잘 등장하곤 했다.

1918년, 아버지 송요여가 암으로 사망한 뒤 송미령은 상해의 저택에서 어머니와 함께 살았다. 장개석을 만나는 것은 4년 뒤의 일이다. 장개석은 1927년 9월 26일 상해의 《자림서보字林西報》에 담화문을 발표, "5년 전 내가 광주의 손총리에게 있을 때 처음 송여사를 보았다. 나는 '바로 이 사람'이라고 생각했지만, 송여사는 별 관심이 없는 것 같았다"고 하는데, 이것이 사실이라면 두 사람이 처음 만난 것은 1922년의 일이다.

이후 장개석은 손문에게 송미령의 형부로서 자기가 송씨 집안에 청혼할 수 있도록 도와달라는 부탁을 하였다. 손문은 자신의 충실한 부하이자 유능한 군인인 장개석을 동서로 맞이하는 것이 싫지 않았지만, 장개석의 부탁을 거절할 수밖에 없었다. 첫째는 그 자신이 송경령과 결혼하는 과정에서 일으켰던 분란으로 말미암아 송씨 집안과 별로 좋은 관계가 아니었고, 둘째는 송경령이 장개석에 대해 매우 나쁜 인상을 갖고 있었기 때문이다.

사실 장개석은 이미 두 번이나 결혼한 사람이었다. 첫 번째 아내는 장경국蔣經國의 생모이기도 한 모복매毛福梅로, 장개석은 1921년 12월, 늘씬한 체구에 이국적인 매력을 지닌 진결여陳潔如와 결혼하기 위해 그녀와 이혼하였다. 장개석은 장정강張靜江의 집에 놀러갔다가 장정강의 후처 주일민朱逸民의 친구인 진결여를 보고 첫눈에 반한 뒤, 연애편지는 물론 온갖 회유와 협박까지 동원하여 그녀의 마음을 얻는 데 성공했다. '결여'라는 이름도 장개석이 지어 준 것으로, 장개석은 천사처럼 순결하고 아름다운 이 여성을 무척이나 사랑했고, 송미령과 결혼한 뒤에도 잊지 못한 것 같다.[22] 그러나 진결여 이전에 또 요이성姚怡誠이라는 여성을 첩으로 두고 있었으며, 요이성은 장개석의 둘째아들 장위국蔣緯國을 기르고 있었다. 송경령은 장개석이 진결여와 결혼한 지 1년도 안 된 상태에서 동생인 송미령에게 접근하는 것에 상당한 거부감을 느꼈을 것이다. 하지만 장개석의 끈질긴 구애,

권력지향적인 큰언니 송애령의 권유, 그리고 영웅이 아니면 시집을 가지 않겠다고 하는 송미령의 야망이 3박자를 이루면서 혼사가 조금씩 진행되었다.

송미령이 장개석을 만났을 당시 장개석은 국민당의 지휘관으로서 명성과 세력 기반을 확고히 다져 나가고 있었고, 손문의 유망한 후계자로 떠오르고 있었다. 1924년에는 황포군관학교 교장, 1926년에는 국민혁명군 총사령관에 취임하여 지방군벌들을 토벌하기 시작했다. 장개석이 유부남인 데다 기독교 신자가 아니라는 것 때문에 예계진은 이 혼사를 완강히 반대했지만, 앞으로 성서 공부를 열심히 할 것이며, 또 전 부인과 이혼하겠다고 하는 장개석의 말에 끝내 결혼을 승낙한다. 실제로 장개석은 성서 공부를 열심히 했고 1930년에는 드디어 세례도 받는다.[23]

그가 세례를 받은 데는 반공적인 외국 선교사들의 지지를 끌어내고, 또 영국·미국 등으로부터 차관을 얻기 위해서라고 하는 정치적 목적이 없지 않았을 것이다.[24] 선교사들과 여지사勵志社[25] 등 국내의 기독교 단체들은 1934년에 시작되는 신생활운동에 깊이 개입한다. 그렇지만 오직 정치적 목적 때문에 기독교를 믿었다고 보기에는 그의 신앙심은 상당히 깊었고, 일생 동안 견지되었다. 그 스스로는 "나는 학업에 정진한 이래 줄곧 총리의 혁명을 좇았고, 언제나 예수 그리스도와 총리의 신도로써 자임해 왔다"고 한다.[26] 그러나 어려서부터 유가 경전을 읽어왔던 그는 기독교를 유교식으로 이해했던 것 같다. 아울러 그렇게 이해한 기독교를 공산주의에 대항할 수 있는 사상으로서 이용한 듯하다.[27] 예컨대 그는 기독교의 십자가 정신을 유교의 '충忠'과 같은 것으로 보았으며, 서구의 개인주의와 자유주의를 비난하면서 '멸사봉공滅私奉公', 즉 '대아'를 위해서는 '소아'를 희생할 것을 강조하였다. 이는 송미령의 기독교관과 그대로 일치한다.

중일전쟁이 일어나기 얼마 전인 1937년 5월 6일, 전국기독교협진회 제 11회 쌍년회雙年會에서의 인사에서 송미령은 기독교에 대한 구체적인 언급을 하였다. 그녀에 따르면 기독교도의 신앙의 핵심은 "인내 그리고 십자가가 상징하고 있는 고난"이며, 기독교의 교의는 "사람과 사람 사이의 충성을 촉구하는 매개물"이었다.[28)]

장개석과 결혼한 송미령

송미령은 원래 독실한 신자는 아니었다. 어릴 적, 어머니의 장시간에 걸친 기도를 참지 못해 늘 도망칠 정도였다. 그러나 나이가 들면서, 특히 부모를 여의고부터 종교에 귀의한 듯하다. 선교사, 기독교여성단체들과의 접촉을 통해 사회활동을 원활히 하고 후원을 얻는 데 그녀의 기독교는 큰 구실을 하였다. 이 부부는 유교든 기독교든 사상, 종교 그 자체로서가 아니라 정치적 목적에 봉사시키려 하였던, 그야말로 '정치적 인간'들이었다. 두 사람의 결혼 또한 정치적 목적에 따라 맺어진 것이었다.

5년에 걸친 노력 끝에 절강성 봉화 출신의 촌스러운, 그러나 야심 많은 군인 장개석은 1927년 12월 1일, 매력적인 신여성 송미령과 결혼에 성공한다. 이때 송미령의 나이는 서른으로, 만혼이었다.[29)] 우선 송미령의 집에서 여일장余日章(중국기독교청년회전국협회총간사)의 주례로 가족과 친지만 모여 간단한 의식을 올린 뒤, 이어 시내의 대화반점(마제스틱 호텔)에서 국내외의 저명인사를 포함, 1300여 명의 하객이 모인 가운데 채원배蔡元培의 주례로 성대한 혼례식을 치렀다.

처음부터 이 결혼을 반대했던 송경령은 이미 손문과 사별(1925)한 상태였다. 이후 장개석의 반공쿠데타와 국공결렬을 겪으면서 두 자매의 관계는 돌이킬 수 없을 지경으로 악화되었다. 두 사람이 결혼식을 올릴 때 경령은 혹한의 모스크바에 있었다. 두 사람의 결혼에 대해 송경령30)을 비롯하여 많은 사람들이 "심원한 고려가 담긴 정치적 행위"(胡霖)이며 "장개석은 결혼을 통해 손문의 유산을 독차지하려 했다"(唐良禮)고 비평했다. 그러나 "두 사람의 변함없이 유지된 오랜 결혼생활이 그들의 애정을 증명해 준다"고도 볼 수 있을 것이다. 오직 사랑으로 결합한 부부는 아니었지만, 자식도 없는 상황에서 장개석이 사망하는 1975년까지 반세기 동안 속으로야 어쨌든 겉으로는 별 탈 없이 굳건히 유지되었던 그들의 부부생활을 보면, 두 사람이 공인으로서 자신들의 결혼에 대해 노력했다는 것은 의심의 여지가 없다.

사실 어려서부터 미국에서 교육을 받아 중국어도 다 잊어버릴 정도였던 송미령과, 어려서부터 중국의 구식교육을 받고 유가 전통사상의 훈도를 받은 장개석의 결합은 결코 쉬운 일이 아니었을 것이다. 사랑을 뛰어넘는 각각의 야심, 그리고 함께 생활하면서 공유하게 된 신앙의 힘이 두 사람을 공고히 묶어주었다고 생각한다.

1927년 12월 10일, 신혼여행에서 돌아 온 장개석은 국민혁명군 총사령관에 복귀했으며, 뒤에 또 중앙집행위원회 주석, 즉 위원장으로 선임되었다. 《타임》지의 표현대로 결혼 이후 장개석은 또다시 '중국의 강자'가 된 것이다. 1928년에는 드디어 북벌을 완성, 손문이 염원하던 중국의 통일을 실현했다.

5. 정치가로서 송미령

결혼한 지 한 달 뒤 송미령은 '동방의 파리'로 불리던 상해의 안락하고 화려한 생활을 뒤로 한 채 국민혁명군 총사령관에 복귀한 남편을 따라 남경으로 갔다. 당시의 남경은 낡고 쇠잔한 데다, 황사가 불어 하늘을 덮은 도시로 거주나 교통조건이 매우 나빴다. 따라서 대부분의 남경정부 관료의 부인들은 상해에 거주하였다. 양장 대신 치파오(旗袍 : 중국 전통의상)로 갈아입은 그녀는 남경으로 온 뒤 매우 바쁜 나날을 보낸다. 그녀는 남편의 비서와 통역으로서 손님들을 접대했는데; 그녀의 여성스러움과 부드러움은 고집스럽고 경직된 남편의 부족을 메우고 관료들과의 관계를 부드럽게 하는 데 작용을 했다.

1928년 송미령은 국민혁명군 장사유족학교(將士遺族學校)[31]의 설립에 관여하면서 퍼스트레이디로서 공식 활동을 시작하지만, 대중 앞에 나서는 것은 1930년대 중반에 시작된 '신생활운동'에서였다.

이 운동을 '중국판 뉴딜정책'이라고 한 시그레이브 이래 많은 학자들이 신생활운동의 제안자가 송미령이라고 주장해 왔다. 이에 대해 필자는 장개석의 권력 강화를 위해 조직된 삼민주의역행사(三民主義力行社 : 復興社, 속칭 藍衣社)의 막후 구실을 강조한 바 있다.[32] 하지만 이 운동이 시작된 당초에는 청결과 위생, 그리고 질서의 고취에 중점을 두는 이른바 '생활혁명', '사회혁명'의 성격을 띠고 있었는데, 이는 확실히 송미령의 생각이 반영된 것으로 보인다. 장개석에게는 흩어진 모래알 같은 중국인에게 규율과 질서를 부여하는 것이 목적이었겠지만, 송미령에게 이 운동은 호적이 '미국의 부녀'[33]를 통해 언급한 바 있는, 20세기 초 미국의 교육받은 여성들이 주로 참여한 활동인 일종의 사회개량운동이었다.

신생활운동에서 송미령의 구실은 남편을 도와 '신생활운동'과 관련한 서신, 보고와 건의 등을 처리하는 외에 운동을 국내외에 홍보하고 각 단체 특히 교회의 지원을 끌어내며[34] 국내의 여성 세력들을 동원하는 데 있었다. 1934년 2월 19일 신생활운동 시작 직후 송미령은 장개석의 비서와 번역을 맡았지만, 국민의 절반을 차지하는 부녀운동을 이끌 책임을 맡아 신생활운동 부녀지도위원회 지도장으로서

1936년부터 이 운동을 이끌어간다.[35]

전국 각지에 '부녀공작위원회'와 '부녀신생활운동대'가 조직되어 환경의 청결과 위생 점검을 꾀하였고, 특히 여성의 문맹타파를 위해 여러 대도시와 향진鄕鎭에 '식자반識字班'이 만들어졌다. 그 밖에도 위생과 생활개선을 위해 해충퇴치운동을 비롯한 청결정제운동, 가정위생운동, 아동보건운동, 체육운동, 근검운동, 미신타파운동, 저축제창운동, 국산품보호운동 기타 자선운동을 추진하였다.[36] 하지만 지나친 선전은 형식주의의 출현을 불러오게 마련이다. '파리모기 박멸', '야채는 씻은 뒤 삶아 먹을 것', '하루 세 번 손과 얼굴을 씻을 것', '좌측통행' 등 각종 자질구레한 구호들이 전국을 시끄럽게 진동시켰다. 검소한 의식주 생활이 장려되어 화려한 의복을 입거나 짙은 화장을 한 여성, 파마를 한 여성은 단속 대상이었다. 국산품보호운동이 고취되면서 비싼 외제 립스틱과 향수를 사용한 여성은 사회의 기생충으로 비난받았다.[37] 또 관료의 부인들이 대거 이 운동에 투입되면서 외교계에서는 신생활운동을 '신처자운동(New Wife Movement)'이라 부르기도 했다.[38]

송미령이 세계적인 명사가 되는 것은 '서안사변' 때문이었다. 서안사변이란 1936년 12월 12일 장개석이 중국공산군인 홍군에 대한 공격을 독려하기 위해 서안에 갔다가 부하 지휘관이었던 장학량張學良에게 감금된 사건이다. 그는 장개석을 억류한 다음 "내전을 멈추고 항일을 위해 공산당과 힘을 합칠 것"을 요구했다. 경우에 따라서는 목숨까지도 위험한 상황이었다. 송미령은 이 소식을 듣자 위험을 감수하고 직접 서안으로 날아가서, 서안을 토벌해야 한다는 의견들에 대해 평화적인 해결책을 모색해야 한다고 설득하였다. 그리고 직접 공산당 측의 주은래周恩來와 담판을 벌여 남편을 구해냈다.[39]

전 세계가 긴장하며 주목했던 이 사건은 '항일민족통일전선 결성'

이라는 결과를 이끌어내며 순조
롭게 마무리되었다. 서안사변은
중국현대사에서 한 획을 긋는 중
요한 사건이었으며, 송미령의 유
연하면서도 결단력 있는 외교능
력을 전 세계에 입증하는 계기가
되었다.

《타임》지에 실린 송미령

그녀의 인기도 급상승했다. 선
교사의 자녀로 중국에서 성장한
《타임》지의 편집자, 헨리 루스는
장개석 부부를 "1937년 명인名人
부부"로 선발하여 그들의 사진을 1938년 1월 주간의 표지에 실었다.
이 잡지는 "부부의 영도 아래, 단결할 줄 모르던 중국인들이 점차 민
족의식을 드러내고 있다"고 설명했다. 송미령은 1937년 《타임》지가
선정한 '세계에서 가장 저명한 여성'으로 뽑힌 데 이어, 2년 뒤에는
미국부인연합회로부터 '세계에서 가장 훌륭한 여성'으로 뽑혀 상을
받기도 했다.

1937년 7월에 중일전쟁이 일어나자 송미령은 8월 1일 남경 여지사
勵志社에   중국부녀위로자위항전장사총회中國婦女慰勞自衛抗戰將士總會를
설립하는데, 성립대회에서 그녀는 "우리들 부녀 또한 국민의 한 사람
이다. 비록 우리의 지위와 능력은, 그리고 각각 헌신할 수 있는 항목
은 다르지만 각각 할 수 있는 힘껏 그 역량을 발휘하여 구국을 위해
헌신해야 한다"40)고 하면서, 전국부녀에게 항일진영에 헌신할 것을
호소하였다. 1938년 5월, 신생활운동 부녀지도위원회가 개조되어 국
민당, 공산당, 부녀계구국회, 기독교 기타 여성운동이 참가하는 민족
민주통일전선이 조직되었다. 지도장인 송미령, 총간사인 장애진張藹

카이로 회담에서 송미령은 기지와 유창한 영어실력을 발휘한다
(맨 오른쪽이 송미령)

眞(羅家倫의 처, 기독교여청년회협회 상무이사, 전시아동보육회 상무이사, 1943년 三靑團 제1기 중앙간사), 부총간사 진기이陳紀彝(기독교여청년회 총간사) 모두 크리스천이며 미국유학 경험이 있는 인텔리 여성들이었다. 송미령은 희생정신과 봉사정신이야말로 여성의 가장 큰 특징이라고 하였다.[41] 그녀는 "앞으로 중국 부녀운동의 중심은 부녀의 권리나 지위의 평등을 쟁취하는 것이 아니라 국가를 위해 공헌하고 봉사하는 것"[42]이어야 한다고 하면서, 여성들이 국가민족을 위해 개인의 자유나 권리 등을 유보해 줄 것을 호소하였다. 항전을 계기로 송미령은 여성운동의 방향을 전환, 여권쟁취보다는 개인의 희생과 국가를 위한 봉사를 강조한 것이다.

중일전쟁이 일어난 뒤 송미령이 이끄는 여성계는 부상병 치료[43]를 비롯해 위문, 구호품 전달, 전쟁고아 돌보기 및 교육 등 다양한 봉사

활동을 하면서 여성의 활동영역을 확대했다.44)

한편 송미령은 서구에서의 인기를 활용해 장개석 정권의 외교 로
비스트로서 맹활약했다. 1943년은 아마도 그녀의 생애 가운데 가장
빛난 해일 것이다. 송미령은 이 해 2월부터 46일 동안 전 미국을 돌며
일본의 침략전쟁을 통렬히 규탄하고, 미국의 중국에 대한 지원의 필
요성을 역설하는 연설을 했다. 작은 체구에 치파오를 입은 여성이 유
창한 영어로 연설을 할 때 수많은 사람들이 호기심을 갖고 지켜보았
는데, 아버지를 닮아 강연에 천재적 재능을 지닌 그녀의 열변에 모두
가 기립박수를 쳤다. 뉴욕의 메디슨 스퀘어 가든에서는 강연회장을
가득 메운 약 1만 7천 명의 청중 앞에서 '제2차 세계대전 아래서 흔
들리는 도의심'이라는 제목으로 연설하였다. 그녀는 가는 곳마다 미
국인들로부터 열렬한 환영을 받았다. 또 미국의 언론들은 그녀의 동
정을 연일 대서특필했다. 시그레이브의 말처럼 송미령이 미국에서
스타가 된 것은 《타임》지의 상업적 동기, 그리고 미국인이 보고 싶
어 하던 중국을 그녀가 그려냈기 때문인지도 모른다.45)

어쨌거나 송미령은 정부 관료가 아닌 신분으로 미국 상원과 하원
에서 처음으로 연설을 한 중국여성이었으며,46) 그녀의 매력은 15억
달러의 지원금을 얻어내게 만들었다. 1943년 4월 루스벨트 미 대통령
과 처칠 영국 수상, 그리고 장개석이 참석한 카이로회담에서는, 영어
도 못하고 인상도 별로 좋지 않은 남편 장개석의 통역을 맡아 세계적
인 화제가 되기도 했다.47) 카이로회담에서의 활약은 서안사변 때의
담판, 항일전쟁에서의 활약과 함께 정치가로서 송미령의 3대 공적으
로 꼽힌다. 거기에다 '공군의 어머니'로 불려지듯, 중국 공군의 건립
또한 정치가 송미령이 남긴 업적이다.

6. 적막한 만년생활 – 은퇴, 그리고 미국생활

송미령의 일생은 1949년 국민정부의 대만 이주를 분계점으로 삼는다. 국공내전에서 패배하여 1950년 1월부터 송미령은 더 이상 중국을 대표하는 여성이 될 수 없었고, 활동무대도 대만 섬으로 좁혀졌다. 미국의 지원도 중단되었다. 하지만 1950년 6월, 한국전쟁이 일어나면서 동아시아의 정세는 위태로워졌고, 미국은 다시 장개석 정권을 원조함으로써 대만의 운명이 바뀌었다.

대만에 있는 동안 그녀는 반공항아부녀운동反共抗俄婦女運動을 통한 반공활동 및 사회, 부녀, 복리, 종교 활동에 오랜 기간 종사했다. 특히 맹렬한 반공투사로서 그녀는 공산주의와 공산당을 격렬히 비난하면서, 미국 등 서방국가로 하여금 중공에 대해 강경태도를 취하도록 촉구하였다. 동시에 그녀는 "두 개의 중국정책은 마치 두 상제를 신봉하는 것과 같다"48)고 하면서 '두 개의 중국'에 강력히 반대했다. 그 목적은 중화인민공화국이 국제연합(UN)에 가입하는 것을 막고, 국제사회가 중화인민공화국을 승인하는 것을 반대하는 데 있었지만, 뜻밖에도 당시 그녀의 행적이 대만과 통합을 꾀하고 있는 현재 중국 지도부의 입맛에 맞아 송미령의 인기도 급상승하고 있다.49)

아무튼 1950년대를 통해 송미령은 미국의 수많은 정계요인들을 만나 장개석과 대만 당국의 희망과 요구를 전달함으로써 대만과 미국의 관계를 터주었으며, 대만의 국제적 지위를 유지시켜 주었다.50) 송미령에 대해 "만일 남자였다면 아마도 일류 외교관이 되었을 것"51)이라고 했던 주미대사 고유균顧維鈞의 칭찬은 과장이 아닐 것이다.

1950년대 중반부터 대만에서 국민당의 통치가 안정되자, 장개석은 장경국에게 권력을 계승시키기 위해 겉으로는 여전히 공식석상에 출석하고 회의를 주재했지만 사실은 2선으로 물러났다.

1975년 4월 5일, 88세의 나이로 장개석이 죽었다. 반세기를 함께 한 남편이 죽은 뒤, 그녀는 더 이상 정치외교활동에 직접 참여하지는 않았지만 여전히 대만의 대외정책에 관심을 갖고 때로는 간접적으로 지도하였다. 하지만 장개석이 죽은 뒤 권력은 송미령의 기대와 달리 장경국에게 고스란히 넘어갔다. 사실 장경국과 송미령은 별로 사이가 좋지 않았다. 장경국은 걸핏하면 '대의멸친大義滅親'을 표방하면서 계모인 송미령을 무시하고, 심지어는 미령을 아예 '부인'이라고 불렀으며, 모스크바에 있을 때는 그녀를 미녀로 가장한 한 마리의 뱀, 여우의 정령으로 묘사하는 등 모멸감을 주어왔다.[52] 장경국에게 송미령은 그저 아버지의 첩이었던 것이다. 오죽하면 죽기 직전 장개석은 송미령의 손에 장경국의 손을 얹고 "나에게 효도한 마음으로 어머니께도 효도하거라"고 했을까.

송미령은 요양을 핑계로 1975년 9월 이후 미국에 있는 조카 공영위孔令偉(애령의 맏딸)의 별장에서 오랫동안 머물었다. 부모를 잃은 뒤 송미령은 큰언니 송애령에게 늘 의지해 왔기 때문에 송애령의 자녀들을 마치 친자녀처럼 사랑했고, 그것이 장경국과 불화를 빚어내는 요인이 되기도 했다. 송애령은 1972년에 죽었다.

남편의 사망 1주기를 제외하고는 11년 동안 줄곧 미국에서 생활하던 송미령은 장개석탄생100주년을 맞아 1986년, 또다시 〈나는 다시 일어날 것(我將再起)〉이란 글을 발표하면서 90세의 고령으로 귀국하였다. 하지만 1988년 장경국이 죽고 그녀가 끝까지 저지한 이등휘李登輝가 총통대리로 임명되자 좌절한 그녀는 3년 뒤 완전히 짐을 싸서 뉴욕으로 떠났다. 이젠 정말 정치에 염증이 난 것일까? 정치활동과 연설을 통해 자신의 존재를 확인해 왔던 송미령의 롱아일랜드에서의 만년생활은 노자의 청정무위에 가까운 삶이었다. 그녀가 드디어 '공성신퇴功成身退'할 수 있었던 것은 늘 자신을 하느님의 뜻에 맡겨 온 기독교신앙, 그리고 만년에 심취했다는 도교사상의 적절한 배합 덕분일 것이다.

미국에서 그녀는 공영위의 보살핌을 받으면서 중국의 용정차를 즐겨 마시고, 여가가 있으면 그림을 그리며 마음을 다스렸다. 또 한편으로 그녀는 '침묵'으로 일관했다. 모든 인터뷰에 응하지 않았으며 회고록도 쓰지 않았다. 1981년 언니 송경령이 죽었다는 소식들 듣고도 중국에 가지 않았으며, 자기 때문에 장개석과 이혼해야 했던 진결여의 회고록이 출판되었을 때(1991)도 아무런 대꾸를 하지 않았다.[53)

너무 오래 살았기에 사랑하는 조카들의 임종까지 지켜보아야 했던 송미령은 2003년 가을에 106세로 죽는다. 그리고 뉴욕 교외의 펀클리프묘지에 안장되었다. 생전에 그녀가 가장 가깝게 지냈던 언니 송애령과 짝이 되어서……[54)

7. 맺음말

아름답고 우아한 용모에 폭넓은 교양과 지식을 갖춘, 남편의 더할 나위 없는 내조자 송미령은 여성해방을 주장하면서도 여성의 남성화에는 반대한 근대 중국의 남성 지식인이라면 누구나 품어보았을 이상적인 여성상이었다.

하지만 그녀를 일컫는 수식어들은 부정적인 것이 더 많다. 그녀에게는 항상 '사랑 없이 권력과 결혼한 여인', '자유분방한 미녀 로비스트', '서태후 왕관의 진주알을 결혼식 구두에 단 여인'이라는 수식어가 따라다녔다. 또한 "그녀의 '부인정치'는 결코 중국부녀의 정치권익과 지위에 아무 영향을 미치지 못했으며 그녀가 관심을 가진 것은 오직 자신의 영광과 권력이지 여권의 신장과 제고는 아니었다"[55)고 비판하는 학자도 적지 않다.

언니 송경령이 '국모'로 추앙되고 국민의 사랑을 한 몸에 받았던 것과는 대조적이다. 승리한 공산당을 지지했다고 해서 송경령을 지나치게 신화화하는 것도 문제이고, 또 비록 남편의 이름 아래 수행한 것이지만 1930, 1940년대를 통해 정치가로서 빛나는 삶을 살았던 송미령을 남편의 패배 때문에 지나치게 폄훼하는 것도 문제이다. 물론 송미령의 지나친 대미의존이나 자기 과시욕, 그리고 영웅주의 등은 비판받아 마땅하지만, 인품이라고 하는 주관적인 조건을 떠나 객관적인 결과만을 놓고 본다면 정치가로서의 송미령은 사변적인 언니 송경령보다 더 역사적인 인물이다.

무엇보다도 그녀는 새로운 여성상을 제시했다. 혼인이라는 방식으로 권력에 진입한 방식은 전통적이지만 전쟁의 포화 속을 뛰어다니며 병사들을 위로하고 절박한 서안사변의 현장에 직접 뛰어들어 타협을 끌어낸 그녀의 강인한 의지, 용기와 추진력은 전통적 '부덕婦德'과는 거리가 멀었다. 또한 열변을 토하며 미국인을 감동시킨 그녀의 강연은 "여자는 글을 모르는 것이 덕"이라고 하는 가르침을 뒤집은 것이었다.

한편으로 그녀는 전선에서만 살다시피 한 군인 출신의 남편 곁에서 따뜻한 위무와 격려를 아끼지 않았고, 작전상의 의견을 살짝 곁들여주기도 했다. 이러한 '절충적' 여성상은 평소에는 '가정의 천사'로서 내조하다가 위급한 상황을 당해서는 국가와 민족을 위해 봉사할 줄 아는, 1930, 1940년대 중국 지식인들 사이에서 시끄럽게 논의되던 '신현모양처'의 전형일 것이다.

또한 송미령이 이끈 부녀활동은 전장에 보낼 의복의 제조와 수선, 병사 위로, 아동 보육, 국군유족 보살핌 등으로 확실히 부녀의 전통적 구실에서 벗어나지 않는 것도 사실이다. 더욱이 그 목적은 국가와 민족에 헌신하는 것이며, 결코 여성의 자주를 최고의 목적으로 삼지는 않는다.

그러나 민족주의가 여성주의를 압도한 것은, 구망救亡이 계몽啓蒙
을 압도한 것과 마찬가지로 중국 근·현대 역사의 한 특징이었다. 물
론 소수의 예외도 있지만, 마치 '목란木蘭'의 후예와도 같이 남장을
하고 혁명의 대열에 끼어들었다가 처형당한 청말의 추근으로부터,
"어머니들이여 모두 악비岳飛의 어머니가 될지어다"라고 외치면서
여성들로 하여금 아들을 국가에 바치게 하고, 또 부상병 치료와 위무
에 동원시켰던 송미령에 이르기까지, 국가와 민족의 이익은 늘 젠더
보다 상위에 있었다. 송미령의 사상과 행동은 "국가와 민족, 사회에
대해 책임을 질 줄 안다"고 하는, 20세기 전반기 중국의 이상적 여성
상56)을 가장 잘 구현한 것이었다.

■주 ─────────

1) 송미령은 자신의 회고록을 집필하지도 않았고 일기도 남기지 않았기 때문에 그
   '내면'에 접근하기가 쉽지는 않다. 송미령의 개인문집은 논저, 강연, 편지, 담화 등
   을 포함해 이미 언론집으로 출판되어 있어 참고할 만하지만, 대부분 남편의 정치
   적 업적을 선전하고 과시하려는 목적으로 씌어진 것이므로 주의가 필요하다. 그녀
   의 주변 인물이나 당대의 기록도 적지 않지만 극단적으로 과장과 폄훼가 엇갈려
   그 실체를 파악하기란 쉽지 않다.
2) 師永剛·林博文 編著, 《宋美齡畵傳》(北京: 作家出版社, 2003), 제1장 참조.
3) 楊樹標·楊菁 著, 《百年宋美齡》(南昌: 江西人民出版社, 2002), 3쪽.
4) 송요여와의 교류에 대한 손문의 회고는 《孫中山全集》2(北京: 中華書局, 1981), 342

쪽 참조.

5) 鄧偉志, 《近代中國家庭的變革》(上海: 人民出版社, 1994), 172~174쪽 참조. 그러나 평
   균적으로 민국시기 이후 가정 규모는 점차 줄어들고 있었다. 1920, 1930년대 대도
   시의 평균 가구 수는 3~6명 정도였다(鄧偉志, 앞의 책, 171쪽 참조).

6) 이러한 관념은 문장으로 자신의 뜻을 드러내거나 하는 것이 주로 기녀였던 데다
   가, 문재에 뛰어난 여성들이 요절하는 사례들을 보면서 발생한 것으로 보인다[진
   동원 지음/송정화·최수경 옮김, 《중국, 여성 그리고 역사》(박이정, 2004), 제4장
   참조].

7) 《列朝詩集小傳》에 실린 재미있는 일화를 소개해 본다. 명 嘉靖시대 常熟에 살던
   季貞一이라는 여자는 어려서 매우 총명했다. 하루는 그 아이의 부친이 아이를 무
   릎에 앉히고 시를 읊어보게 했더니, 그녀는 "눈물이 맺히는 것은 아파서가 아니다.
   꽃이 핀 것을 보니 봄이 아니더냐[淚滴非因痛, 花開豈爲春]"고 했고, 이에 아이의
   부친은 아이를 땅에 내려놓으며 말했다. "훌륭한 여자[良女]가 아니구나."(盧玲,
   《屈辱與風流》(北京: 團結出版社, 2000), 254쪽에서 재인용.)

8) 嚴偉雲, 〈大愛至眞: 蔣夫人的宗敎觀〉, 秦孝儀 主編, 《蔣夫人宋美齡女士與近代中國學術
   討論集》(臺北: 財團法人中正文敎基金會, 2003), 66쪽.

9) Sterling Seagrave, *The Soong Dynasty*, New York : Harper & Row, 1985.[시그레이브/윤석
   인 옮김, 《송가별곡》상(동지, 1992), 156쪽.]

10) 송미령의 유년시절에 대해서는 佟靜, 《宋美齡大傳》上 (北京: 團結出版社, 2002),
    35~50쪽 참조.

11) 喬素玲, 《敎育與女性 : 近代中國女子敎育與知識女性覺醒》(天津 : 古籍出版社, 2005),
    50~51쪽.

12) 黃福慶, 《淸末留日學生》, 中央研究院近代史研究所專刊(4) (臺北: 中央研究院近代史研究
    所, 1975); 實藤惠秀, 《中國人日本留學史》(東京: くろしお出版, 1970) 등 참조.

13) 미령의 오빠 송자문은 1915년에 하버드를, 1917년에 컬럼비아대학을 졸업했다.
    남동생 송자량은 미국의 반더빌트대학을 1921년에 졸업했으며, 송자안은 1928년
    하버드대학을 졸업했다. 언니 애령과 경령은 각각 1909년과 1913년에 조지아주의
    웨슬리안대학을 졸업하였다.

14) 피어몬트 및 웨슬리안대학 시절의 송미령에 대해서는 宋美齡, 〈關于在美國留學時

期的美好回憶〉, 袁偉・王麗平 選編, 《宋美齡自述》(北京: 團結出版社, 2004), 1~5쪽 참조. 이 글은 송미령이 미국의 친구에게 보낸 편지를 바탕으로 기억해낸 것인데, 제목은 편자가 붙인 것이다.

15) 웰즐리대학에서의 송미령에 관한 자료로는 William R. Slaight/ 鄧純芳 譯, 〈衛斯里學院檔案館宋美齡相關史料簡介〉, 《婦聯縱橫》 69 (‘宋美齡: 史料與再現’), 2004年 1月, 41~50쪽 참조. 연구에는 李又寧, 〈蔣夫人在美國衛斯理女子學院〉, 秦孝儀 主編, 앞의 책, 90~112쪽 참조.

16) 이 대학을 졸업하고 시카고대학에서 석사를 마친 陳衡哲은 귀국 후 1921년 북경대학 최초의 여교수로 임용되었다. 전공은 서양사이다.

17) 李又寧, 앞의 글, 91쪽.

18) 曾文珍, 〈我在紐約零下四度C遇見宋小姐〉, 《婦聯縱橫》, 14쪽.

19) 삼진사 편집부, 《세계의 여류》 제1권(삼진사, 1972), 206쪽.

20) 시그레이브, 앞의 책, 205쪽.

21) 〈女子的職業〉, 《生活週刊》(1925. 10. 23), 1~3쪽.

22) 趙宏, 《蔣介石家族的女人們》(臺北: 風雲時代出版公司, 2003) 참조.

23) 예계진은 이듬해인 1931년에 죽었다. 장개석은 장모와 한 약속을 지킨 셈이다.

24) 張慶軍・孟國祥, 〈蔣介石與基督教〉, 《民國檔案》 1997-1 참조.

25) 勵志社의 활동에 대해서는 〈黃仁霖回憶錄: 參加革命工作-勵志社運動 1928~1936〉, 《傳記文學》 41-2; 〈推行新生活運動〉, 《傳記文學》 41-3 참조. 黃仁霖은 독실한 기독교 신자로 YMCA 등 기독교 단체 및 외국선교사를 신생활운동에 끌어들이는 데 큰 구실을 했다.

26) 〈蔣總統遺囑〉, 黃公偉 편저, 《中國近代學術思想變遷史》(臺北: 幼獅文化事業公司, 1976), 238쪽.

27) 송미령 또한 〈총통의 신앙[總統的信仰]〉(1975)에서 장개석의 독실한 신앙은 그가 소년시절에 터득한 공맹의 학설에 바탕을 두고 있다고 보았다.

28) 宋美齡, 〈我的宗教觀〉, 〈全國基督教協進會年會致詞〉, 秦孝儀 編, 《蔣夫人語粹》(臺北: 中央月刊社, 1969), 7쪽.

29) 1929~1933년 각국 여성의 결혼연령 분포조사에 따르면, 중국은 20세 이하가

78.1%로, 독일, 스웨덴의 7.3%에 견주어 10배 이상의 높은 비율이다〔葛劍雄 主編, 《中國人口史》第6卷 1910~1953(上海: 復但大學出版社, 2001), 349쪽 참조〕.

30) 당시 경령은 스노와 한 인터뷰에서 "두 사람의 결혼은 양쪽 모두 기회주의의 결과이며 사랑은 전혀 들어 있지 않아요"라고 했다〔에드거 스노 지음/채재봉 옮김, 《에드거 스노 자서전》(김영사, 2005), 171쪽 참조〕.

31) 국민당 중앙상무위원회의 결정에 따라 1928년 11월 남경에서 창립된 이 학교는, 신해혁명 이래 나라를 위해 몸 바친 선열들의 후예들과 북벌전쟁에서 전사한 장병들의 자녀를 받아들여 전문교육을 시켰다. 송경령이 교장으로, 장개석, 채원배, 호한민, 대계도, 하응흠, 하향응, 송미령, 왕문상 등 9인이 준비위원회 위원으로 추대되었다. 그러나 실질적인 임무는 송경령, 송미령과 하향응 세 사람이 도맡아 했다〔陳廷一, 《宋美齡全傳》第3版(靑島: 靑島出版社, 2003); 진정일/ 이양자 역, 《송미령 평전》(한울, 2004), 471쪽〕.

32) 천성림, 〈신생활운동의 성격〉, 《중국사연구》 9(대구: 중국사학회, 2000) 참조.

33) 胡適, 〈美國的婦女〉(북경여자사범학교에서의 강연), 《新靑年》5권 3호(1918. 9. 15), 241~252쪽.

34) 童淑純 整理, 〈蔣夫人宋美齡女士行誼演講會記錄〉, 《近代中國》第130期, 28쪽.

35) 周琇環, 〈蔣夫人與新生活運動的開展(1934~1937)〉, 秦孝儀 主編, 앞의 책, 394~420쪽.

36) 談社英, 《中國婦女運動通史》(《民國叢書》 第2編 18 社會科學總論類, 上海: 上海書店 影印本, 1990), 279쪽.

37) 何虎生・于澤俊 編著, 《宋美齡大傳》(北京: 華文出版社, 2002), 176쪽.

38) 師永剛・林博文 編著, 앞의 책, 50쪽.

39) 王文鴛, 〈宋美齡在和平解決西安事變中的地位和作用〉, 《史學月刊》 1996-6 참조.

40) 宋美齡, 〈中國婦女抗戰的使命〉, 《重慶中央日報》 1941. 7. 1.

41) 楊百元, 《三民主義與婦女》(臺北: 國父遺敎硏究會印行, 1980), 35~36쪽.

42) 宋美齡, 〈中國婦女抗戰的使命〉, 秦孝儀 주편, 《蔣夫人語粹》(臺北: 中央月刊社, 1969), 19쪽.

43) 이들은 '부상병의 어머니〔傷兵之母〕'라는 아호를 얻었다.

44) 이 시기 여성들이 활약에 대해서는 談社英, 《新運四十年》(臺北, 1952) 참조.

45) 시그레이브, 앞의 책(하), 83쪽.

46) 진정일, 앞의 책, 471쪽.

47) 송미령의 항전기 외교활동에 대해서는 唐曼珍·李軍曉, 〈宋美齡在抗戰時期的外交活動述評〉, 《史學月刊》 1997-6 참조.

48) 蔣夫人思想言論集編輯委員會 編輯, 《蔣夫人思想言論集》 卷5 (臺北: 中央文物供應社, 1966), 9쪽.

49) 이에 대해서는 천성림의 진정일 저서에 대한 서평(《중국사연구》 36, 399~408쪽) 참조.

50) 송미령의 대만에서의 활동에 대해서는 佟靜, 《晚年宋美齡》(合肥: 安徽人民出版社, 2001) 참조.

51) 楊樹標·楊菁 著, 앞의 책, 250쪽.

52) 진정일, 앞의 책, 574쪽.

53) 진결여는 1971년 홍콩에서 사망했다. 1960년대에 그녀는 회고록을 출판하려 했지만 대만 정계요인들의 위협으로 포기한 적이 있다.

54) 林蔭庭, 〈是蔣夫人, 更是宋美齡〉, 秦孝儀 主編, 앞의 책, 10쪽.

55) 師永剛·林博文 編著, 앞의 책, 前言 참조.

56) 이러한 여성상에 대한 구체적인 설명은 少遊 尙木, 〈關于婦女界的私議〉, 《婦女雜誌》 13-5 (1927. 5) 참조.

허광평許廣平
노신의 그늘을 벗어난 여견론자

윤 혜 영

1. 신여성 허광평의 역사적 지위

근대 이후 중국 문인 가운데 노신만큼 유명한 인물은 드물 것이다.[1] 그러나 그의 두 번째 부인으로 말년에 노신이 10년 동안 맹렬한 문필활동을 할 수 있도록 해준 숨은 보조자 허광평許廣平(1898~1968)이라는 이름은 역사학계에선 낯설다. 필자가 1920년대 중반 북경여자사범대학 학생들의 교장배척 운동을 다루면서, 이 운동을 주도한 학생회장(총간사) 허광평이란 인물을 만나 그녀의 생애에 관심을 가지게 된 1999년까지만 해도 그녀는 역사학자의 연구대상에서 멀찍이 떨어져 있었다.[2]

그러나 필자는 전통시대 여성을 옥죄고 있던 굴레를 과감히 벗어던진 민국시대 신여성[3]의 삶과, 그들의 삶을 굴절시킨 환경을 탐색하는 과정 또한 근대 이후 중국 역사의 여백을 메우는 중요한 작업이 된다는 생각에서 신여성의 삶을 연구하고 있다.[4] 그 과정에서 허광평이란 인물이 하나의 중요한 전형을 보여준다는 점을 발견했다. 즉 그녀의 삶을 통해 여성해방의 한 주체였던 신여성이 자신의 책무를 자각하게 되는 과정과, 그들이 가지고 있던 문제의식과 그 문제의식을 실천으로 옮겨가는 과정의 지난함을 알게 되었다.

마침 1999년은 허광평이 태어난 지 101년이 되는 해였고, 그녀를 기념하는 책자가 출간되었다.[5] 전 해인 1998년에는 그녀가 태어난 지 100주년이 되는 것을 기념하여 상해에서 좌담회가 열렸는데, 이 책은 이를 토대로 그녀에 대한 추모적인 성격의 글, 행적에 대한 소개 글 및 그녀의 문집에 빠진 글들을 묶어낸 것이다. 필자가 그녀에 대한 소논문을 작성할 때는 아직 이 기념집이 나오기 전이어서, 왜 그렇게 허광평에 대한 연구가 없는가 의아했다. 그런데 막상 기념집을 보아도 추모적인 성격의 글이 대다수여서 그녀에 대한 전문적인 연구는 이제 시작단계인 셈이다.

필자는 우선 민국시기 허광평이 나름대로 직업을 가지고 사회참여를 하려는 의욕이 강했음에도, 노신 생전에는 독자적인 활동을 포기할 수밖에 없었던 미진함과 그 까닭을 탐구해 본 적이 있다.[6] 그러면서 노신 사후 허광평의 행적에 대해 궁금증을 품고 있었다. 마침 기념집을 통해 노신 사후 그녀가 남편의 그늘을 벗어나 독자적으로 여권운동과 항일, 민주운동에 헌신하다가 신중국에 합류하게 되었음을 알게 되었다. 이 글에서는 거목의 그늘을 벗어나 여권과 항일, 민주운동을 통해 독자적인 행보를 보였고, 신중국 건국 이후에 민주파 지식인이자 여성운동가로서 한몫을 했던 여성 지식인, 활동가로서 허광평의 전모를 그려보려 한다.

허광평은 일찍이 자신의 삶에 대해서 전근대 여성과 신시대 여성 사이의 과도적인 인물이라 과감히 앞서 나가지 못했다고 자평한 바 있다.[7] 이는 격동의 20세기를 살아간 중국 신여성 일반에게 보이는 한계라고도 하겠다. 그렇지만 여성운동, 항일운동, 민주운동에 기여한 업적 외에 유소년기로부터 말년에 이르기까지 그녀의 삶 자체만

놓고 보아도 근대 이후 중국 여성의 선구적인 삶의 한 형태를 보여주는 것으로 의미가 깊다. 20세기 후반부터 오늘날에 이르기까지 중국여성이 활발하게 사회활동을 할 수 있게 된 바탕에는 허광평과 같은이들의 삶이 밑거름으로 쌓여 있기 때문이다. 여권은 혁명에 종속되어야 한다고 앞장서 부르짖었다는 점에서 미진한 아쉬움이 있다 하더라도, 허광평에게 일정한 역사적 지위를 부여해야 함은 바로 이와같은 까닭에서이다.

2. 성차별에 대한 반항의 시절 ─유소녀 시기의 삶

중국의 정치제도를 서구식으로 개혁하겠다는 (무술)변법의 명령이청조 조정에서 내려졌다가 100일 만에 실패로 돌아간 역사적인 해인1898년에, 허광평은 광동성 번우현番禺縣8)에서 태어났다.9) 변법은 실패로 돌아갔지만 그 뒤의 사회 분위기는 개명의 길로 나아가고 있었고, 무엇보다 그녀가 태어난 광동성은 일찍부터 서구문물을 받아들이는 창구에 가까웠기 때문에, 유복한 데다가10) 반쯤 개화된 집안에태어난 그녀의 유소녀기는 같은 시대 수많은 여성들과 다른 모습을보여준다. 아버지의 도움으로 하루 만에 어머니가 묶어주었던 전족을 풀 수 있었던 것만 보아도 보통과는 다른 가정환경이었음을 알 수있다.

물론 그녀가 전족을 풀 수 있었던 데는 공화혁명 이후의 전족금지령이라는 대세도 작용했다. 공화혁명은 어렴풋이나마 그녀에게 애국심과 여성으로서의 자의식을 깨우쳐주기도 했다. 아버지와 오빠가읽고 해설해주는 신문 기사 내용을 통해 어린 나이라 아무 것도 할수 없는 것이 유감이라는 생각이 들었다. 그리고 여성들의 전족 폐지와 귀고리 달지 않기를 고취하는 글을 읽고는 아버지가 반대했지만 당장 귀고리를 빼버렸다. 전족이나 귀고리는 여성이 치장하는 기초였고 궁극적으로 결혼만이 여성의 출로라고 생각하는 사회에선 당연한 것이었다. 그런데 십대 초반의 어린 나이이긴 하지만, 국가를 위해 무언가 해야 한다는 책임의식을 느끼고 전족과 귀고리를 포기한 것을 보면 '여성도 인간인 이상 천하의 위기에 책임이 있다'는 의식이 초보적으로나마 형성되었다고 하겠다.

게다가 그녀는 고모들이 반대했지만 어머니의 지지를 얻어, 남자 형제들과 함께 가숙家塾에서 교육을 받았다. 부모는 시집보낸 뒤 가사를 돌보는 데 필요한 정도나 가르치려고 그녀에겐 광동화廣東話를 가르치고, 오빠들에겐 관리가 되기 위해 배워야 하는 관화官話 곧 북방화를 배우게 했다. 그렇지만 남자 형제들과 차별적인 교육을 받는다는 것은 차별에 대해 예민하게 반응하던 그녀의 성정에 맞지 않는 일이었다. 일례로 그녀는 일찍이 장기將棋를 두고 있던 오빠들에게 장기를 배워보려다가 여자 주제에 무슨 장기냐는 핀잔을 듣고는 다시는 장기 두는 근처에도 가지 않았고, 아예 평생 장기를 배우지 않았을 정도로 남녀차별에 예민한 반응을 보여 왔다. 그랬으므로 광동화로 가르치려 들면 못 알아듣는 척하는 기지를 발휘해 기어코 관화를 배웠다.

이렇게 어려서부터 남녀차별에 대해 유난히 반감을 보이면서 여성도 인간이라는 자의식이 있던 그녀였으므로, 자기가 태어나기도 전부터 아버지가 정해놓은 남편감과 결혼을 한다는 것은 말이 되지 않는 일이었다. 자기에게 정혼자가 있다는 사실을 알면서부터 여러 차례 강하게 반발을 하던 끝에, 아버지가 돌아가시면서 오빠가 파혼을 주선해주었다. 아버지가 사망한 뒤 대도시에서 공부하다가 돌아와 가부장적 지위에 있게 된 오빠가 자신의 여동생 성품으로 미루어 도저히 결혼을 시킬 수 없을 것 같다는 판단이 섰기 때문이다.

당시 과년한 처녀가 정혼자와 파혼을 한다는 것은 쉽지 않은 일이었다. 그렇지만 기어코 파혼을 할 수 있었던 것은 신식 교육을 받은 오빠의 도움이라는 특별한 사정도 작용했지만 자의식이 강한 그녀의 성격 덕분이었다. 파혼한 허광평은 멀리 떨어진 북방의 대도시 천진으로 유학을 갔다. 고향에서는 혼사가 막힐 것을 우려한 오빠의 배려로 고모가 계시는 천진의 여자사범학교로 간 것이다. 남녀차별에 대한 강한 반항의식을 가지면서 여성도 인간이라는 자의식이 강했던 허광평의 유소녀 시기는 이렇게 해서 전족 폐기와 파혼, 그리고 대도시로 유학이라는 특출한 길로 그녀를 인도했다. 이는 아무리 유복한 집안에 태어났다 해도 적당한 교육을 받은 뒤 결혼을 해서 사는 길을 택한 당대의 다수 여성들과는 아주 다른 길이었다.

3. 예고의 반역아 — 5 · 4의 격랑과 후폭풍 속에서

천진의 여자사범학교 시절 허광평은 이른바 5 · 4세대라는 표현이 나올 정도로 당대의 대도시 젊은이들에게 휘몰아친 5 · 4운동이라는 거친 파도와 부딪혔다. 신문화운동의 영향으로 도서관에서 계몽을 선전하던 잡지를 탐독하던 그녀는 천진의 학생계를 휩쓴 5 · 4애국운동에 적극 동참했다. 마침 그녀가 다니던 여자사범학교는 가장 앞장서서 천진의 여성계를 조직하여 여학생들의 애국운동을 지도했고, 이 여성 조직은 남학생들의 조직과 함께 천진의 애국운동에서 쌍벽을 이루었다.

허광평은 여자사범학교에서 여성단체를 만들자는 논의를 하던 초기 모임부터 반 대표로 참가하기 시작했고, 여성계의 주요 선전도구로 기능하게 된 잡지들—《여사주간女師周刊》,《성세주간醒世周刊》—의 편집인이 되었다. 여학생들의 주요 활동인 강연이나 국산품애용

운동에 열심히 참여한 것은 두말할 나위가 없었다.

5·4애국운동은 여학생들에게 '남녀유별'이라는 사회통념을 깨고 구식 예교에서 어느 정도 벗어나 '해방구'에 진입한 듯한 환희를 주었다. 서구의 자유주의, 개인주의라든가 연애의 자유, 여성해방 등을 논의하던 신문화운동기의 잡지들을 즐겨 읽다가 학교 밖으로 뛰쳐나가 애국운동에 참여하게 된 허광평의 모습은 바로 계몽과 구국의 소명을 담은 5·4운동의 세례를 받아 각성한 신여성이었다. 고향에서 유소녀 시기에도 여성으로서의 자의식이 강하여 성차별에 반발하면서 파혼을 했고, 또 한편으로는 모호하나마 애국의 정서를 키워오던 그녀가 5·4운동에 적극 참여하게 된 것은 아주 자연스러운 일이었다. 그렇지만 숱한 청년들에게 소명의식을 불어넣어 준 5·4운동은 애국운동의 열기가 수그러들면서 일단 퇴조기에 접어들었다.

5·4운동의 열기가 수그러들어 퇴조기에 접어든 1922년에 그녀는 천진여자사범학교를 졸업했다. 당시 여자사범학교는 신정新政으로 여학생에게 교육의 길이 열린 뒤 여학생을 가르칠 선생을 양성하는 곳이었기 때문에 집을 떠난 그녀가 비교적 쉽게 직업을 구할 수 있는 방편이었다. 그러나 그녀는 여교사 자리를 얻는 대신 여자사범학교의 상급 학교인 북경여자고등사범학교로 진학했다. 신문화운동기에 계몽을 선전하는 잡지를 탐독하면서 향학열이 앞섰기 때문이었다.

허광평이 공부한 북경여자사범학교

뒷날 북경여자사범대학으로 개명하게 된 이 학교에 다니면서 학생회장이 된 그녀는, 학생들에게 현모양처 교육을 강조

한 여성 교장을 배척하는 학생운동을
주도하면서, 강사로 출강하던 노신魯
迅과 가까워졌다.[11] 구식 예교질서에
대한 강한 반감이라는 유대감에서 출
발한 두 사람은 스승과 제자에서 연
인 사이로 관계가 발전하였다.[12] 우여
곡절 끝에 교장을 배척하는 데 성공
한 허광평은, 학교를 졸업한 1926년
고향에 가까운 광주廣州로 내려가 교
편생활(광동성립여자사범학교)을   시작했

광동성 제일여자사범학교 교사 시절
의 허광평

다. 홀어머니가 정해준 전족에 문맹인
처와 형식상의 결혼관계를 유지하고
있던 노신 역시 2년 뒤 허광평과 합류하기로 약속하고, 어머니와 처
가 있는 북경을 떠나 하문廈門으로 갔다가 이어 광주廣州로 내려갔다.

　당시 국민당과 공산당의 갈등이 학내의 학생들 사이에도 파벌싸움
으로 드러나고 있던 상황에서 학생지도를 맡은 교사 허광평의 직장
생활이 쉽지만은 않았다. 박봉에 말미암은 생활고, 과중한 잡무, 완고
한 학생들과의 갈등으로 교사생활은 환멸감을 가져왔다. 결국 광주
의 대학에서 교편을 잡게 된 노신의 유급조교로 일하면서 6개월의
교사생활을 끝내버렸다. 그나마 1차 국공합작이 결렬되면서 흉흉해
진 광주의 분위기에서 피하듯 교수생활을 접어버리고 상해로 향하는
노신을 따라가서 상해에서 동거생활을 시작하면서부터는 전업주부
의 길이 시작되었다.

4. 노신의 그늘 속 신여성의 애환

18세 연상에 논적論敵이 많았던 유부남 노신과의 동거는 상당한 용기를 필요로 하는 일이었다. 그녀는 친정식구들과 관계가 뜸해졌고 남들에게는 첩이라는 손가락질도 받았다. 게다가 노신은 진보적인 지식인과 문인에 대한 감시가 엄중하던 상황에서 국민(당)정부의 요주의 인물이었다. 그녀는 노신의 아내로서 늘 신경을 곤두세우고 살아야 했고, 때로 몰래 주소지를 옮겨야 하는 등 삶 자체가 고단한 일상이었다.13)

그렇지만 그녀는 새벽녘까지 글을 쓰는 외에는 일상생활에 무관심한 노신의 아내이자 비서로, 둘 사이에 태어난 아이의 어머니로서 노신이 1936년 사망하기까지 10년이란 세월을 위대한 거목의 그림자처럼 묵묵히 일하면서 보냈다. 노신이 만년의 10년 동안 유달리 작업을 많이 할 수 있었던 데는 아마도 허광평이라는 유능한 비서 겸 아내를 두고 정서적으로도 안정이 되었던 점이 상당히 작용했을 것이다. 노신은 허광평을 일러 "10년 동안 손잡고 어려움을 함께한 사이[十年攜手共艱危]"14)라고 고마움을 드러내기도 했다.

구식 결혼의 굴레를 과감하게 박차고 나와 자신의 의지로 결혼상대를 선택했고, 끝까지 그 결혼을 지속한 것만으로도 신여성 허광평의 용기를 충분히 보여준다. 그런데 그녀는 전업주부로 만족할 만한 성정은 아니었다. 학창시절에 5·4운동과 수구적인 교장을 배척하자는 학생운동을 주도하면서, 여성도 사회에 참여해야 한다는 강한 의식을 느껴온 터였다. 그렇기에 노신과 동거생활을 하면서도 직장생활을 원했다. 그러나 번번이 자신을 도와서 글을 더 쓸 수 있게 하는 게 더 중요하다는 노신의 반대에 부딪혀 결국 무위로 돌아갔다.

그때까지의 삶에서 그토록 용감했던 신여성인 허광평도 노신과 이

룬 가정에서는 그의 가부장적 권위를 인정할 수밖에 없었다. 그녀가 묵묵히 10년 세월을 참고 견딘 데는 여러 가지 이유가 함께 작용했던 것 같다. 우선 나이 차이가 많이 나는 사제지간에서 출발한 부부였기에 끝까지 남편 이전에 스승이라는 생각을 떨칠 수 없었고, 남편이자 스승인 노신에 대한 애정 때문에 노신의 반대를 차마 꺾지 못했을 것이다. 그리고 노신의 작업을 거들어줌으로써 간접적이나마 사회에 기여한다는 자기 위안도 있었을 것이다. 여성들의 취업난과 노신이 말했듯이 허광평이 한 달 내내 일해도 노신이 쓰는 글 두어 편 값밖에 되지 않는다는 현실도 작용했을 것이다.

그런데 노신은 다름 아닌 북경여자고등사범학교에서 〈노라는 가출하여 어떻게 되었는가?〉라는 제목의 강연을 한 적이 있다. 이 강연에서 그는 경제적 독립 없이 가출한 여성은 타락하거나 돌아오거나 굶어죽는 일밖에 길이 없었을 것이라고 하면서, 청중인 여학생들에게 여성의 경제적 자립을 강조했다. 그러나 막상 자신의 아내인 신여성 허광평에게는 몇 푼 벌려고 나가느니 자기 일이나 도와달라는 식으로 기왕의 가부장적인 남편과 별다를 바 없는 모습을 보여주었다. 노신같이 겉으로는 전통과의 싸움에서 철저한 전사로 활약한 – 왜 여성만 정절을 지켜야 하느냐면서[15] 여성을 옥죄는 예교를 철저히 부수고자 했던 – 사람조차 가부장적 편의를 추구했으니, 보통의 다른 남자들이야 더 말해 무엇하겠는가.

이렇게 연애와 결혼의 자유를 충실하게 따른 끝에 이루어진 노신과의 결혼생활은, 허광평처럼 개성이 강한 여성에게 가사노동과 육아라는 주부의 일과 더불어 작가의 조수라는 일을 가져다주었다. 노신에 대한 애정이 한결같았던 만큼 결혼생활은 평탄한 편이었지만, 불만을 속으로 삭이고 자기 위안을 하면서 보낸 10년 세월이 그녀의 마음에 새겨둔 상흔은 노신 사후 터져 나온 그녀의 여권 관계 글들에서 고스란히 드러난다.

5. 거목의 그늘을 벗어난 투사 — 여권 주장과 항일운동

일본의 본격적인 중국 침략이 있기 1년 전인 1936년에 노신이 세상을 떴다. 노신이 죽은 뒤 허광평은 노신 생전의 작품들을 묶어서 전집을 출간하는 등 계몽전사 노신의 지적 유산을 보존, 계승하는 작업에서 일약 중요한 인물로 떠올랐다. 그런 동시에 그동안 뜸했던 집필활동을 다시 시작했다. 사실 허광평의 글들이 처음으로 빛을 보게된 것은 노신과의 서간문을 묶어서 출간한 《양지서兩地書》에서였다. 그러므로 노신의 이름에 편승한 것이 아닌, 자신의 이름으로 무게 있는 글을 발표한 것은 ─ 학생 시기의 몇 개를 제외하면 ─ 이 시기가 처음이었다.

여성도 인간인 이상, 조국과 시대의 운명에 책임을 져야 한다는 강한 의식을 가지고 살았던 허광평은, 그동안 독자적인 직업을 갖거나 사회활동을 하지 못한 데서 온 좌절감을 씻어내기라도 하려는 듯이 여성운동의 투사로 거듭났다. 공산당이 상해 지하에서 펴내던 여성잡지 《상해부녀上海婦女》 등을 편집하고, 여성단체(上海婦女界難民救濟會, 中國婦女聯誼上海分會 등) 책임자로 일하면서 여성의 권리를 주장하는 글들을 써냈다.[16]

노신이 죽은 뒤부터 신중국이 들어서는 1949년까지의 10여 년이 허광평이 독자적으로 여권에 대해 발언한 중요한 시기라고 할 수 있는데, 이 시기 그녀가 여성 문제에 관해 쓴 글 가운데 대부분을 차지하는 것이 여성, 그 가운데서도 가정주부의 직업이나 사회참여에 관한 것이었다. 이를 보아도 그녀가 노신 만년의 10년 동안의 삶에서 억눌린 회한이 얼마나 컸는지 알 수 있다.[17] 그녀는 우선 자신처럼 일을 하고 싶었지만 차마 가정을 떠날 수 없었던 전업주부가 사회에 참여하지 못하는 것은 여성만의 책임이 아니므로 남성을 포함한 사회 전체가 이 문제를 해결해야 한다는 주장을 폈다. 남의 나라 영국의 사례를 소개하면서도 처녀뿐 아니라 가정주부에게도 외교기관에서 일할 기회를 주어야 한다든지, 여성이 가정에서 일하는 것은 남편의 죄수나 마찬가지이므로 여성이 직업을 가지는 것이야말로 여성해방의 길이라고 목소리를 높였다.

항일전이 끝나고 전후 부흥의 단계에서는 여성의 노동력이 더욱 필요하므로 여성을 가정에서 해방시켜 사회의 일꾼으로 만들어야 한다는 주장을 더욱 구체화했다. 그러기 위해서는 탁아소, 공공식당, 아동교양소兒童教養所 같은 것을 두어야 한다는 대안을 제시하기도 했다. 이렇게 여성해방과 여성의 직업참여를 동일시하다 보니 당시 국민정부의 여성정책에 불만이 클 수밖에 없었다. 국민정부는 국가의 초석은 가정이고 여성은 가정을 지켜야 한다는 취지에서 현모양처를 위한 여성교육에 주안점을 두고 있었기 때문이다.[18]

그러나 그녀가 여권 문제를 본격적으로 다루기 시작한 이 시기는 또한 중국이 일본의 전면적인 침략에 직면한 위기의 시기이고, 국민당과 공산당이 통일전선을 결성하여 항일전을 지도하던 시기이기도 했다. 난민구제회 같은 명칭의 여성조직을 통해, 때로는 비밀활동을 통해 항일을 위한 의연금 모금 등을 하던 그녀는 일본군 헌병대에 붙잡혀 76일 동안 모진 신문을 당하는 고초를 겪었다.[19] 자세히 말하면, 일본군에게 상해가 함락된 뒤에도 여전히 상해의 외국인 조계지에서 살고 있던 그녀는, 일본군이 외국인 조계지까지 점령한 일주일 뒤인 1941년 12월 15일 일본 헌병대에 체포되었다. 문예계 항일 지식인의 명단과 주소를 불라는 신문을 당하면서 채찍질과 전기고문까지 당했지만, 이듬해 3월 1일 보석으로 석방되기까지 76일 동안을 침묵으로 버틴 것이다. 이렇게 몸으로 망국의 고통을 겪은 그녀였기에 자연 구국을 위한 항일과 혁명이 우선적인 관심사가 되었다. 이제 여성해방은 항일을 위해서 필요한 작업이 되고 허광평은 구국과 혁명을 위한 여성의 동원 쪽으로 관심을 돌리게 된다.

6. 신중국에 대한 열망과 혁명 속의 여권 신장

노신이 죽은 뒤 여성해방과 항일운동을 병행하던 허광평은 결국 국가의 존망이 달린 상황에서는 구국이 일차적인 과제라는 것을 뼈저리게 깨달았다. 일본의 패전으로 중국은 아편전쟁 이래 100여 년에 걸친 제국주의의 침략에 대한 저항에서 최초의 승리를 거두었다. 그렇지만 8년 남짓 전면적인 항일전쟁에서 중국이 입은 인적 물적 정신적 피해는 이루 말할 수 없었다. 문자 그대로 상처투성이의 참담한 승리였다. 게다가 국민당과 공산당은 언제 중국의 지배권을 둘러싸고 내전을 벌일지 모르는 상황이었다.

여성의 직업참여를 포함한 여성해방 내지 여권신장이라는 문제는 이차적인 문제이고, 구국이 더욱 중요하다고 생각한 허광평은 자연스레 평화로운 새 중국 건설 방안에 몰두했다.[20] 그녀는 우선 1945년 12월 이후 마서륜馬叙倫 등과 함께 상해에서 민주촉진회를 발기, 조직하여 내전을 반대하고 민주적이고 평화로운 전후 건설을 촉구하는 시민운동을 지도하기 시작했다.[21] 국민당도 공산당도 아닌 제3의 길, 민주주의를 추구하는 지식인들의 조직을 영도한 것이다. 그렇지만 그녀가 간절히 바랐음에도 내전이 일어나 버리자 그녀는 여성운동이 고립된 것이 아니고 사회운동의 일환이므로 남성들과 손잡고 평화를 위해 분투해야 한다는 주장을 펴기에 이른다.[22] 급박한 상황에서는 여성이 혁명을 위해 적극 참여해야 한다는, 혁명에 여성을 동원해야 한다는 논리가 싹트기 시작한 것이다.

허광평이 구체적으로 어느 시점에서 공산당 쪽으로 기울게 되었는지는 확실하지 않다. 노신 생전에 구추백瞿秋白 같은 초기 공산당 지도자들과 교분이 있었고 항일전쟁기에 공산당 비밀조직과 연결되어 있었던 것은 사실이지만 입당을 한 적이 없기 때문이다. 어쨌든 내전에서 공산당이 승세를 보이면서 국민당 측에 의한 신변의 위협이 고조되던 1948년 후반기에 홍콩으로 피한 것을 보면, 이 시점에서는 국민당의 실정에 실망한 다른 지식인들과 마찬가지로 공산당의 혁명에 기대를 걸고 있었던 것이 확실해 보인다.

신중국 건설을 전후한 시기, 그녀의 여성 관계 글의 논조는 완전히 공산주의혁명에 동참함으로써 여성이 해방될 수 있다는 식으로 기울어진다.[23] 즉 항일과 내전이라는 급박한 외부 상황 때문에 여성 문제를 사회와 동떨어진 독자적인 문제로 볼 수 없게 된 그녀는, 이제 항일전쟁기 이래 구국의 정당이라는 이미지를 성공적으로 보여 온 공산당이 건설할 새로운 조국에서 여권이 신장될 것이란 희망을 품고 여성들에게 내전에서 공산당을 적극 지원하라고 호소한다.

7. 신중국 여성지도자의 삶과 남는 아쉬움

상해에서 여성지도자로 활동하던 허광평은 내전에서 패주하는 국민정부가 그녀의 신변에 위해를 가할까 우려한 민주촉진회와 지하공산당 조직의 도움을 받아 1948년 10월 홍콩으로 탈출했다. 이어 공산당 지배 속에 들어간 동북지방으로 올라갔고, 내전이 진행 중이던 시기에 공산당이 소집한 인민정치협상회의에 민주촉진회 대표로 참가했다.[24] 일약 중앙정부의 고위급 인사가 된 것이다. 중앙정부에서의 활동과 병행하여 여성계에서도 최고위급 인사로 활동했다. 국민

허광평

정부 통치구역 부녀대표단 단장 신분으로 신중국 건국 전에 개최된 중국 부녀 제1차 전국대표대회에 참석한 것이다. 건국 이후에는 민주촉진회의 제1차 비서장에 선임되는 등, 공산당의 지배를 수용한 민주당파의 지도자로도 활동했다.

이렇게 건국 이후 중임을 맡은 허광평은 새로운 중국 건설에 매진하는 혁명적 인민을 예찬하는 글을 많이 남긴다. 그녀의 여성 관련 글들에서도 구舊중국과 대비해 혁명을 통해 건설된 신중국이 여성에게 가져다준 놀라운 변화가 두드러지게 보인다.25) 1956년 무렵 고향 광동에 돌아가서 과거 자소녀自梳女로 유명했던 순덕順德을 돌아보고 쓴 글을 보면 이런 점이 잘 드러난다. 이제 그곳에는 더 이상 결혼하지 않고 독신을 고수하는 자소녀가 없다. 여성이 사람대접을 받지 못하던 시대는 사라지고 다시는 돌아오지 않는다. 여성들은 더 이상 과거처럼 등에 아기를 업고 손에는 또 다른 아이 손을 잡은 채 머리에는 밥 광주리를 이고 논밭으로 나르면서 농사도 지어야 하는 고통스러운 삶 속에 매몰되어 있지 않다. 가정에서 발언권을 행사하듯이 당당히 자신의 노동 몫을 따지고 회의장에서 자기 의견을 발표하며 양육의 문제는 인민공사로 전가되고 있다. 이렇게 여성이 번신翻身하여 남성과 똑같이 노동하고 휴식하며 문화생활을 영위할 수 있게 된 것은 당과 모택동 주석의 영도 덕분이라는 게 여성 문제를 보는 그녀의 시각이다.

교육받은 신여성이 가정에 묻혀서는 안 된다는 여성 문제에 대한

관심에서 출발해서 장년기 후 그녀의 관심은 중국의 전체 노동여성
에 미쳤고, 확실히 신중국 이후 전체 여성을 대상으로 해서 볼 때 여
성의 사회적 지위는 이전에 견주어 크게 높아졌고 자유의 폭도 넓어
졌다. 1950년의 〈혼인법〉 반포로 결혼과 이혼의 자유가 보장되면서
그동안 매매혼 등으로 고통 받던 여성들이 자유로운 결혼을 위해 대
거 이혼을 신청하는 사태가 벌어진 것도[26] 여성의 운신 폭이 넓어졌
음을 보여준다. 특히 문혁의 소용돌이가 몰아치기 전까지는, 그녀가
고위 간부로서 시찰한 곳의 여성들은 신중국이 자신들에게 가져다준
기회를 소리 높여 찬양했다.

1950년대까지의 맹활약이 있은 뒤 문혁 때 그녀는 노신의 원고를
홍위병들에게 압수당하는 뼈아픈 경험을 했고, 문혁의 소용돌이 속
에 심장병으로 갑자기 사망했다. 문혁에 뒤이은 개혁개방기에 여성
을 둘러싼 현실이 열악해져가는 문제에 대해 그녀에게 물을 수 없게
된 만큼, 혁명이 여권신장을 저절로 가져다줄 것이란 그녀의 믿음이
변하지 않았는지는 영원히 궁금한 문제로 남는다.

허광평이 노신 사후 그의 성망聲望 덕분에 상해의 여성계와 지식인
사회에서 지도적 위치에 오를 수 있었던 것은 확실하다. 그렇지만 그
녀의 일생을 돌이켜보면, 그녀는 노신사업 계승을 앞세워 자신의 독
자적인 업적과 지위를 일궈 나간 점 또한 돋보인다. 유소녀 시기부터
여성으로서의 자의식이 강했던 그녀는 계몽과 애국이 뒤얽힌 5·4의
분위기에서 지적 정서적으로 성장했다. 그렇기 때문에 대외위기에
민감한 한편으로, 장기적으로 보아 중국의 근대화 과정에서 여성 문
제의 해결이 절실하다는 생각을 해왔다. 그렇지만 여성 문제의 해결
에는 시간이 많이 필요했고, 20세기 전반의 중국 역사는 외세의 침략
이 가속화해 가는 과정에서 공화, 국민, 사회주의 혁명이라는 세 차
례의 혁명이 연속적으로 닥쳤기 때문에 어느 정부도 여성 문제를 해

결할 시간이 없었다.

결국 허광평은 외세의 침략으로부터 자유로운 조국을 건설해줄 세력으로 항일과 사회주의 혁명을 내건 공산당을 선택했다. 다른 이유는 제쳐 두고라도, 일찍부터 주부의 직업선택의 자유를 포함한 여성의 사회참여를 주장하면서 상해라는 대도시의 여성계에서 활동하던 그녀가, 여성을 가정으로 되돌려 보내려는 여성정책을 추구하는 국민당을 선택할 수는 없었으리라는 생각이 든다. 게다가 그녀는 노신의 이미지를 사뭇 공산당에 충실한 전사로 그려내기까지 했다. 사실 국민, 공산 양당은 물론이고, 문예계 외에 정치적 성향을 가진 어떤 조직과도 일정한 거리를 두고 있던 노신의 성향으로 미루어 그가 살아 있었다면 과연 허광평과 같은 식으로 공산당에 합류할 수 있었을까 하는 문제는 자못 의문의 여지가 있다. 이렇게 볼 때 허광평의 행로는 여성 문제, 구국에 대한 관심과 그 해결책으로서 공산당 지지라는, 그녀만의 독자적인 성향을 보여주는 것이라고 생각된다.

이렇게 독자적인 성향을 보여주는 허광평의 삶과 활동이 근대 이후 중국의 여성사나 전체 역사에서 나름의 비중을 가지는 것은 사실이지만 아쉬움이 없는 건 아니다. 곧, 개혁·개방기에 들어선 이래로 도시는 도시대로 농촌은 농촌대로 여성의 인권조차 약화되는 모습을 보이는 중국에서 당이나 정부 당국자에게 여성 자신의 처지에서 문제제기를 하고 여권신장을 위해 독자적인 행보를 보이는 여성계의 조직이 달리 없다는 점이 그것이다. 민주주의를 추구하던 제3세력과 여성계의 지도자로 활동하던 허광평 같은 인물이, 오로지 당과 당 지도 아래 여성계를 혁명에 종속시켜 버리고 일정한 거리를 두지 못한 것이 오늘날 그녀가 남긴 유산의 부정적 측면이 아닌가 생각한다.

■ 주 ──────────

1) 노신의 삶 전체에 대해서는 윤혜영, 〈魯迅(1881~1936)－'革命戰士'의 神話와 實在〉, 《영남사학》15, 2001. 12, 209~231쪽 참조.

2) 허광평에 대한 관심이 부분적이긴 하지만 처음으로 드러난 역사학계의 연구로는 윤혜영, 〈국민혁명기 北京女子師範大學의 교장배척운동－'新舊葛藤'에서 혁명으로〉 서울대학교 동양사학연구실 편, 《中國近現代史의 재조명》1(서울: 지식산업사, 1999), 209~240쪽이 있다.

3) 신여성의 뜻에 관한 논의는 다양하다. 필자의 신여성에 대한 정의는 신식교육 수혜자, 외모나 행동거지에서 새로움, 여성해방적인 지향, 새로운 직업을 가진 여성을 지칭하는 데 많이 쓰이는 기존의 신여성 내지 modern girl의 의미에다가, 구국의 문제의식을 가진 여성이라는 점을 보탠 것이다.

4) 남성 중심의 그리고 지배적인 계층 중심의 역사서술이 어느 한 면만 보여준다는 점에서 여성의 삶과 여성의 시각을 통한 역사 다시 쓰기/읽기 역시 중요함은 두말할 필요가 없을 것이며, 이런 시각에서 쓴 필자의 최초의 글로는 〈5ㆍ4운동과 '신여성'〉, 《중국현대사연구》7, 1999. 6, 37~59쪽이 있다.

5) 上海魯迅紀念館 編, 《許廣平紀念集》(百家出版社, 2000).

6) 그 결과는 윤혜영, 〈許廣平(1898~1968)小考－민국시기 '신여성'상에 대한 한 접근〉, 《중국현대사연구》9, 2000. 6, 1~25쪽으로 나왔다.

7) 許廣平, 〈從女性的立場說"新女性"〉, 張昌華ㆍ孫金榮 責任編輯, 《許廣平文集》1, (江蘇文藝出版社, 1998), 109쪽.

8) 번우현은 잠사업이 발전한 곳으로 독신을 고수하는 여성 직공들이 금란회를 조직하고, 소위 自梳女로 사는 이들이 많은 곳이기도 했다. 광동성의 금란회에 관해서는 유장근, 《근대중국의 지역사회와 국가권력》(서울: 신서원, 2004), 271~307쪽에 상세하다.

9) 이하 허광평의 행적에 대해서는 달리 주가 없으면 윤혜영, 〈許廣平(1898~1968)小考－민국시기 '신여성'상에 대한 한 접근〉, 《중국현대사연구》9, 2000. 6, 1~25쪽에 따른 것이다.

10) 할아버지가 浙江巡撫라는 고위 지방관을 지낸 것으로 보아 상당히 유복한 집안에

서 태어났다. 아버지가 상업에 종사하면서 그다지 경영을 잘하지는 못했다고 하나, 고향 번우현에서는 내로라하는 집안이었다〔陳鳴樹, 〈平凡而偉大的女性〉, 《許廣平紀念集》(上海魯迅紀念館 編 ; 이하 편자 표기 안함), 59쪽〕.

11) 운동의 상세한 경과에 대해서는 윤혜영, 〈국민혁명기 북경여자사범대학의 교장 배척운동〉 참조.

12) 이 시기 허광평이 노신에 미친 영향 및 두 사람의 관계에 대해서는 윤혜영, 〈국민 혁명기 북경에서의 노신－'방황'에서 '전사'로〉, 《중국현대사연구》 10, 2000. 12, 39～55쪽 참조.

13) 張小紅, 〈十年携手共艱危〉, 《許廣平紀念集》, 90쪽.

14) 죽기 2년 전에 노신이 허광평에게 바친 시의 첫 구절이다. 潘頌德, 〈許廣平對婦女 運動理論建設的貢獻〉, 《許廣平紀念集》, 62쪽. 이 구절은 노신 부부의 관계를 상징하 는 관용어처럼 알려져서 훗날의 사람들이 허광평이 노신을 회고하는 글들을 단행 본으로 묶으면서 아예 책 제목을 《十年携手共艱危》(許廣平 著, 河北教育出版社, 2001)로 할 정도였다.

15) 노신, 〈나의 烈節觀〉, 竹內好 역주/ 한무희 옮김, 《노신문집》 3(서울 : 일월서각, 1987), 7～17쪽 참조.

16) 孟燕堃, 〈上海婦女學習的楷模〉, 10쪽; 周七康, 〈回憶和許廣平做隣居的日子〉, 40쪽; 潘 頌德, 앞의 글, 62쪽. 이상은 모두 《許廣平紀念集》에 수록된 것이다.

17) 이 시기 허광평의 여성 문제 관련 글은 모두 《許廣平文集》 1, 109～176쪽에 실려 있고, 내용의 요지는 윤혜영, 〈許廣平(1898～1968)小考－민국시기 '신여성'상에 대 한 한 접근〉, 18～20쪽에 따랐다.

18) 현모양처 육성을 중심으로 한 국민정부의 여성정책에 대해서는 지현숙, 〈교과서 속 여성국민 만들기－남경정부 시기 중학 교과서의 여성국민상〉, 이화여자대학교 중국여성사연구실 엮음, 《중국 여성, 신화에서 혁명까지》(서해문집, 2005), 360～ 384쪽 참조.

19) 이 시기 허광평의 고초는 그녀가 전쟁에서 승리한 뒤 써낸 글 〈遭難前後〉(《許廣平 文集》 1, 23～91쪽)에 상세하다.

20) 내전 발발을 눈앞에 둔 1946년 봄의 긴박한 상황에서 3·8 여성의 날을 기념하면 서 그녀는 평화와 민주적 건설을 우선 거론한 뒤에 남녀평등, 여성참정권 같은 여

권신장과 관련된 항목을 그 뒤에다 덧붙였다(許廣平, 〈三八節與中國婦女〉와 〈"三八" 話今年〉). 모두 《許廣平文集》1, 150～153쪽, 155～158쪽에 실려 있다.

21) 항일전 뒤 민주촉진회 조직 등의 활동에 대해서는 劉恒椽, 〈緬懷民主鬪士許廣平〉, 《許廣平紀念集》, 6～8쪽 참조.

22) 許廣平, 〈新興婦女運動與現社會運動之聯系〉, 《許廣平文集》1, 165～170쪽.

23) 이하 내전기 여성이 공산당을 지원해야 한다는 그녀의 논지는 許廣平, 〈慶賀七一〉 과 〈解放中的中國婦女〉, 《許廣平紀念集》, 159～161쪽, 175～180쪽 등에 선명하게 드러나 있다.

24) 이하 중화인민공화국에서의 허광평의 행적에 관해서는 《許廣平紀念集》에 수록된 추모 글들에 나온 약력에 따랐다.

25) 이하 귀향 관련 이야기는 許廣平, 〈從石榴想起〉, 《許廣平紀念集》, 141쪽에 따랐다.

26) 신중국 성립 뒤 세 차례의 이혼 붐이 있었는데, 1950년이 첫 번째이고 두 번째는 1957년 반우파투쟁 때 우파로 지목된 이들의 배우자가 이혼을 제기한 때이고, 세 번째는 1980년 〈혼인법〉 개정으로 '정서적인 이유로 인한 이혼'을 인정한 것이 계 기가 되었다고 한다[라오웨이 지음/ 이향중 옮김, 《저 낮은 중국》(서울 : 이가서, 2004), 103쪽].

채 창蔡暢
여성과 아동의 행복을 추구한 혁명가

전 동 현

1. 가족과 함께한 혁명의 길1)

"여동지에게는 패기가 있어야 하지만 그에 못지않게 인내심이 있어야 합니다." 언제나 강조하던 말 그대로 패기와 인내로 점철된 인생을 산 채창蔡暢(1900~1990)에게, 1983년 3월 중국공산당 제11기 제7차 중앙전체회의는 공식적으로 존경과 감사의 마음을 표했다. "우리나라 부녀운동의 걸출한 지도자이자 국제적으로도 진보적 부녀운동의 저명한 활동가로서 당신(채창)이 보여준 무산계급혁명가의 우수한 성품은 오랫동안 인민의 존경을 받을 것입니다."2)

그러나 이보다 더 채창을 잘 설명하는 표현은 사람들이 그녀에게 부여했던 두 개의 애칭일 것이다. 그녀는 동지와 국민들에게 '큰누이 [蔡大姐]'이기도 했고 '어머니[蔡媽媽]'이기도 했다. 이것은 부녀해방과 아동복지가 실현되지 않으면 궁극적으로 혁명도 성공할 수 없다는 신념을 가지고, 열악한 환경에서도 어떻게든 최선의 방법을 찾으려 했던 그녀의 일생을 압축해서 보여주기 때문이다.

채창은 중국공산당의 7기부터 11기까지 중앙위원회 위원과 전국

부녀연합회 1, 2, 3기 주석과 4기 명예주석 등을 지내면서 공산당원으로서, 부녀해방운동가로서 확고한 업적을 남겼다. 또한 아동공작에도 특별한 관심을 기울여 가는 곳마다 아동들을 위한 시설과 기관들을 만들었다. 연안시기에는 전시아동보육회 연안분회를 이끌었고, 첫 번째 연안보육원을 설립하여 험난한 투쟁에서 희생된 열사들이 남긴 고아들과 고되고 위험한 업무로 제대로 가정을 돌볼 수 없었던 간부들의 자녀들을 돌보게 하였다. 중공중앙 동북국에서 일할 때에는 동북국 부녀위원회 서기를 겸직하면서 동북국 최초의 유아원과 군대간부자제학교를 제안, 설립하기도 하였다.[3)]

언제나 단정한 모습과 고아한 기품을 지녔던 채창은 내성적이고 엄한 면도 있었지만 따뜻한 미소와 배려로 주변 사람들에 대한 관심과 애정을 표현하였다고 한다. 그녀는 프랑스와 소련유학파로 국제적 감각을 익힌 세련된 활동가이기도 했지만, 스스로는 근공검학운동 당시 프랑스에서 공장노동과 야학을 병행한 경력을 지닌 노동자로 자처하며 농촌이나 공장 등 현장에 들어가 스스럼없이 사람들을 대하고 함께 일했다. 그런 의미에서 그녀는 체험에 바탕을 둔 조사와 실천으로 새로운 방침들을 제안하는 현장밀착형 지도자였다. 그녀는 남들보다 먼저 농사일이나 수공업 작업을 배우고, 그것을 바탕으로 직접 교육을 실시하면서 공산당의 새로운 과업들을 이끌어갔고, 그 가운데 몇몇 사례들은 중국공산당사에서도 유명한 일화로 전해지고 있다. 그녀는 지레 겁을 먹고 뒷걸음질치는 나약한 성격을 싫어하였고, 여성동지들이 경박하게 행동하거나 기혼 여성들이 남편의 지위로 보호막을 삼으려고 하는 행태를 경계했다. 여성은 강인해져야 하고 여성은 스스로 자신을 해방시켜야 한다는 것이 그녀의 지론이었다.

채창은 어머니 갈건호葛健豪, 셋째오빠 채화삼蔡和森, 올케 상경여向

警予와 더불어 대표적 혁명가족의 일원이기도 했다. 어머니는 보수적인 아버지에 맞서 평생 진보적 자녀들을 적극 지원했을 뿐 아니라, 50이 넘은 나이에 자녀들과 함께 신학문을 공부하기 시작했고, 심지어 노동과 학습을 병행하는 프랑스 근공검학운동에도 참여해서 화제가 되기도 했다. 오빠 채화삼은 모택동 등과 함께 신민학회를 창설한 이후 중국공산당을 이끌어 간 지도자의 한 사람이었고, 채화삼과 결혼했던 상경여는 채창과 주남여자사범학교, 프랑스 근공검학운동, 공산당활동을 함께했던 대표적 부녀운동 지도자였다. 어렸을 때부터 무척이나 따르고 좋아했던 오빠와 올케가 국민당정권에 의해 젊은 나이에 희생되었을 때 채창이 받은 충격은 누구보다도 컸을 것이다. 언제나 강인했던 채창이지만 1931년 중앙소비에트구에 들어가 오빠의 친구였던 모택동을 대면하는 순간 겨우 몇 달 전에 희생된 오빠를 떠올리며 오열을 참지 못했다고 한다.

채창은 1900년 5월 14일 호남성 상향湘鄕 영풍진永豊鎭에서 태어났다. 아버지 채용봉蔡蓉峰은 제대로 생업을 갖지 못해 막내인 채창이 태어나기 전에 물려받은 유산조차도 거의 탕진하였다. 아버지는 1894년 직장을 구하기 위해 가족을 데리고 상해로 갔으나 적은 봉급에 첩까지 얻어 가족들의 처지는 아주 어려웠다. 지친 어머니는 1898년 아이들과 함께 호남 친정으로 돌아왔고, 얼마 뒤 채창의 아버지도 호남으로 와서 시댁 쪽으로 갈 것을 요구했다. 그러나 많이 실망한 아내의 뜻을 꺾지 못했고, 결국 아버지가 가족들이 있는 곳으로 왔다. 그 다음 해에 막내 채창이 태어났고, 가족들은 무척이나 작았던 그녀를 '작은 여동생[毛妹子]'라고 불렀다. 그녀는 무관심한 아버지와 어려운 가정형편 속에서도 어머니와 언니, 오빠들의 극진한 사랑 속에서 자라났다. 첫째인 언니 경희慶熙는 열여섯 살이나 나이가 많아

거의 어머니처럼 그녀를 돌보았다. 막내와 가장 가까웠던 이는 여섯 살 위인 셋째오빠 화삼和森이었다. 모든 면에서 셋째오빠를 믿고 따랐으며 모든 일을 셋째오빠와 함께 하고 싶어 했던 채창은 결국 혁명가의 길도 가장 가까이에서 함께한 혈육이 되었다.

채창의 어머니는 본래 이름이 갈난영葛蘭英이었으나 50세가 넘어 이름을 갈건호葛健豪로 개명하면서, 자식들과 함께 학교에 진학했던 대단한 의지의 여인이었다. 1906년 그녀는 혁명경비를 마련하기 위해 고향에 왔던 여성혁명가 추근秋瑾을 통하여 혁명, 여성의 자립, 남녀평등에 대한 주장을 듣게 되었다. 이미 결혼생활에서 극심한 고통을 겪고 있었던 그녀는 추근을 보며 '지혜, 인자함, 용기를 모두 갖춘 여자'라고 느꼈고, 자신의 아이들에게도 추근이야말로 나라와 국민을 구원하는 대단한 여성 영웅이라고 설명해 주었다. 그것이 어머니와 아이들이 처음으로 만났던 '혁명'의 모습이었다.

1913년 혁명적 분위기가 드높아지면서 전국적으로 여성교육기관들이 창설되기 시작했을 때 상향현제1여교湘鄕縣第1女校가 학생들을 모집한다는 소식을 듣자 어머니는 시집올 때 가져왔던 물건들을 처분하여 학비를 마련했다. 그리고 남편과 사별하고 돌아온 첫째딸 경희와 화삼, 그리고 막내와 함께 상향현으로 갔다. 막내는 학교에 가면서 '작은 여동생[毛妹子]'이라는 애칭을 벗고 처음으로 '함희咸熙'라는 정식 이름을 얻었다. 어머니와 세 명의 자식들이 모두 학교에 진학하여 공부하는 놀라운 학구열을 보여주었으나 극심한 경제적 곤란으로 그해 말에는 고향으로 돌아와야 했다. 어머니는 영풍진永豊鎭에서 쌍봉雙峰여자직업학교를 설립하였다. 함희는 이 학교에서 공부하면서 음악, 체육교사를 겸하였고, 큰딸 경희는 재봉교사를 담당하였다. 어려운 여건에서도 여학생들의 숫자는 늘어났고, 많은 발전과 변화를 보여 주변의 칭찬을 받았다. 그러나 결국은 이러한 반응이 화근이 되어 사회풍기를 어지럽힌다는 명목 아래 현지의 보수적인 유력 인사들과 관청의 방해로 폐교되고 말았다.

2. 세상 속으로 ─ 교사, 근공검학운동

1915년 초 함희는 아버지가 강행하려 했던 매매혼인을 피해서 참담한 심정을 안고 오빠 채화삼이 공부하고 있던 장사長沙로 갔다. 그녀는 호남사립주남여자사범학교湖南私立周南女子師範學校에 합격하였고, 입학하면서 '채창蔡暢'으로 개명하였다. 운명과 힘들게 싸워 이긴 뒤 느낀 상쾌한 심정을 담은 새 이름이었지만, 어쩌면 이후 중국 부녀해방의 길을 시원스럽게 개척해 간 그녀의 인생을 예견한 것이었는지도 모른다.

'자치심, 공공심, 진취심'을 배양하는 것을 교훈으로 삼았던 주남여자사범학교는 진보적 분위기에서 상경여向警予, 도의陶毅, 노군전勞君展 등 진보적 여성 인재들을 배출하였다. 채창은 학교의 좋은 환경들을 충분히 이용하여 학습에 전념했고, 각종 서적들을 두루 섭렵하였다. 교장 주검범朱劍凡은 강제결혼을 피해 도망해 온 채창의 어려운 처지를 감안하여 학비를 면제해 주었다. 얼마 지나지 않아 어머니도 큰언니 경희 모녀와 함께 학업을 위해 장사로 왔고, 어머니, 채화삼, 채경희, 채창, 조카 유앙劉昂이 모여 살게 되었다. 이때 할머니로부터 손녀에 이르는 3대가 동시에 취학한 일은 장사의 화젯거리가 되었지만, 사실 경제적으로는 어머니와 큰언니가 지니고 있던 옷과 장신구들을 팔아 겨우 생활을 해결하는 형편이었다. 교장은 우수한 성적으로 졸업한 채창을 체육교원으로 임명해서 생활고를 해결할 수 있도록 도와주었다. 물론 교사 월급으로 전 가족의 생계를 해결하기에는 부족했고, 여벌의 옷이 없었던 채창은 밤마다 조카와 자신의 단벌옷을 세탁하여 아침에 입고 나가면서도 언제나 깔끔한 분위기를 유지하였다.

열여섯 살이라는 어린 나이는 교사로서 단점일 수도 있었지만, 그녀는 학생들과 항상 가깝게 대화하며 자신이 맡은 체육과목에 대해 특별한 신념을 가지고 교습하는 적극적 지도력으로 주목을 끌었다. 그녀에게 체육이란 외국인들에게 '동아시아의 병자'로 손가락질 받는 중국의 몸과 마음을 강화하는 것이었고, 그런 의미에서 해방을 위해 분투해야 할 여자들에게는 더욱 필수적인 전제조건이 되는 것이었다.

1918년 가을, 주남여자사범학교에서 운동회를 개최해 눈길을 끌었다. 호남《대공보大公報》는 운동회에 대해 두 차례나 보도하면서 채창의 체육 교육과 체조가 보여주는 새롭고 유쾌한 정신세계에 대해 높이 평가하였다. 아직도 고루한 구식 관념들이 지배하고 있는 사회에서 여교사 채창은 여론과 학부모 그리고 각계 인사들로부터 칭찬의 대상이 된 드문 사례였다.

그녀는 오빠 채화삼이 모택동 등과 함께 주도한 신민학회新民學會도 관심을 가지고 도왔지만, 나이도 어리고 생계를 책임진 처지였기 때문에 직접 회원으로 활동하지는 않았다. 오빠 채화삼이 여동생 채창을 본격적으로 활동할 수 있도록 격려한 일은 바로 노동과 일을 병행하면서 새로운 이상사회를 추구했던 근공검학운동이었다.

채화삼이 적극 주도한 프랑스 근공검학운동을 본격화하면서 채창도 상경여와 함께 여자유법근공검학회女子留法勤工儉學會를 조직하여 여학생들의 참여에 앞장섰다. 1919년 가을 상경여가 장사에 와서 채창 등과 함께 주남여학교에서 주남여자유법근공검학회를 결성하면서 그 준비작업으로 프랑스어 반을 개설하였고, 곧이어 정식으로 호남여자근공검학회를 결성하였다. "여성의 해방과 노동의 신성함 그리고 공독工讀의 신성함을 실천하자"는 구호를 내세운 창립대회에서는 상경여가 기초한 약칙을 발표하였다. 그에 따르면 이 회는 신조를 '공독 신성工讀 神聖'으로 하고, 육체노동과 정신노동을 함께 실행하여 프랑스에 가서 근공검학을 실천함으로써 장래 돌아와 실업교육을 진흥시킬 것을 목표로 삼는다고 규정하였다. 또 회원은 타성에 젖은 관습과 사치스러운 장식, 그리고 올바르지 않은 행위를 경계하도록 권유하였다. 이 약칙은 장사의 각 여학교에 보내졌을 뿐 아니라 또 북경의 《신보晨報》와 호남의 《대공보大公報》에도 실려 각지 여성들이 근공검학운동에 참여하는 데 영향을 미쳤다.[4]

채창은 1919년 12월 25일 30여 명의 일행과 함께 우편선을 타고 프랑스로 떠났다. 프랑스혁명의 본산지에 가서 세계의 진보적 사상들을 배우고 돌아와 중국을 바꾸어 놓겠다는 꿈을 안고 출발했던 근공검학운동은, 중국과 프랑스의 여러 난관들 속에서 기대했던 만큼의 성과를 올리지는 못한 것으로 평가된다. 그러나 여러 가지 경험을 통해서 진보적 인물들의 상당수가 공산주의노선을 확정하게 되고, 1922년 사회주의청년단 가입에 이어 1923년 중국공산당에 입당하는 변화를 겪었던 일은 중요한 의미를 지닌다. 채창 또한 그러한 변화를 겪는 가운데 혁명동지 이부춘李富春과 인생의 반려가 되었다.

1924년 중국에서는 군벌 타도를 위한 국민혁명을 수행하기 위하여 중국국민당과 중국공산당 사이에 1차 국공합작이 이루어졌다. 중국공산당 중앙에서는 이러한 정세에 대응하기 위하여 프랑스에 있던 당원들을 귀국시키기로 하였고, 그 가운데 채창 부부 등 일부는 소련 모스크바에 있는 동방노동자공산주의대학에 보내어 학습하도록 조처하였다. 채창이 혁명 선진국 소련에서 보고 듣고 조사한 내용들은 이후 중국에서 어떻게 혁명을 할 것인가, 특히 부녀문제와 아동문제를 어떻게 해결할 것인가를 고심할 때 중요한 본보기가 되었다.

북경에서 채창과 이부춘

3. 국민혁명과 강서소비에트 생활

1925년 반제시위가 유혈참사로 이어졌던 '5·30사건'이 전국적 반제운동으로 확산되어가자 반제투쟁을 본격적으로 펴기 위하여 중국공산당에서는 소련에 있던 채창 등의 귀국을 서두르게 했다. 1925년 8월 채창 부부는 상해에 도착했고, 중국공산당 중앙조직이 있었던 그곳에서 채화삼, 상경여와 동료들을 만날 수 있었다. 중앙부녀부장을 맡아 동분서주하고 있던 상경여는 함께 활동할 채창을 보고 매우 기뻐했다. 채창은 광동으로 파견되어 국민당 부녀운동지도자 하향응何香凝, 공산당원 등영초와 함께 부녀운동을 이끌었다. 당은 그녀에게 공산주의청년단 광동구위원회 부녀위원회 서기, 중국공산당 광동구위원회 부녀위원회 부서기(후에 서기)를 맡겼다. 또한 등영초 등과 함께 합작대상이었던 국민당에 파견되어, 하향응이 부장을 맡고 있던 중국국민당 중앙부녀부 간사 겸 부녀운동강습소 교무주임으로 활동하면서 부녀운동과 학생운동을 지도하였다. 성항(省港, 광주와 홍콩)대파업 때에는 파업여공들의 생활고 문제를 해결하기 위하여 북벌군의 군복, 군화 등을 생산하는 공장을 만들 것을 제안하고 운영함으로써 북벌전쟁 지원과 파업여공 지원이라는 두 가지 과제를 한꺼번에 해결하기도 하였다.

채창은 언제나 공장이나 학교 등 현장에 직접 들어가 조사, 연구를 하면서 선전활동을 진행하곤 하였다. 그러나 프랑스와 소련에서 공부하고 돌아온 유학파 지식인이었던 그녀에게 처음부터 현장활동이 순조로웠던 것은 아니다. 처음 그녀가 어느 공장에 갔을 때 여공들이 귓속말을 하면서 그녀를 멀리하였다. 채창이 함께 간 동지에게 까닭을 물었는데, 그녀는 여공들이 평소에 중국 여성이 양장을 하고 있는 것을 거의 보지 못하였기 때문에 양장을 한 채창이 이상하게 보였기 때문이라고 설명해 주었다. 채창은 양장이 대중에게 다가가는 데 불리하다는 것을 깨달았다. 그녀는 오빠 채화삼과 모택동이 우산 하나와 짚신 한 켤레로 농촌에 들어가 그들과 하나가 되었던 일을 기억해 냈다. 그래서 바로 보통 중국식 옷으로 갈아입고 활동을 계속했다. 채창은 또 여공들이 파업 중에 자신들의 정치적 요구를 제출하도록 이끄는 데 관심을 기울였고, 그녀의 지도를 받아 파업여공연합회가 결성되었다. 1926년 2월 그녀는 국민당중앙부녀부의 위임을 받아 농공청에 가서 여공보호조례 기초위원회 작업에 참가하기도 하였다.[5]

1927년 1차 국공합작이 결렬된 뒤, 1931년 중앙소비에트구에 들어가기 전까지 채창은 무한, 상해, 홍콩 등지에서 지하활동을 하였다. 사실 학창시절부터 채창 일가는 가능한 한 어머니 갈건호와 오빠 채화삼 가족, 조카들이 모여 살았다. 그런데 국민당의 백색테러 아래서 어렵게 지하활동을 하던 1929년 초, 가족들이 뿔뿔이 흩어져서 채창 부부와 딸 특특特特만 따로 생활하게 되었다. 지하활동을 하던 채창 부부는 여러 가지 신분으로 위장하며 생활했다. 어린 딸은 왜 그렇게 자주 이름을 바꾸어야 하는지, 그리고 왜 늘 상자에 짐을 싸두는지, 그 안에는 무엇이 들었는지 궁금해 했지만, 그럴 때마다 채창은 불필요한 호기심을 갖지 말도록 엄하게 단속하였다. 그래도 위험할 때에는 시아버지가 편찮으셔서 시댁에 며칠 다녀오겠다는 말을 주변에 남기고 여관을 떠돌기도 하였다.

하루 종일 혼자 집에 있어야 했던 어린 딸은 일이 바빠 밤늦게야 돌아오는 부모를 기다리며 저녁도 못 먹은 채 잠들기 일쑤였고, 노동자 거주지역의 허름한 집에 들끓는 쥐들을 무척이나 무서워했다. 그런 딸이 안쓰러웠던 채창은 위안이 되도록 강아지 한 마리를 사 주었고, 어린 딸은 너무나 즐거워하며 강아지와 함께 집 안팎을 돌아다녔다. 그러던 어느 날, 갑자기 강아지가 사라지는 일이 생겼다. 애완동물을 이용해서 유인, 납치하는 경우가 있음을 알고 있었던 채창은 체포 위험을 느꼈다. 그녀는 강아지를 찾으러 가야 한다고 조르는 딸을 달래며 서둘러 집을 옮겨야 했다. 그 일이 있은 뒤 그녀는 결국 계속 위험에 방치할 수 없었던 딸을 기숙사가 있는 교회학교로 보냈다.

1931년 중앙소비에트에 들어간 채창은 홍군학교정치부와 강서성위원회 등에서 중책을 맡아 활동하였다. 강서성위원회에서 부녀부장 겸 조직부장을 맡고 있을 때, 채창은 각지를 돌아다니며 부녀들의 조직화에 심혈을 기울였다. 그녀는 언제나 직접 두 개의 짐을 꾸려서 다녔는데, 하나에는 생활도구들을 담았고 다른 하나에는 식량을 넣었다. 물론 현지에서 민폐를 끼치지 않으려는 배려였다. 그리고 시골집에 들어갈 때마다 채창은 마치 자기 집에서처럼 스스럼없이 들고 온 짐들을 풀어놓고 생활도구들을 꺼내 일을 시작하곤 하였다. 그녀는 밭일이건 부엌일이건 가리지 않고, 부녀들과 여러 가지 일상생활을 함께하면서 자연스럽게 군중들의 감성을 느끼고 조사하면서, 당의 방침과 정책들을 전달하였던 것이다.

물론 당시 채창 등이 현장에서 활동하는 데 대적해야 할 상대는 국민당정권만은 아니었다. 오랜 관습과 미신 등 보이지 않는 상대와도 힘든 싸움을 해야 했다.

1932년 봄, 농사일이 한창이어야 할 시기에 강서지역의 농촌에서는 제대로 작업이 이루어지지 않고 있었다. 대부분의 남자들이 전선에 나가 있었기에 밭갈이 등의 작업을 할 사람이 없었기 때문이다. 그런데도 이 지방에서는 예로부터 "부녀가 밭을 갈면 벼락을 맞는다"는 미신이 전해 내려오고 있었기에 선뜻 밭갈이에 나서려는 부녀들이 없었다. 전선에 보낼 식량이 필요한 상황에서 파종시기를 놓칠까봐 걱정이 된 채창이 직접 나섰다. 그녀는 과학적 원리를 통해 그러한 속설이 근거 없는 미신이라고 해명하는 한편, 한 촌로에게 부탁해서 직접 밭갈이를 배우기 시작했다. 처음에는 회의적이었던 촌로도 채창의 간절한 의지를 보고 차근차근 방법을 가르쳐 주었다. 땀과 진흙으로 범벅이 된 채창은 지쳐 쓰러질 지경이 되기는 했지만 결국 밭갈이 기술을 배우는 데 성공했다. 그리고 그녀는 이튿날부터 곧바로 부녀대표들로 훈련반을 조직해서 교육하기 시작했다. 그래서 결국 부녀들의 힘으로 농사일을 완수하고 식량위기를 넘길 수 있었다. 이 일로 강서성의 부녀들은 '벼락도 무서워하지 않는 영웅들'이라는 별명을 얻었다.

또한 채창은 소비에트구에서 특별히 부녀들이 문화를 배울 수 있도록 배려하는 작업을 중요하게 생각하였다. 그녀는 농촌과 도시에 문화야학교를 만들어 남녀 문맹자들이 매일 저녁에 공부할 수 있도록 하는 데 주의를 기울였다. 심지어 농사일을 할 때에도 휴식시간을 이용하여 땅바닥과 나뭇가지를 이용하여 글자를 읽고 쓰는 법을 가

170

르치고, 주산을 가르칠 때에는 주판을 대신하여 나뭇가지와 돌멩이로 주판 모양을 만들어 가르치기도 하였다.

4. 대장정과 항전투쟁

국민당 군대의 총공세에 밀려 중국공산당이 소비에트구를 포기하고 대장정의 길에 나섰을 때 채창은 핵심 부서인 홍군총정치부에서 활동하였다. 그녀는 심한 위장병에 시달리면서도 다른 홍군들과 똑같이 행군하였다. 그녀에게 배정된 노새가 한 마리 있기는 하였으나 병이 위중한 다른 사람들에게 양보하여 자신은 거의 타지 않았다고 한다.

한번은 적의 봉쇄선을 재빨리 통과해야 하는 긴박한 상황에서 그녀의 경호원이었던 조창曹昌이 갑자기 중한 병에 걸려 대오에서 낙오하게 되었다. 채창은 그 소식을 듣자마자 적군에게 포로로 잡힐 것을 염려하여 주위에서 말렸지만 자신이 타고 있던 노새를 보내어 낙오한 조창을 찾아오게 하였다. 또 당에서는 채창의 병을 간호하도록 어린 보조원을 배치하기도 하였다. 그러나 앵도櫻桃라고 불리던 이 보조원은 나이도 어리고 몸도 쇠약하여 오히려 채창이 돌봐주어야 할 때가 많았다고 한다. 설산을 오를 때 보조원의 옷이 얇은 것을 보고 자신의 털옷을 벗어 입혀주었지만 결국 앵도는 고산의 열악한 조건을 견디지 못하고 쓰러졌고, 채창의 털옷을 입은 채 눈 속에 영원히 잠들고 말았다.

그러나 험난한 장정길에서도 채창은 낙천적이고 따뜻한 마음으로 주변 동지들을 이끌었다고 한다. 한번은 수행원 두 명과 함께 대오에서 낙오되었는데, 길을 헤맨 데다가 비까지 오는 상황에서 날이 저물었다. 나이 어린 수행원들은 추운 날씨에 젖은 옷차림으로 기나긴 밤

을 밖에서 샐 것을 생각하고 걱정이 태
산이었지만, 채창은 웃으며 걱정하지
말라고 위로하였다. 그녀가 항상 가지
고 다니던 방수포는 평소에도 활짝 펼
쳐서 모두가 공용으로 사용하던 것이
었지만, 이번에도 역시 나뭇가지에 걸
쳐 천막처럼 만들고 세 사람이 등을 맞
댄 채 밤을 새우고 무사히 귀환하였다.

장정의 길에서 가장 곤란한 것은 식
량문제였다. 채창은 아주 소식을 하였
지만 그나마도 언제나 남에게 덜어주
곤 하였다. 주변사람들은 여자 홍군들
대부분이 아마 그녀의 식사를 먹어보
았을 것이라고 회고하였다.

1937년 연안에서 채창

에드가 스노우는 "채창은 여공산당
원들의 대장이었다. 그녀는 가장 활약이 돋보이는 여혁명가였다. 공
산당 대오 안에서 그녀의 의견은 사람들에게 매우 존중받았고 막강
한 박력과 재능이 있어야만 감당할 수 있는 지도 작업을 수행하였
다", "그녀는 세계적으로도 가장 뛰어난 여혁명가이자 가장 완벽한
여성의 하나"라고 묘사했다.[6] 에드가 스노우는 1936년 그가 죽의 장
막을 헤치고 중국공산당을 취재하러 갔을 때, 그 척박한 상황에서도
채창이 온갖 어려움을 무릅쓰고 근사한 프랑스 요리를 만들어 대접
해 준 일을 《중국의 붉은 별》에서 인상 깊게 소개하기도 하였다.

장정을 마친 뒤 1938년 3월부터 1940년 3월까지 채창은 병 치료를
위해 모스크바에 체류하면서 코민테른 중국지부대표단의 학습반에
서 학습하였다. 이때 그녀는 틈이 날 때마다 코민테른이 운영하는 국

제아동보육원에 가서 열사의 자녀들을 돌보았고, 아이들은 그녀를 '채엄마[蔡媽媽]'라 부르며 따랐다. 그런 그녀의 모습을 보며 마음이 편할 수 없었던 이는 딸 특특이었다. 당에서는 소련에 가서 치료를 하게 된 채창 부부를 위해서 떨어져 지내고 있던 딸과 함께 가도록 배려해 주었다. 그 덕분에 오랜만에 가족이 함께할 수 있었는데, 문제는 어머니 채창이 자신의 딸보다는 국제아동보육원에 있는 중국 혁명열사들의 자녀를 돌보는 데 더 많은 애정을 기울인다는 데에 있었다.

어느 날 딸은 한번도 특별대우를 해 주지 않는 어머니에게 자신을 사랑하지 않는 것 같다고 말했다. 채창의 대답은 "아니야. 엄마는 너를 사랑한다. 하지만 지금 우리나라는 일본제국주의의 침략을 받고 있어서 엄마는 해야 할 일이 너무 많아 너를 특별히 돌볼 여력이 없을 뿐이다. 너도 스스로 노력해서 배우고 다 큰 다음에는 우리나라를 좋은 나라로 건설하는 데 기여해야 한다"였다. 가능하면 많은 중국의 아이들에게 '어머니'가 되어주기 위해서 자신의 딸에게는 어쩔 수 없이 소홀해야 했던 채창의 고뇌를 엿볼 수 있는 대목일 것이다. 아마 그녀 자신이 그러한 고뇌를 안고 있었기 때문에 가정을 돌볼 수 없는 혁명열사들과 동지들의 자녀들에 대해서 더 많은 배려를 하려 했던 것이 아니었을까.

채창은 국민혁명과 항일전쟁을 위해 통일전선 정책을 시행하는 과정에서 상대적으로 비중이 줄어든 여공들에게 주목할 것을 끊임없이 제기하기도 하였다. 그녀는 〈지구항전 중의 중국 여공〉[7]이라는 제안을 통해 여공들에 대한 관심을 촉구하였다. 사람들은 중국 여공들이 일본에 대한 항전기간 동안 많이 단련되었고 각성되었다고 낙관하지만, 그녀는 여공들이 아직 충분히 조직되지도 못했고 꼭 필요한 문화교육을 받을 기회도 갖지 못했다고 생각했기 때문이다. 그래서 여공

야학교, 여공식자조女工識字組, 여공독보조女工讀報組 등을 조직하여 여공들 안에 남아있는 문맹을 없애고 낙후된 문화를 일으켜야 한다고 주장하였다. 물론 글자를 익히는 일은 단순히 교육의 의미만 지닌 것이 아니었다. 그 과정에서 자연스럽게 여공들의 조직화로 발전할 수 있을 것으로 예상했던 것이다. 그녀는 또 여공들의 조직과 훈련을 통해 일본군 후방의 농촌에서 유격전, 정권 건설, 생산활동의 핵심적 구실을 할 여성지도자로 거듭날 수 있을 것이라 기대하기도 하였다.

통일전선 정책 아래서도 여공들에 대한 배려를 잊지 않도록 강조했던 채창은 신중국을 건설하던 1949년, 〈여공공작에 관한 몇 개의 문제들〉이라는 글을 통하여 구체적으로 여공공작을 어떻게 해야 하는지를 제시하였다.[8] 그녀는 여공들에 대한 공작을 특별히 배려해야 하는 이유로 여공들이 겪고 있는 특별한 어려움을 들어 설명하였다. 즉 여공들은 남자들에 견주어 심한 억압을 받고 있고 열악한 조건 속에서 문화, 이론, 기술이 남자들에게 뒤떨어져 있다는 것이다. 또한 양육과 가사의 부담과 질병의 고통으로 많은 곤란을 겪고 있기도 했다. 그렇기 때문에 일반적 기준을 가지고 여공공작을 진행한다면 여공들은 곧 낙후되어 버릴 것이고, 전체 노동운동에서도 손실을 입게 될 것이다. 따라서 여공들이 자신들의 조직을 만들어 자신들의 특별한 어려움을 해결하도록 도와야 한다는 것이 그녀의 분석이었다.

그러나 실상은 어떠했을까? 가장 기본적 조직인 여공부女工部 체계조차도 구비되지 못하여 관련 문제들을 공개적으로 논의하지도 못하고, 여공공작의 경험을 축적하지 못해서 해결방법을 찾는 데에도 애로가 많다는 것이다. 그런데도 전체 공회(노조)에서는 여공들에 대해 주의를 기울이지 않고 있다고 지적하였다.

그녀는 그러한 난관을 타파하기 위하여 다섯 가지 구체적 임무를 제안하였다. 첫째, 기본적으로 여공들을 공회에 참가하도록 하여 조직화한다. 둘째, 남자들보다 낮은 문화와 기술 수준에 대한 특별한 주의를 기울여 특수한 교육공작을 시행한다. 이를 통해 남자에 대한 의존성을 극복하고 계급적 각성을 높이고 부녀와 영아위생에 대한 상식을 키워주며 단결과 조직 관념을 습득하도록 한다. 셋째, 부녀들의 질병 치료, 탁아소, 관련 보험 등 부녀와 영아에 대한 복지공작을 시행한다. 넷째, 여성간부를 계획적으로 양성한다. 공인대표대회에서 일정 인원 이상의 여성대표를 선출하도록 하고, 여공들을 계획적으로 훈련하며 모범적 사례들을 발굴하여 지원한다. 다섯째, 노동자 가족에 대한 공작을 시행한다. 가족은 노동자의 생산활동에 많은 영향을 미칠 뿐 아니라 장차 공장을 위한 예비군이라는 점을 잊지 말고 가족공작과 여공공작을 잘 배합한다면 최상의 효과를 거둘 수 있을 것으로 기대하였다. 여공들의 생활상태를 섬세하게 포착하고 구체적 임무를 치밀하게 피력한 이 글을 통해 현장에 밀착된 지도자였던 그녀의 면모를 재확인할 수 있다.

채창은 또 한편으로 당시 항일투쟁을 성공적으로 수행하기 위한 관건이 되는 통일전선 정책을 올바로 수행하려고 고심하였다. 프롤레타리아계급 중심 사고에 익숙한 일부 간부들은 당외 인사들과의 합작을 제대로 수행하지 않고 있었고, 채창은 그들을 향해 공산당원이라면 당외인사와 합작할 의무가 있음을 엄중히 경고하였다. 그리고 부녀운동의 조직화를 더욱 활성화하기 위해서는 당 밖에서 적극적으로 활동하는 여성들을 적극 발굴하여 함께 참여하도록 해야 한다고 권고하였다.[9]

그녀는 중국해방구부녀연합회를 중심으로 더욱 많은 부녀들이 단합할 수 있도록 노력했다. 중국해방구부녀연합회는 상황 전개에 따라 지침을 제안하며 부녀들을 이끌었다. 항전을 시작했을 때 부녀들의 참전과 적후 근거지 건립에 관련된 각종 활동을 조직하였고, 1934

1958년 가을. 하북성 안국현 농촌을 시찰하는 이부춘과 채창

년에는 부녀들이 대거 생산건설에 참가하여 해방구 물질건설을 증대
시키고자 하였다. 이러한 투쟁은 경제독립을 근본으로 삼아 부녀의
철저한 해방을 추구하였다는 점이 눈길을 끈다. 정전이 선포된 이후
에는 부녀들을 향해 광범위한 민주통일전선을 건립하고 평화건설강
령의 실현을 위해 투쟁하자고 호소하였다. 그리고 내전이 전면적으
로 폭발하자 부녀연합회는 후방의 생산과 전선의 작전 지원에 참가
하여 자위전쟁의 최후승리를 쟁취하자고 호소하였다. 채창은 중국해
방구부녀연합회가 해방구부녀의 최고 지도기관일 뿐 아니라 전중국
부녀의 좋은 친구가 되었다고 평가하였다.[10]

　이 시기에도 남보다 먼저 익히고 실천하면서 다른 이들을 이끄는
방식은 채창이 가진 장기이기도 했다. 앞서 밭갈이 기술에 얽힌 일화
이외에도 짚신 만드는 기술을 익혀서 짚신으로 군화 만들기 경쟁에
서 1등을 했다는 일화[11] 역시 그녀의 이러한 성향을 잘 보여준다. 그
것은 하층 민중 속으로 들어가 활동하는 것을 중요하게 생각하고, 그
들에게 경제적으로도 도움을 줄 수 있는 기술을 전수하면서 동시에

정치공작을 수행할 것을 강조하기 위한 방법이기도 했다. 즉 농촌의 기층여성들이 방적, 방직 등의 기술을 익혀 수공업을 하게 되면, 부수입에 따라 경제력이 상승되고 경제력을 기반으로 정신적 각성도 빠르게 진행되어 독립과 해방을 쟁취할 수 있다고 보았기 때문이다. 그러한 그녀의 지도방침에 따라 지식인 지도자들이 민중 속으로 들어가 고유 업무와 함께 방적, 방직기술 교육을 병행하는 양상이 나타나기도 하였다.12)

5. 혁명의 미래 — 여성과 아동에 주목하라

혁명 속에서 여성은 어떻게 행동할 것인가? 혁명의 성공이 반드시 여성의 해방을 가져온다고 단언하기는 어렵다. 하지만 현실에서 여성혁명가들은 혁명 속에 여성을 결합시키는 데 주력할 수밖에 없었고, 중국혁명 또한 예외는 아니었다. 채창도 혁명과 여성의 결합을 강조한 지도자였음을 부정할 수는 없지만, 그녀의 주장은 여성과 아동문제만큼은 매우 단호한 측면이 있었다. 그녀는 여성해방과 아동의 복지가 해결되지 않는 한 혁명이 온전히 성공할 수 없다는 신념을 가지고 있었다. 그래서 열악한 상황에서도 가는 곳마다 여성과 아동들을 위한 최선의 방책들을 제안하고 실행하였던 것이다.

혁명 후 새로운 사회에서 여성은 어떻게 변화해야 하는가? 채창에게 새로운 세계를 열어준 계기는 프랑스 유학을 마치고 당의 결정에 따라 가게 되었던 소련 유학이었다. 그녀는 그곳에서 여성의 삶이 어떻게 달라질 수 있는가를 직접 보고 들었다. 그녀는 국민혁명을 수행하기 위해 귀국한 뒤 바로 〈소련혁명과 부녀〉라는 글을 통해 그 감회를 토로했다.13)

채창의 관찰에 따르면, 혁명 이전의 소련 부녀들은 경제적 정치적

도덕적 압박을 받고 사회에서 하등동물로 다루어지며 남편과 시댁의
권위 아래서 비인간적인 노예생활을 하고 있다는 점에서 중국부녀들
과 다를 바가 없었다. 그런데 소련혁명 이후 상황은 완전히 바뀌어
여성들이 정치, 경제, 사회적으로 남녀평등과 자유를 누리고 있었다
는 것이다. 정치적으로 선거과정에 적극적으로 참여할 뿐 아니라, 선
거 결과에서도 과반수 정도의 대표직을 확보하고 있으며, 경제적으
로도 각종 기관의 관리와 지도원 지위에서 활동하는 부녀들이 많았
다. 그런 의미에서 소련혁명은 이미 완성되었고, 부녀의 사회적 불평
등에 관한 모든 투쟁도 소멸되었다고 보았다. 그래서 10월혁명은 근
본적으로 소련 부녀들을 해방하였다는 찬사를 보내며 중국 부녀들이
철저한 해방을 추구한다면 오로지 단결하여 혁명운동에 적극 참가하
는 길밖에 없다는 결론을 내렸다.

물론 그녀의 높은 평가 그대로 소련혁명이 여성들을 완벽하게 해
방시켰는지에 대해 의문의 여지가 없는 것은 아닐 것이다. 그러나 그
러한 가시적 변화만으로도 획기적인 의미를 지녔음을 부정하기는 어
렵다. 이러한 경험은 그녀가 혁명과 여성을 긍정적으로 결합시키는
데에도 기여했지만 혁명이 여성들에게 구체적으로 무엇을 배려해야
하는가도 엄중하게 되묻게 하는 근거가 되었다고 생각한다.

채창은 여성이 스스로 자신을 해방시켜야 한다고 믿었기 때문에
여성 스스로의 변화와 노력에도 많은 관심을 기울였다. 여성 개인의
의지를 강조한 〈한 여인은 무엇을 할 수 있는가?〉라는 글은 그런 점
에서 적지 않은 시사점을 던지고 있다.[14] 그녀는 여인이 무엇을 할
수 있고 없고를 결정하는 요인으로 정권이나 사회제도 등의 환경과
함께 개인의 노력을 지적했다. 육아와 가사문제로 처음에는 남자들
과 동등하게 활동하던 여당원들이 어느 순간 뒤떨어지게 된다. 그래
서 아이를 가진 여간부가 일을 할 수 있을 것인가라는 회의를 제기하

면, 그녀는 할 수 있다고 대답한다. 문제는 아이가 있고 없고에 있는 것이 아니고 주관적 노력이 충분한지, 의지력이 충분한지 여부가 결정한다는 것이다. 채창은 여인이 무엇을 할 수 있는지 여부는 역사적 조건과 주관적 노력이 결정한다고 하면서도, 주관적 의지 쪽에 강조점을 두었다. 그녀는 중국국민당과 대륙의 향방을 두고 다투던 1947년 당시 중국공산당이 부녀 해방의 조건을 이미 구비하였으며, 남아 있는 것은 오직 부녀 자신의 노력 문제일 뿐이라고 선언하였다.

그러한 인식은 신중국 건설과정에서 중국부녀해방운동과 민족해방의 긴밀한 결합을 강조하는 것으로 한층 강화되었다. 채창은 인민의 신중국의 탄생과 더불어 중국의 부녀들이 남자와 평등한 권리를 획득하였다고 보고, 부녀와 아동의 권익에 대한 규정들이 모든 도시와 향촌에서 실행되었다고 선언하였다. 그녀는 부녀해방운동과 민족해방운동이 긴밀히 결합되어야만 둘 모두 승리할 수 있음을 모든 식민지 반식민지 국가들의 사례에서 확인할 수 있다고 확언하였다.15)

같은 맥락에서 순조롭지만은 않았던 중국부녀해방운동이 중국공산당과 모택동 주석의 영도로 승리할 수 있었다는 평가를 내리기도 하였다.16) 그녀는 부르주아계급과 합작하던 시기에는 노동자, 농민, 부녀로부터 이탈하는 우경 착오를 범하기도 하였고, 때로는 부녀운동이 돌출행동을 보임으로써 전체 혁명운동에서 고립되어 사회적 동정을 획득하지 못하고 노동자, 농민, 부녀들의 지원도 획득하지 못하는 좌경 착오를 범하기도 하였다고 평가하였다. 그녀의 기존 부녀운동의 좌·우경에 대한 비판은 그녀가 생각하는 여성해방투쟁의 방향성을 더욱 선명하게 보여준다.

중국공산당과 지도자 모택동에 대한 신뢰와 충성을 중시하였지만, 그녀가 생각하는 부녀해방은 일방적으로 혁명에 종속되는 것만은 아니었다. 그녀는 레닌의 부녀해방론을 들어 부녀들이 함께 하도록 이끌지 못한다면 무산계급 독재를 실행할 수도, 공산주의 국가를 건설할 수도 없다고 설명하였다. 그녀는 레닌의 "무산계급이 만약 부녀들의 완전한 자유를 취득하지 못한다면, 그것은 완전한 자유를 획득하지 못한 것이다", "부녀들의 진정한 해방은 그들을 가정노예제로부터 해방시키는 것이다"라는 주장을 인용하면서, 레닌주의야말로 혁명투쟁과 부녀해방운동의 소중한 경험을 담고 있다고 평가하였다.[17] 그것은 여성해방과 민족해방이 일방적 종속관계에 그치는 것이 아님을 거듭 강조한 것이었다.

그녀는 여성들이 어떻게 살아야 한다고 생각했을까? 여성은 스스로 자신을 해방시켜야 한다고 믿었던 그녀의 모습을 생생하게 보여주는 일화들이 있다.

채창은 항일전쟁기 연안 여학생부대 숙소에서 한 여학생이 침대에서 울고 있는 것을 발견했다. 그녀는 조용히 다가가 이유를 물었다. 그 여학생의 설명에 따르면, 그는 줄곧 홍군이 되고 싶었는데 지도원이 다른 일을 배정해서 그 좌절감 때문에 울고 있다는 것이었다. 채창은 웃으며 말했다. "울지 마라. 네가 원칙을 지키려는 것은 옳은 것이다. 그러나 우는 것은 강인한 것이 아니다." 그 여학생은 나중에 그때를 돌이켜 "채창은 부드럽게 설명했지만 나로 하여금 어리석고 유치한 생각을 하고 있었다는 것을 깨닫게 했습니다. 나는 곧바로 일어나 다시는 울지 않겠다고 결심을 했지요. 저는 처음으로 당원에 대한 당의 요구를 받아들였습니다. 원칙을 지켜 나가는 것도 중요하지만 강인해져야 하는 것 또한 중요하였습니다."

채창이 중앙당교에서 학생들을 가르칠 때, 한 여학생이 실연을 당해 우울해하고 학습에까지 영향을 받는 것을 보았다. 그녀는 직접 남녀 당사자들과 이야기를 나누었다. 채창은 여학생에게 연애와 혼인 문제를 똑바로 보라고 설득했다. 그러고 나서 "너는 이렇게 젊고 일도 공부도 아주 잘하지. 그가 너를 사랑하지 않는다고 해도 다른 누군가 너를 사랑하게 될 것이다. 울 필요가 없단다." 그녀는 또 남학생에게도 여학생의 장점을 설명하고 공산주의 세계관과 연애관을 함께 이야기했다. 채창의 권유와 조정 덕분에 두 사람은 나중에 혁명의 반려자로 결합하였다.

채창은 그 뒤로도 연애, 혼인, 가정에 대한 상담과 강연을 여러 차례 가졌다. 그녀는 동지이자 친구이자 애인 같은 배우자를 이야기했다. 첫째, 정치적으로는 상대방이 한마음으로 혁명을 하도록 요구하고, 자신도 뜻을 같이하는 동지가 되어야 한다. 둘째, 사상적으로는 상대방이 발전하도록 요구하고, 서로 손님처럼 존중하는 친구가 되어야 한다. 셋째, 생활에서는 상대방에게 고상한 품덕을 기르도록 요구하고, 평생 서로 관심을 가지고 자상하게 돌보는 애인이 되어야 한다. 그녀의 주장은 이른바 '혁명가정의 3대 준칙'으로 불리며 널리 알려졌다고 한다.[18]

한편 채창에게 중국의 미래는 아동들이었다. 아이들은 중국의 희망이기도 하지만 인류의 희망이고, 그 때문에 그는 열악한 환경 속에서도 아이들을 돌볼 수 있는 제도와 터전을 만들기 위해 분투했다. 탁아소, 보육원은 물론이고, 그것이 불가능할 정도라면 조를 짜서 아이들을 돌보는 조직을 만들기도 하였다. 그러한 보금자리에서 혁명에 투신하여 희생당한 혁명열사들의 고아들이 자라났고, 급박한 정세와 과중한 혁명업무 속에서 가족을 제대로 돌볼 수 없는 동지들의 아이들도 그 혜택을 함께 받았다. 채창을 '어머니'라 부르며 자라난 그들은 실제로 신중국에서 새로운 기둥 노릇을 하였다.

아동의 복지에 대한 채창의 생각 또한 혁명 후 소련에서 경험한 일들이 바탕이 되었다. 아동의 복지에 대한 생각은 부녀의 사회적 지위와 밀접한 관계가 있는 것이기도 하였다. 채창은 1925년 발표한 〈소

련의 부녀와 아동〉이라는 글에서, 어머니의 구실은 개개인의 임무가
아니라 사회적 임무로 인식해야 할 뿐 아니라 국가가 아동의 교육과
양육을 책임져야 한다고 주장하였다.19)

그녀는 소련의 혁명정부가 국내외의 심각한 도전을 이겨내는 그
어려웠던 시기에 남녀평등의 법률규정과 제도들을 실천에 옮겼다는
점을 무엇보다 높게 평가하였다. 소련에서 모든 임산부들은 무상으
로 진료를 받았고, 출산 뒤에는 국가가 설립한 아동양육원에서 아이
들을 관리함으로써 어머니는 학문을 연구하거나 정치공작에 참가할
수 있었다. 그녀에게 양육원의 좋은 시설들도 놀라웠지만, 아동들의
조직인 '아동가정'은 더욱 놀라운 곳이었다. 아이들은 위원회를 조직
하여 조직을 운영하는 데 필요한 일들을 직접 해결해 나가고 있었다.
그들이 기거하는 곳은 옛날 부호들의 집이나 옛 황제의 궁전 등이었
고, 산림에 가서 지도원과 함께 자연과학을 학습했다. 그들은 정치
학·사회학 등을 학습하면서 다른 나라의 상황에까지 관심을 넓혀가
고 있었다. 채창은 한 소년이 그녀에게 다가와 "당신은 중국인인가
요? 중국의 내전은 지금 어떤가요?"라고 묻는 바람에 깜짝 놀랐던 일
을 소개하기도 하였다..

바로 이러한 경험들이 채창으로 하여금 세계 부녀 가운데 철저하
게 해방된 이들은 오로지 소련 부녀들뿐이라고 주장하고, 자산계급
의 방식으로는 이러한 '최후의 승리'를 얻을 수 없다고 단언하게 만
들었다.

그리고 채창으로 하여금 중국에서 혁명을 진행하면서도 열악한 환
경에서 아동보육 사업에 심혈을 기울여 조국의 미래를 책임질 아동
들을 잘 키워내는 것이 혁명의 임무라고 확신하게 하였다. 그녀는 단
순히 고아들을 수용하는 차원을 넘어, 부녀들이 가정의 부담을 덜고
사회에서 일할 수 있게 되기를 바라면서 보육기관들을 확대해 나갔

다.[20] 그녀의 이러한 노력은 곧 부녀해방과 아동복지가 서로 불가분의 관계일 뿐 아니라 중국혁명이 완수되기 위해서는 반드시 실행되어야 할 과제라는 그녀의 신념에 바탕을 둔 것이었다.

6. '채어머니'와 새로운 중국

신중국의 건설과 더불어 중국부녀계는 1949년에 제1차 중국부녀전국대표대회를 개최하였고, 그 결실로 중화전국민주부녀연합회를 결성하였다. 채창은 중화전국민주부녀연합회의 1, 2, 3기 주석과 4기 명예주석 등을 맡으면서 대표적 부녀운동지도자로 활약하였다. 그러나 중국을 휩쓴 문화혁명은 덕망이 높았던 채창에게도 시련을 가져왔다. 이부춘과 함께 채창도 자본주의 노선을 따랐다는 명목으로 '클럽의 안주인'이라는 비판을 받았다. 거리에 "채창 타도"의 표어가 나붙었을 때, 모택동은 "홍동현에는 좋은 사람이 없는가. 채창 동지까지 타도하려 하다니. 채창 동지는 성실하고 정직한 사람이다"고 탄식했다는 일화가 전해지고 있다. 모택동은 신민학회 시절부터 어려운 투쟁의 길을 함께해 왔던 채화삼의 여동생을 '큰누이〔蔡大姐〕'로 불렀고, 채창도 오빠의 오랜 친구이자 신념을 함께했던 지도자 모택동에 대해 절대적 신뢰를 갖고 있었다고 알려졌다.

당시 총리였던 주은래는 문화혁명으로부터 채창 등 노혁명가들을 보호하기 위해 동분서주하고 있었다. 사실 채창과 주은래의 인연은 프랑스에서 근공검학운동을 하던 시절로 거슬러 올라간다. 채창 부부는 광주에서 조촐하게 치러졌던 주은래와 등영초의 결혼식에 참석했던 몇 안 되는 친지 가운데 하나였다. 주은래의 부인 등영초와는 오랜 세월 부녀운동을 함께 지도하였고, 쉽지 않았던 통일전선 정책을 함께 수행한 동지였다. 모범적 혁명가 부부로서 돈독한 우애를 지

모택동과 채창(왼쪽에서 두 번째)

넘던 이 두 쌍의 부부는 모두의 존경과 사랑을 받으며 해로한 대표적인 사례이기도 하였다.

　주은래는 채창을 세 번 구했다는 일화를 남기고 있다. 첫 번째는 프랑스에서 근공검학운동을 함께할 때, 일하면서 공부하는 생활에 지친 채창이 인사불성으로 앓아누웠고, 위중한 병세를 걱정한 집주인이 채창으로부터 겨우 연락처를 알아내 찾아간 사람이 주은래였다는 것이다. 주은래는 바로 달려와 채창을 입원시켜 겨우 위기를 넘겼다고 한다. 두 번째는 1차 국공합작이 실패한 뒤 살벌한 국민당 테러통치 아래 지하공작을 하고 있던 채창이, 끼니도 걸러가면서 활동하다가 지쳐 길가에 쓰러진 일이 있었다. 그때 공교롭게도 그곳을 지나던 주은래가 발견하고 병원으로 데려가 구했다고 한다. 세 번째는 중화인민공화국이 건립된 뒤 한창 신중국 건설작업에 매진하고 있을 때, 채창이 회의에 참석했다가 갑자기 위독해진 일이 있었는데, 그때도 총리였던 주은래가 얼른 병원으로 데려가 구했다고 한다.

이 또한 기이한 인연인 것은 부정할 수 없지만, 문화혁명기에 주은래가 했던 구명 노력이 이들 부부에게는 가장 절실한 것이 아니었을까? 채창이 부르주아계급의 반동적인 노선을 따랐다는 명목으로 군중 앞에서 공개비판을 받게 되었을 때, 주은래가 나서서 겨우 무마하였다고 한다. 또한 타도 대상이 된 채창의 집이 제대로 관리를 받지 못해 난방도 안 들어오는 집에서 지낸다는 소식을 들은 주은래가 직접 관리국에 연락하여 곤란을 해결해 주기도 하였다. 채창은 너무나 막중한 짐을 지고 있는 총리가 이러한 사소한 일까지 배려해 주었다며 진심으로 고마워했다고 한다.

1969년 채창 부부는 광동으로 보내져 연금생활에 들어갔는데, 건강이 나빠져 고생이 많았다고 한다. 노부부는 역경 속에서도 평정을 유지하면서 서로를 위로하며 격려하였고, 1973년 고난 속에서도 '금혼'을 맞이하였다. 1970년 주은래는 너무나 초췌하고 쇠약해진 이들 부부를 보고 병이 위중함을 깨닫고 서둘러 북경으로 와서 치료받도록 조처하였다. 그러나 이부춘은 병이 깊어 심장병과 폐암으로 투병하다가 1975년 세상을 떠났다. 주은래는 자신의 병도 이미 위중한 상태에서 추도회에 참석하여 50년 동안의 노전우 채창을 위로하였다.

1975년 이부춘이 세상을 떠났을 때, 채창은 노부부가 오랫동안 절약해 모아둔 10만 원을 이자까지 모두 합쳐 특별당비로 납부하였다. 평생 소박하게 살아 50세가 되어서야 자신들의 집을 처음 가질 수 있었고, 당에서 배정한 자동차를 이용하는 것조차도 낭비라고 생각하여 자전거와 버스로 출퇴근하던 그들이었다. 그녀의 비서가 조심스럽게 "이 돈은 손자들에게 남겨주셔야 하는 건 아닐까요?"라고 물었을 때, 그녀는 단호하게 대답했다고 한다. "아닙니다. 이 돈은 당과 인민이 우리들에게 준 것입니다. 이부춘이 세상을 떠났으니 우리들은 마땅히 그 돈을 당과 인민에게 돌려주어야 합니다. 아이들은 스스로 일해서 살아야 합니다."

주은래가 중병으로 입원하였을 때 문화혁명을 주도한 4인방은 혁명동지들의 문병을 엄격히 금지하였다. 채창도 통제를 받았기 때문에 등영초나 비서를 거쳐서만 주은래의 병세를 알 수 있었다. 1976년 1월 주은래가 세상을 떠나자 등영초의 비서는 가장 먼저 채창에게 이 소식을 알렸고, 그녀는 당과 국가에 헌신했던 위대한 지도자가 사라진 것을 진심으로 애통해했다.

새로운 중국이 탄생한 뒤 '채어머니'가 아꼈던 아이들이 국내에서 또는 소련 유학 등을 거치며 자라났다. 그리고 그들은 1950년대에 학업을 마치고 조국에서 국가건설의 임무를 맡기 시작하였다. 북경에서 사는 이들은 종종 채창을 찾아가 만났고, 채창은 그들을 격려하였다. 외지에서 근무하던 이들은 편지로 채창의 안부를 물었고 결혼하여 아이를 낳은 이들은 가족사진을 보냈다. 채창은 희생된 동지들의 후손들이 자라나는 모습을 보면서 기뻐하였다.[21]

문화혁명 당시 타도대상이었던 노간부들이 다시 복권되면서 그에 연루되어 있던 후손들도 활동할 수 있게 되었다. '채어머니'가 관심을 가지고 돌보았던 아이들도 모두 성장하여 국가건설의 주역이 되어 각 분야에서 두각을 나타내었다. 어린 섭력聶力은 1988년 중화전국부녀연합회의 부주석이 되어 명실상부하게 채창을 계승했고, 어린 이붕李鵬은 중화인민공화국의 총리가 되어 중국의 부흥에 헌신하였다. 나중에 이붕이 직접 채창을 찾아 손을 잡고 "채어머니! 저 이붕입니다. 제가 뵈러 왔습니다"라고 말하자 채창은 손을 맞잡으며 반가워했다고 한다. 그러나 애석하게도 문화혁명의 고난을 겪으면서 그녀는 건강 악화로 거의 실명상태였던 것으로 알려졌다.

1980년 생일을 맞은 채창

1978년 78세의 채창은 동지이자 가족이던 상경여 서거 50년을 맞아 그를 회고하는 글을 발표했다.22)

상경여 동지는 중국공산당의 우수한 당원이었으며, 중국 노동운동과 여성운동의 뛰어난 활동가였을 뿐 아니라, 나의 동학同學이자 좋은 스승, 친밀한 전우였습니다. …… 중국의 부녀운동이 단순한 여권쟁취운동에 그치지 않고 전체 혁명운동의 궤도에 진입하여 정확한 정치방향을 갖게 된 것도 상경여 동지의 노력과 불가분의 관계를 지니고 있습니다. …… 상경여 동지는 당의 혁명사업에 끝까지 충성하였으며, 굳건한 입장을 견지하였고, 강인하고 용감하게 모든 역경을 무릅쓰고 분투하였으며, 타인을 위하여 자신을 희생하고 당의 이익을 위해서라면 희생을 두려워하지 않았던 무산계급의 강한 전사였습니다.

채창은 만년에 주변 사람들에게 자주 상경여를 회고하면서 무한한 존경과 애정을 표하곤 하였다. 그러나 채창을 아는 많은 주변 사람들은 그녀가 상경여에게 바친 많은 찬사들이 그대로 채창의 이야기이기도 하다고 말한다. 강인하고 헌신적인 노력으로 중국의 부녀운동을 이끌었던 그녀에게 1989년 3·8절 국제여성의 날에 국가주석 양상곤楊尙昆은 부녀공작자 영예증서와 기념장을 수여하였다. 그리고 혁명중국의 '어머니' 채창은 그 이듬해 90세를 일기로 기나긴 혁명생애를 마감했다.

■ 주 ────────

1) 이 글에서 설명하는 채창의 생애는 별도 표기가 없는 한 기본적으로 蘇平,《蔡暢傳》(中國婦女出版社, 1989)의 서술에 근거하였음을 밝혀둔다.

2) 南山,〈蔡暢－女共産黨員的領隊〉, 曾志 主編,《長征女戰士》(長春 : 北方婦女兒童出版社, 1986), 2쪽.

3) 〈當代中國〉, 叢書編輯部 編,《當代中國婦女》(北京 : 當代中國出版社, 1994), 99～101쪽.

4) 중화전국부녀연합회 편/ 박지훈·전동현·차경애 공역,《중국여성운동사》상 (서울 : 한국여성개발원, 1992), 136～137쪽.

5) 중화전국부녀연합회 편, 위의 책, 242～243쪽.

6) 南山, 앞의 글, 7～9쪽.

7) 蔡暢,〈持久抗戰中的中國女工(1940. 5. 1)〉, 中華全國婦女聯合會 編,《蔡暢·鄧穎超·康克清 婦女解放問題文選(1939～1987)》(北京 : 人民出版社, 1987), 38～41쪽.

8) 蔡暢,〈關于女工工作的幾個問題(《新中國婦女》1949年 第2期)〉, 中國婦女管理幹部學院 編,《中國婦女運動文獻資料滙編》第2冊(1949～1983), 中國婦女出版社, 34～38쪽.

9) 蔡暢, 〈如何使抗日根據地的婦女團體成爲更廣泛的群衆組織(1942. 3. 8)〉, 中華全國婦女聯合會 編, 앞의 책, 79쪽.

10) 蔡暢,〈爲爭取獨立, 民主, 和平而奮鬪的中國婦女(1947.2)〉, 위의 책, 104쪽.

11) 중화전국부녀연합회 편, 앞의 책(하), 53쪽.

12) 蘇平, 앞의 책, 122～123쪽. 연안시절《중국부녀》의 편집을 담당하던 羅琼은 혼자서 농촌여성들에게 방적기술과 방직기술을 가르치면서 출판편집업무를 진행하였는데, 스스로 이 일을《중국부녀》에 '섬감녕변구 방직공업 발전의 3종 형식'으로 소개하기도 하였다.

13) 蔡暢, 〈俄國革命與婦女(1925.11.10)〉, 中華全國婦女聯合會 婦女運動歷史研究室 編, 《中國婦女運動歷史資料(1921～1927)》(北京 : 人民出版社, 1986), 300～305쪽.

14) 蔡暢, 〈一个女人能干什么?(1947. 8. 30)〉, 中華全國婦女聯合會 編, 앞의 책, 117～124쪽.

15) 蔡暢, 〈民族解放與婦女解放的關係(1949. 12. 10)〉, 위의 책, 163～164쪽.

16) 蔡暢, 〈中國共産黨與中國婦女(1951. 6. 27)〉, 中國婦女管理幹部學院 編, 앞의 책, 105～107쪽.

17) 蔡暢, 〈列寧論社會主義建設與婦女解放(1955. 4. 10)〉, 위의 책, 205～208쪽.

18) 蘇平, 앞의 책, 110～111쪽.

19) 蔡暢, 〈蘇俄之婦女與兒童 (1925. 12. 10)〉, 中華全國婦女聯合會 婦女運動歷史研究室 編, 앞의 책, 317～821쪽.

20) 蔡暢, 〈爲爭取獨立, 民主, 和平而奮鬪的中國婦女(1947.2)〉, 中華全國婦女聯合會 編, 앞의 책, 110쪽. 항일전쟁 종전 당시 섬감녕변구에서만 10개 보육기관에서 아동 2840명을 수용하였으나 1947년에는 해방구 142개 보육기관에서 1만 9860명의 아동을 수용하고 있다고 보고되었다.

21) 蘇平, 앞의 책, 232쪽에서는 聶力, 李敏, 朱敏, 項淑云, 劉虎生, 郭志誠 등의 사례를 소개하였다.

22) 蔡暢, 〈緬懷向警予同志(1978. 3. 8)〉, 中華全國婦女聯合會 編, 앞의 책, 323～326쪽.

등영초鄧穎超
통일전선 정책의 귀재

전 동 현

1. 인생의 스승 어머니와 어린 시절

중국의 영원한 총리로 불리는 주은래와 함께 총리 부부로 존경받았던 등영초鄧穎超(1904~1992)는 신중국에서 정치협상회의에 유일한 여성대표로 참여할 정도로 지도적 혁명가였다. 그녀가 평생 실천했던 혁명 활동 가운데 중심을 이루는 성과는 역시 통일전선 정책의 실천과 중국여성운동의 지도에서 찾을 수 있다. 그녀는 민첩한 상황 판단과 세심한 친화력으로 공산당 안팎을 넘나들며 광범위한 인사들을 통합하는 능력을 보여줌으로써 통일전선 정책을 수행하는 데 가장 큰 기여를 한 인물이었다.[1] 또한 본인이 성장과정과 5·4시기에 절감했던 중국 여성의 현실을 바탕으로 혁명 안에서 여성과 여성운동이 어떠한 방향으로 나아가야 하는지를 끊임없이 모색하고 여성대중과 당중앙을 향해 적극적으로 제안하였던 여성지도자이기도 했다.[2]

등영초는 성장과정에서 차례로 세 개의 이름을 가졌다. 첫 번째 이름은 태어나자마자 부모님이 귀한 딸이라는 의미를 담아 지어 준 옥애玉愛였고, 두 번째 이름은 아홉 살이 되어 뒤늦게 정규학교에 들어

가게 되었을 때 어머니가 덕과 재주를 겸비하기를 바라는 마음을 담아 지어준 문숙文淑이었다. 그리고 가장 널리 알려진 세 번째 이름이 바로 홀로 선 성인으로서 본인이 스스로 모든 장애와 압박을 초월하고자 하는 의지를 담아 선택한 영초穎超였다.

등영초는 일곱 살에 아버지 등정충鄧庭忠을 여의고 어머니 양진덕陽振德의 슬하에서 외롭게 자라났다. 어머니 양진덕은 개명한 아버지 덕분에 의학을 익혔지만, 제대로 일자리를 얻지 못해 의지할 곳 없던 모녀는 아버지와 떨어져 살기 시작한 세 살 무렵부터 곤궁한 생활을 면하기 어려웠다. 어린 딸은 생활비가 부족할 때 어머니와 함께 방직기 앞에 앉아 수건을 짜기도 했지만 어머니의 자애로운 보살핌으로 밝게 지낼 수 있었다. 어머니는 자존심 강하고 남에게 의지하려 하지 않는 성격을 지녔고 등영초는 그런 어머니를 보며 자신도 자립적으로 살아야겠다는 생각을 굳히게 되었다. 어머니에게 글을 배우던 등영초는 1913년 아홉 살이 되었을 때 처음으로 학교에 가게 되었다.

어머니는 일하면서 알게 된 중국사회당 당원 장성화張星華의 소개로 북경 평민학교平民學校의 교원이 되었고 이곳에서 등영초도 처음으로 학교에서 공부하게 되었다. 평민학교는 중국사회당 당원이자 북경지부 책임자였던 진익룡陳翼龍이 교장을 맡고 있었고 당시로서는 획기적으로 남녀공학을 실시하고 학비도 받지 않았던 진보적 성격의 교육기관이었다. 교사들도 대부분 사회당 당원이거나 동맹회 회원들이었고 근무를 봉사로 생각했기 때문에 월급은 지급되지 않았다. 어머니 양진덕 역시 월급을 받을 수 없었지만 모녀가 학교에서 숙식을 제공받았기 때문에 큰 곤란 없이 새로운 환경에 적응해 갈 수 있었다. 식사 때마다 정치비판과 새로운 사회 구상에 대한 토론이 벌어지는 진보적 분위기 속에서 모녀는 즐거움을 느끼고 새로운 이상을 추구하기 시작하였다. 그러나 1년도 되기 전에 교장 진익룡이 혁명자금을 모금해서 돌아오다가 체포되고 결국 처형되는 사건이 발생하였다. 학교는 폐교되었고 어머니와 학교 교사들은 진익룡을 구하기 위해 동분서주하였으나 성과 없이 끝나고 말았다. 진익룡의 죽음은 등영초가 처음으로 혁명가의 이상과 장렬한 희생을 절감하였던 기억으로 남았다. 그리고 위험을 무릅쓰고 진익룡의 장례를 치른 강인한 어머니에게서 등영초는 배워야 할 모델이자 인생 스승의 모습을 발견하였다.

평민학교가 폐쇄되자 북경에 의지할 곳이 없었던 모녀는 다시 천진으로 돌아갔다. 1913년 가을 등영초는 직예제1여자사범학교 부속소학 4학년에 들어갔다. 그녀가 소학과정을 겨우 마치고 고등소학교에 들어가 1년 정도 공부했을 때 어머니는 실직했다. 학교를 중단하고 방직기로 수건을 짜서 팔아 생활비를 마련하고 있을 때 친구가 그녀에게 직예제1여자사범학교 예과에 응시해보도록 권유했다. 사실 학교 규정상 사범학교에 진학하려면 고등소학교를 졸업하고 나이도 열세 살이 넘어야했다. 등영초는 고등소학교도 1년밖에 다니지 못했고 나이도 열한 살밖에 되지 않았다. 게다가 본과는 학비와 숙식비가 모두 면제되었지만 예과의 경우 시험 점수가 우수한 세 명만이 면제받을 수 있었다. 어려운 여건이었지만 총명하고 공부를 잘 했던 등영초는 1915년 가을 사범학교 예과에 입학할 수 있었다. 당시 직예제1여자사범학교는 컬럼비아대학에 유학중이던 교장 제국량齊國梁을 대신하여 진보적 교육가 마천리馬千里가 주관하고 있었다. 등영초는 열심히 유쾌하게 공부할 수 있었고 1916년 가을 순조롭게 본과로 진급하였다.

2. 5·4운동―조국의 운명과 만나다

1919년 등영초가 열다섯 살이 되던 해 북경에서 5·4운동이 발발하였다. 5월 5일 저녁 직예여사범학교에서도 학생들의 모임이 이루어졌고 등영초는 곽융진郭隆眞과 함께 천진여계애국동지회를 만드는데 참여하고 평의원으로 추대되었다. 동학 가운데 가장 어렸지만 주관이 분명하고 사고가 명석할 뿐 아니라 열정적 강연으로 사람들을 감화시켰던 등영초는 강연대장까지 맡아 활약하였다. 등영초는 5·4운동을 통해 처음으로 조국의 운명과 만나게 되었고 88세로 세상을 뜰 때까지 70년이 넘는 혁명생애를 시작하게 되었던 것이다.

> "5·4때 우리들은 아직 지식인이 노동자, 농민과 결합해야 한다고 생각하지는 않았다. 다만 레닌이 소련혁명의 지도자였고 압박받는 노동자와 농민을 위하여 해방을 도모하고자 하였다는 점을 알고 있을 뿐이었다. 그러나 우리들은 당시에 자발적으로 나라를 구하려면 학생에게만 의존해서는 안 되고 반드시 '동포들을 각성'시켜야 한다는 점을 깨달았다. 그래서 우리들은 선전공작을 중시하였으며 많은 강연대를 조직하였다. 나는 당시에 여계애국동지회의 강연대장과 학생연합회의 강연대장을 맡았다. 강연을 할 때마다 매번 청중이 매우 많았고 우리들은 일치단결하여 구국할 것, 매국적賣國賊의 징계, 조선朝鮮의 망국에서 보는 망국노亡國奴의 참담한 고통, 애국적 집회의 자유, 북양군벌정부의 학생 탄압에 대한 항의 등의 내용을 중심으로 강연했다." 등영초, 〈'5·4'운동의 회고〉(1959)[3]

등영초는 자신의 회고에서 5·4애국운동의 발전이 동시에 여성해방운동을 일으켰고, 이것은 5·4민주운동의 주요 내용이었다고 설명하였다. 여성해방의 구호로 남녀평등, 포판혼인包辦婚姻 반대, 사교의 공개, 연애의 자유, 혼인의 자유, 여학생 대학 입학 허용, 각 기관의 여직원 임용 개방 등이 등장하였다. 여성해방의 노력은 구호로만 그친 것은 아니었고 천진의 남녀학생들이 조직한 각오사覺悟社는 바로 새로운 시도의 실천이기도 하였다.

천진에서는 5·4운동을 전개하면서 남녀학우들이 별개로 조직했던 학생연합회를 합병하였다. 물론 여학생 가운데 찬성하지 않는 이가 있었고 사회여론도 부정적이어서 처음에는 곤란을 겪기도 했다. 합병 뒤에 남녀학생들 사이에 풍기가 문란해지지 않을까 하는 걱정이 있었기 때문이었다. 그러나 그들은 이러한 장애를 뚫고 용감히 합병을 실행하였고 결과적으로 좋은 평가를 받았다. 남자학우들 가운데에도 새로운 사조의 영향을 받아 여자를 경시하던 기존 관념을 타파하고 여학우들을 매우 존중해주는 이들도 있었다. 각오사에서는 작업의 책임을 모두 평등하게 담당했고 각 부문의 책임자들은 물론 평의부의 주석도 남녀를 각 1인씩 동등하게 배정하였다. 당시 학생연합회에서 여학우들의 지위와 구실은 남학우들과 마찬가지로 주도적인 것이었다고 한다.

각오사가 남녀평등을 위해 얼마나 고심했는지를 보여주는 시도 가운데 또 하나는 모든 회원들이 추첨을 통하여 자신을 나타내는 번호를 정하고 그것으로 성명을 대신한 일이었다. 이것은 성별과 사회적 관계를 반영하고 있는 기존 이름을 버림으로써 호칭으로 남녀의 완전한 평등을 실현해보려는 노력의 산물이었다. 회원들은 50개의 숫자를 놓고 추첨을 하였으며 그 번호와 발음이 같거나 비슷한 글자로 새 이름을 정하였다. 예를 들어 1호를 뽑았던 등영초는 '일호逸毫', 5호를 뽑았던 주은래는 '오호伍毫'라는 이름을 각각 사용하였고 같은 방식으로 곽융진은 '석삼石杉(13)', 유청양은 '염오念吾(25)'이라는 이름을 얻었다. 이의도가 본명보다 더 많이 더 오래 사용한 '이치산李峙山'

이라는 이름을 얻은 것도 또한 이 추첨에서 비롯된 것이었다.[4]

이러한 형식은 지나친 형식주의 또는 평균주의에 지나지 않는다는 지적도 있지만, 오랜 금기를 넘어 남녀가 평등하게 활동하고자 했던 그들의 의지를 충분히 명백하게 보여주고 있다. 그것은 각오사가 실제 활동을 전개하는 과정에서도 여성 구성원들에 대해 동등한 구실을 부여한 데서 더 부각되는 의의이기도 하다. 각오사는 그 활동기간은 길지 않았지만 혁명적 동지이자 반려자가 된 주은래와 등영초를 비롯하여 천진의 애국적 엘리트학생들의 집합체로서 중국혁명의 인재들을 키워낸 곳으로 이름을 남겼다.

3. '여성'의 발견

등영초는 애국운동과 각오사 활동들을 거치면서 점차 중국 여성의 현실과 앞날에 대한 모색을 하게 된다. 특히 그녀의 친구였거나 가까이에 있었던 교육받은 여성들의 불행을 보면서 혼인, 가정제도의 폐해와 횡포에 대해 많은 관심을 기울이게 되었다. 1920년대에 들어 각오사의 회원들은 일부가 근공검학운동勤工儉學運動, 곧 일하면서 공부하는 생활을 실천하기 위해 프랑스로 출국하면서 뿔뿔이 흩어졌다. 등영초는 사범학교를 졸업하여 교사가 되었고 국내에 남은 일부 회원들과 함께 여성사女星社를 조직하고[5] 여성의 문제를 토론하기 위한 《여성女星》을 발간하였다. 여성은 여명의 새벽별과 같이 여성들의 앞길을 비추겠다는 염원을 담은 이름이었다.

여성사는 초기 공산주의 지식인들이 1923년부터 1925년까지 조직해서 활동하였던 진보적 여성운동단체였다. 이들은 《여성女星》과 《부녀일보婦女日報》 등의 출판물을 통하여 여성해방의 사상을 선전하는 데 주력하였다.

그들은 우선 현실 투쟁으로 눈을 돌려 여성들의 관심을 사회와 국가문제로 이끌었다. 여성사 구성원들은 여성문제가 전체 사회문제의 일부분이라고 인식하고 사회변혁과 국가운명과 여성해방을 분리할 수 없다고 생각하였다. 그리고 광대한 여성들의 절박한 요구와 희망에서 출발하여, 여성 자신의 해방과 민족·계급의 해방을 결합하여 선전하였다. 적지 않은 글들이 국민혁명에 적극적으로 참가할 것을 주장하였다. 또한 구체적 사례를 통하여 사람들의 관심을 집중시킬 수 있도록 이론 선전과 사실 보도를 결합시키고자 하였다.

여성사 구성원들은 여성보습학교를 설립하여 여자교육을 추진하였다. 학교를 운영함으로써 교육을 통하여 여자들을 각성시키고 자립능력을 키우려는 것이 여성사가 추구한 여성해방의 중요활동이었다. 학교를 설립한 뒤 이치산李峙山이 교장을 맡고 등영초가 교무장을 맡고 교사는 여성사 구성원들이 담당하였다. 학교 운영 말고도 그들은 천진과 전국의 평민교육운동에 적극 참여하였다. 또한 교사의 신분이었던 그들은 성과 현의 교육회 위원으로 활동하면서 여성을 무시하고 여자교육을 배척하는 세력들과 계속 투쟁해나갔다.

등영초는 〈선언 — 희생자의 죽음을 위하여〉6)라는 글을 통해 여성들을 죽음으로 몰아넣는 중국 가정제도의 개조가 분투해야 할 목표의 하나라고 주장하기 시작하였다. 그리고 무엇보다도 중등교육을 받은 많은 여성 청년들이 용감하게 싸우려 하는 의지 없이 상황에 굴복하고 마는 것이 가장 문제라고 통탄하였다.

이 시기 등영초에게 가장 충격을 주었던 사건은 여자사범학교 동학이었던 장사정張嗣婧의 비참한 죽음이었다. 등영초는 〈장사정 전기〉7)를 통해 비참한 결혼생활이 친구를 어떻게 죽음으로 몰고 갔는지를 상세하게 소개하였다.

원래 공부를 잘하고 친절했던 장사정은 친구들과 선생님들이 모두 좋아했으며 등영초와는 5·4시기에 집회, 시위, 강연을 함께했고 각오사 회원도 함께한 친자매 같은 동료였다. 그런데 장사정은 졸업이 반년도 남지 않았을 때 갑자기 학교를 떠났다. 어렸을 때 부모가 정해준 상대와 결혼해야 했기 때문이다. 그러나 남편은 간질이 발병하여 사람이 완전히 변해 있었다. 그녀는 차마 부모님의 마음을 상하게 할 수 없다는 '효도'의 심정으로 내키지 않는 결혼을 하였으나 남편의 발작과 시부모의 학대를 받으며 날로 황폐해져 갔다. 하루 종일 집안일을 하면서도 경제력이 없는 남편을 대신해 돈을 벌어야 했고 어려운 가정 형편 때문에 거의 굶주리다시피 생활했다. 아들을 낳자 아기는 대를 이을 자식이라고 애지중지하면서도 병이 깊어가던 장사정은 진료 한번 제대로 받지 못한 채 혹사당했다. 병이 위중해진 장사정이 결국 숨을 거두던 날 처음으로 의사가 왕진을 왔다. 그러나 의사가 미처 집에 도착하기 전에 그녀는 숨을 거두었다. 장사정의 학비를 대주었다는 명목으로 며느리를 노예 부리듯 했던 시어머니는 이미 가망 없는 병인데 의사를 부르느라 괜한 돈을 썼다며 화를 내었다고 한다.

등영초는 장사정에 대한 전기와 함께 〈자매들이여! 일어나라!〉[8]라는 글을 발표하고, 장사정의 죽음이 구식 혼인제도, 경제제도, 어두운 가정의 압박, 출산 양육과정의 영양실조, 그리고 투쟁하고자 하는 혁명정신의 부재 때문이었다고 분석하였다. 등영초는 과거 수천 년 동안 중국의 문화, 역사, 제도, 습관, 법률에서 여자는 한 '인간'으로 인정받지 못하고 장난감이거나 노예로 다루어졌다고 말했다. 그래서 미혼 여성들을 향해서는, 이미 결혼이 정해져 있고 그것이 부모가 대신 결정한 것이라면 결혼을 물리고 혼약을 해제해야 한다고 주장하였다. 애정도 없이 한 번도 본 적이 없는 사람들이 공동생활을 해야 한다면 남자의 처지에서는 강간일 뿐이고 여자의 처지에서는 매음이 아니겠냐고 반문하면서, 이러한 결혼은 여자를 남자의 장난감으로 만들고 결국 생식기계로 전락시켜버린다고 성토하였다. 이미 결혼한 여성들을 향해서는, 사랑으로 맺은 것이 아니고 현재에 만족하지 않는다면 용감하고 결연하게 이혼을 제기하고 매음의 생활로부터 빠져나와야 한다고 조언하였다. 그리고 "친애하는 자매들이여! 일어나라! 용감히 일어나 진정 독립적 '인간'이 되자!"고 촉구하는 말로 끝맺고 있다.

그러한 불행한 결혼의 사례는 〈시어머니의 가르침을 받은 학우〉[9]에서 묘사한 여사범학교 동학의 신산辛酸한 결혼생활에서도 찾아볼 수 있다. 무려 5년 동안 고등교육을 받은 인재가 1년 반밖에 안 된 결혼생활로 모든 교육의 성과를 완전히 상실했다는 것이다. 결혼문제는 아니지만 가정에서의 종속적 지위가 여성들을 억압하는 사례는 〈경제적 압박 아래 놓인 소녀〉[10]라는 글에서 찾아볼 수 있다.

미스 L은 활발한 소녀로서 생각이 건전하고 용감히 타인을 도울 줄 아는 정신을 갖고 있었다. 그런데 아버지가 돌아가신 뒤 온 가족이 백부에게 경제적 지원을 받게 되면서 극도로 곤궁한 생활을 하게 되었다. 학업을 계속 하기 어려웠을 뿐 아니라 눈병이 났는데도 병원에 가지 못하고 있었다. 사정을 알게 된 학교 선생님 미스 Y가 도움을 주고자 교무회의에 알려 학교에서 백부에게 서신을 보냈다. 그러나 백부가 여전히 돈을 보내주지 않아 치료를 받지 못해 실명의 위기를 맞게 되었다는 것이다.

등영초는 "이러한 경제제도 아래의 사회에서 압박을 받는 이가 어찌 그 하나뿐이겠는가? 우리들도 이러한 압박을 받지 않았는가! 지금은 무산계급이 이미 자본주의를 향해 공격을 개시한 시기이니 압박받는 친구들이 빨리 경제혁명에 가담해야 하지 않겠는가? 친구들이여! 노력하자! 시급히 이 가련한 소녀를 대신하여 해결할 수 있는 방법을 희망한다"고 제안하였다. 이 글은 무산계급, 경제혁명 등의 용어를 통해 등영초의 여성에 대한 관념이 마르크스주의와 결합하고 있음을 보여주는 사례이기도 하다.

잘못된 결혼이나 가정문제는 어떻게 해결할 수 있을까? 당시 청년들이 잘못된 결혼을 거부하고 선택할 수 있는 대안은 연애결혼이었다. 그러나 물론 연애 또한 잘못될 위험을 안고 있었고 등영초는 〈잘못된 연애〉[11]라는 글에서 나름의 제안을 내놓고 있다. 당시는 연애에 바탕을 둔 양성 사이의 결합이 증대되고 있는 추세였다고 파악하고, 그러나 많은 경우 길을 잘못 든 것 같다고 보았다. 그 대부분이 일시적 감정이나 성적 충동, 물질적 유혹에서 연애에 급속히 빠져들게 되기 때문에 고통을 겪고 파경에 이르는 경우도 매우 많다는 것이다. 그래서 등영초는 청년들에게 행복하기를 원한다면 연인을 선택할 때 '이지적인 판단'을 하기 바란다고 권고하고 있다. 그러나 '이지적 판단'이 무엇인지에 대해서는 부연되어 있지 않다. 다만 청년들을 키워내는 학교 선생님들을 향하여 학생들의 앞날을 생각하면서 연애와 성교육 훈련을 시켜줄 것을 부탁하는 데에서 그 내용을 짐작할 수 있을 뿐이다.

등영초가 5·4시기에 경험했던 애국과 여성의 각성은 마르크스주의를 매개로 중국혁명이라는 하나의 흐름에 통합되었다. 잘못된 결혼은 반드시 타파해야 할 비극이었지만 여성문제는 양성대립의 관점에서 풀 수 있는 문제가 아니었다. 사회전체의 구조가 만들어낸 여성문제는 남성과 함께 거대한 총체적인 중국혁명의 과정 안에서만 비로소 해결될 수 있는 것이었고, 그녀는 중국혁명에 헌신함으로써 여성문제를 해결할 수 있기를 기대했다.

4. 통일전선의 최전선에서

1922년 말 천진 달인여교達仁女校에서 교사로 일하던 등영초가 퇴근준비를 하고 있을 때 프랑스 파리에서 온 서신이 전달되었다. 각오사 동지였던 주은래에게서 온 것이었다. 당시 각오사의 일부 회원들은 일과 학습을 병행하기 위해 프랑스로 떠났고 그곳에서 국내에 남아있던 회원들과 서신을 주고받으며 서로 의견을 교환하고 있었다. 이들 서신들의 일부는 《신민의보新民意報》 부간附刊 《각우覺郵》에 게재되어 널리 익히기도 하였다.

천진학생운동을 이끌었던 주은래에 대해 깊은 존경심을 갖고 있던 등영초는 주은래에게서 온 편지를 읽는 것을 좋아했다. 그 편지들을 통해서 새로운 사상의 세계를 만날 수 있었기 때문이다. 주은래는 편지로 마르크스주의 저작들을 어떻게 이해하고 있는지, 노동운동에는 어떤 오류들이 있는지, 국내정세에 대해서는 어떤 분석을 하고 있는지 등을 이야기했다. 물론 동지들에 대한 진심어린 안부 인사와 간절한 기원 등도 빼놓지 않는 배려도 있었다. 시를 곁들인 정교한 그림엽서들은 '소초小超'라는 다정한 애칭으로 시작되고 있었다.

아버지가 살아계셨을 때에도 어머니와 단 둘이 살아야했던 등영초는 어머니의 삶을 보면서 결혼보다는 독립적으로 살아가기를 희망했다. 부모님이 별거하게 된 이유도 아버지가 딸을 다른 집에 줘버리고 아들을 낳아 키우자고 주장하자 도저히 참을 수 없었던 어머니가 딸을 데리고 집을 나왔기 때문인 것으로 알려져 있다. 경제적으로 계속 어려웠지만 어머니는 강인하고 자립적인 삶의 자세를 지킴으로써 모범을 보여주었다. 딸 등영초가 자칫 비극으로 치달을 수 있는 결혼보다는 자기 일을 가지고 자립적으로 살아가기를 원한 것도 어쩌면 당연한 귀결이었는지도 모른다.

한편 주은래는 1919년 일본에서 돌아왔을 때 천진의 한 부유한 거상의 딸에게 구애를 받은 일이 있었다. 남개중학의 여학생이었는데 천진에서도 소문이 자자할 정도로 매우 아름다웠다고 한다. 하지만 그녀의 아버지는 자신의 귀한 딸이 아무것도 가진 것 없는 고학생과 교제하는 것을 알고 불같이 화를 냈다. 그 여학생은 결국 아버지에게 굴복했고 두 사람은 결별했다. 이러한 경험으로 주은래는 혼인이 단순한 개인의 감정문제가 아님을 깨달았다고 한다. 즉 한 개인이 어떤 일에 헌신하기로 결심하였을 때에는 반드시 여러 종류의 시험과 단련을 준비해야 하며 그 속에는 역시 연애와 혼인까지 포함되어야 하는 것이었다.

프랑스로 간 뒤 주은래는 마르크스주의를 신념으로 혁명에 종사하기로 결심하였다. 그러한 그에게 명석한 사고와 굳건한 정신을 지니고 두려움 없이 투쟁하던 영초는 각별한 의미로 다가왔다. 함께 투쟁할 혁명의 반려자에 대한 선택에 자신을 가진 주은래는 천진에 있는 그녀에게 사랑의 엽서를 보내기 시작했다.

한편 등영초는 주은래를 매우 존경했지만 너무 갑작스럽다고 생각해서 명확한 답을 할 수 없었다고 한다. 그러는 동안 그림엽서는 한 장 또 한 장 계속 날아왔고 화집에는 100여 장이 넘는 엽서가 모였다. 그리고 그녀도 끝내 자신의 마음이 주은래로부터 떠날 수 없다는 것을 느꼈다. 1923년 말 두 혁명 동지는 환난을 함께하고 서로 사랑하는 일생을 시작하게 된다. 그러나 일이 바빴던 그들은 주은래가 귀국한 뒤에도 만나기가 어려웠다.

편지로만 소식을 주고받던 그들은 1925년 8월 등영초가 광동에서 광동광서위원회 부녀부장을 맡게 되면서 비로소 얼굴을 보게 되었다. 등영초는 오랫동안 살았던 천진을 떠나 낯선 광주로 향했지만 주은래는 너무 바빠 마중을 나오지 못했다. 그해 봄 손문이 북경에서 세상을 떠난 뒤 국민당 안에서는 국공합작에 반대하는 움직임이 일어나고 있었다. 중국의 시위대에 영국군이 발포하여 유혈사태를 일으킨 사기沙基참사를 계기로 광주와 연대하는 홍콩대파업이 일어났고 주은래는 황포군관학교 정치부 주임, 중국공산당 광동구위원회 위원장 겸 선전부장으로서 전력을 다해 이 파업을 이끌고 있었다. 그날도 중요한 회의가 있어 비서 진갱陳賡이 등영초의 사진을 들고 부두로 마중 나갔다. 그러나 윤선輪船이 도착하자 많은 승객들이 한꺼번에 내리는 바람에 동분서주하던 진갱은 결국 등영초를 놓치고 말았다. 주은래는 등영초를 만나지 못했다는 비서의 말을 듣고 광주가 초행인데다가 방언 때문에 말도 잘 통하지 않을 등영초가 길을 잘 찾을 수 있을지 걱정이 되었다.

하지만, 등영초는 부두에 주은래가 보이지 않자 누가 대신 마중 나왔을 것은 생각하지도 못한 채 씩씩하게 혼자서 주은래가 서신으로 알려준 숙소를 찾아갔다. 주은래는 남은 회의를 마치고 예약해두었던 숙소에 가서 이미 도착해서 기다리고 있던 등영초를 만났다. 5년 동안 못 만난 사이에 등영초는 한층 성숙한 자신감을 지니고 있었으며 활기에 차 있었다. 밀린 대화를 나누면서 그때까지 편지에서는 보안 문제 때문에 정식 입당 사실을 감추고 있던 그들은 이미 둘 다 같은 당원이 되어 있음을 확인하고는 더욱 기뻤다고 한다.

그들은 격식을 갖춘 혼례를 올리지 않았다. 다만 프랑스에서부터 절친하게 지냈던 채창 부부 등 가까운 몇몇 친구들만 초대하여 식사를 함께 하는 것으로 대신했다. 조촐한 자리였지만 모두 이 혁명반려가 백년해로하고 영원히 행복하기를 진심으로 기원했고 실제로 세상을 떠날 때까지 오랜 기간 그들은 서로에게 좋은 반려자로 남았다.[12]

한편 1923년 6월, 중국공산당은 제3차 전국대표대회를 소집하고 당이 정치적 조직적으로 독립을 견지한다는 전제 아래 공산당원이 개인신분으로 국민당에 입당하여 반제·반군벌의 국민혁명운동을 추진할 것을 결정하였다. 1924년 1월, 제1차 국공합작이 이루어졌고 당의 방침에 따라 등영초도 개인신분으로 국민당에 입당하여 공산당, 국민당의 부녀운동에 적극적으로 투신하였다. 등영초도 동료들과 함께 국민회의운동을 거쳐 5·30반제운동에서 강연을 조직하고, 전단과 출판물을 배포하고, 문예공연 형식의 선전을 진행하였다. 물론 집회 시위는 가장 호소력 있는 선전활동 방법이었다.[13]

국민혁명기에 등영초는 여성들이 혁명에 동참하고, 5·30투쟁과 북벌전쟁을 지원하도록 이끌면서 노동자, 농민, 여성의 기본권, 특히 여성노동자의 8시간 노동제 확립과 동일 노동에 동일 임금을 받을 수 있도록 요구하는 데 주력하였다. 소비에트공화국 시기에는 중국 공산당의 혁명근거지 건설에 전력하면서 열정적으로 노동여성들이 홍군에 참가하고 전선을 지원하도록 이끌었다. 동시에 농촌여성의 정치적, 경제적 평등권과 혼인의 자유를 실현할 수 있도록 노력했다. 항일전쟁 시기에는 광대한 여성대중들을 민족해방운동에 투신하도록 하고 이 시기 당의 여성운동 방침의 제정과 실행에 적극적으로 참여하였다.

특히 등영초는 여성운동을 전개하는 과정에서 통일전선 정책을 통해 각 계층의 여성 군중들을 교육 단결시키고 혁명 역량을 강화하는 데 탁월한 공헌을 하였다. 등영초는 제1차 국공합작 뿐 아니라 항일전쟁을 위한 제2차 국공합작, 중화인민공화국의 부녀연합회 성립 등에 이르기까지 시종일관 통일전선 정책의 효과적 실행을 주도하였다. 그녀 자신의 인품, 지식, 진지한 관심과 영향력 등은 당 안팎의 인사들을 통일전선 정책으로 설득하는 데 중요한 흡인력으로 작용하였다.[14]

국민당과의 합작에서 가장 중요했던 교우관계는 역시 국민당 여성운동 지도자였던 하향응과의 관계였을 것이다. 국민당과 공산당의 여성운동을 이끌던 두 사람은 제1차 국공합작 시기에 함께 활동하면서 국민혁명과 여성해방의 관계에 대해 의견을 같이했다. 어떠한 사회의 진보와 혁명의 승리도 결코 인구의 절반을 차지하는 여성을 떠나서는 불가능한 것이고 여성은 결코 무시할 수 없는 생력군生力軍이라는 데 뜻을 같이 했던 것이다. 등영초는 하향응을 존경하는 혁명선배로 예우했고 이후 사회주의 건설기에 이르는 반세기의 세월 동안 개인적으로도 긴밀한 우호관계를 유지하였다.15)

중국국민당 중앙부녀부장이었던 하향응은 국민혁명의 중심지 광동성 부녀부의 작업을 등영초에게 일임하였고 등영초는 발군의 능력으로 국공합작 아래 부녀부 활동을 성공적으로 수행하였다. 특히 중국국민당 부녀부와 광동성 부녀부가 합작하여 성공적으로 출판, 운영하였던《부녀의 소리〔婦女之聲〕》는 그 대표적 사례로 일컬어지고 있다. 등영초는 채창과 함께 광동부녀해방협회가 중국국민당의 중앙부녀부와 합작하는 데 심혈을 기울이도록 이끌었다. 부녀해방협회는〈본회와 중국국민당부녀부 합작에 대한 결의안〔本會與中國國民黨婦女部合作的決議案〕〉에서 국민혁명의 깃발 아래 두 조직은 합작을 해야 하며 국민혁명에 더 많은 대중들이 참여하게 된다면 그만큼 여성운동을 추진할 기회 역시 증대될 것이라고 선언하였다.16) 또한 등영초는 국민당 광동성 부녀부와 중산대학 특별당부의 합작으로 부녀운동요원 훈련소를 창설하고 직접 소장 직을 맡아 운영하기도 하였다. 광동성 각 지역의 여성운동을 이끌어 갈 핵심인물을 양성하기 위한 이 훈련소에서는 손문주의, 중국국민당사, 각국 혁명사, 당의 조직법, 국제문제, 제국주의 침략사, 사회심리, 사회 문제, 청년 운동, 농민 운동, 정치 보고 등을 학습하였고 강사진은 중산대학과 국민당 중앙당부

및 성당부에서 충원되었다.[17]

등영초는 하향응 말고도 여성계의 진보적 인사들과 동고동락하는 친밀한 친구 관계를 유지하였다. 일이 있을 때마다 함께 상의하고 서로 지지하고 협력하였으며 큰 흐름을 중시하라고 직언하곤 하였다고 한다. 예를 들어 항일전쟁기 통일전선을 실행하고 있을 때 국민당 입당을 정면에서 거부한 진보적 인사 심자구沈慈九에게 감정적으로 처신하는 일은 통일전선 정책에 도움이 되지 않는다고 조언하기도 하였던 것이다.

이러한 관계는 등영초가 끊임없이 여성계 내부의 다양한 인사들을 단결시키는 데 관심을 기울였음을 보여주고 있다. 그녀는 정치적 입장이 다른 기독교계 여성지도자들과도 긴밀한 관계를 유지하였고 심지어 국민당 안의 인사들에 대해서도 합리적인 관계를 수립하기 위해 노력했던 것이다.[18]

제1차 국공합작이 결렬 뒤 국민당의 백색테러와 포위공격이 중국 공산당의 생존을 위협했지만 대장정을 통해 기사회생한 중국공산당은 항일전쟁에 직면하여 제2차 국공합작을 수립하고 또 한번의 통일전선을 시도하였다. 국민당 지도자 장개석의 부인 송미령은 1938년 5월 각계 여성지도자들을 초빙한 여산 부녀담화회의를 통해 부녀운동의 활성화를 시도하였다. 등영초는 이 회의에 공산당 측을 대표하여 참가하였고, 회의의 결실로 부녀계 전반을 지도하게 된 신생활운동 부녀지도위원회에도 지도위원회 위원으로 참여하였다. 본래 신생활운동 부녀지도위원회는 1934년 2월 성립된 반공 보수적 조직이었으나 이 시기에는 우파, 중간파, 좌파를 모두 아우르는 부녀계 통일전선의 현장으로 탈바꿈을 시도하였던 것이다. 그래서 다시 국공갈등이 심화되기 전까지 약 2년 동안 이 조직은 중국공산당 지하당원들과 진보적 인물들이 활약하면서 국민당통치지구의 부녀대중들을

조직하여 항일로 이끄는 중국공산당의 주요 진지 가운데 하나로 기능하기도 하였다.[19]

그녀는 신중국이 건립된 뒤에도 중국인민정치협상회의에서 통일전선의 실현을 위해 활약했다. 제6기 중국인민정치협상회의 전국위원회 주석을 맡은 기간 동안 그녀는 공산당이 아닌 인사들을 통합하는 데 탁월한 공헌을 하였다. 그녀가 실행한 중국공산당의 다당합작과 정치협상제도를 시행하기 위한 방침들은 공산당 통일전선 정책을 보완, 발전시킨 모범적 사례로 손꼽힌다.[20]

5. 혁명과 여성의 딜레마

등영초의 노력은 물론 상층부의 여성계 지도자들과의 협력관계에만 집중된 것은 아니었고 여성운동의 조직화, 활성화 나아가 여성운동 간부들의 양성에도 심혈을 기울였다. 그러나 복고적 보수주의 경향이 강했던 국민당과의 통일전선 아래 추진하였던 여성운동이 순조롭기만 한 것은 아니었다. 항일전쟁이 대치상태로 변한 1940년부터 "여성은 가정으로"라는 구호가 언론에 등장하여 논쟁을 일으키기 시작했다. 보수주의적 입장에서는 '5·4운동' 이래 여성운동의 성과를 전면적으로 부정하였고 당시 몇몇 중상층 여성들의 부패현상을 모두 여성운동의 탓으로 돌리고 가정에 안주하면서 좋은 주부와 훌륭한 어머니가 되어야 한다는 현모양처론을 내세웠다.

이에 진보적 여성계에서도 반론이 잇달아 제기되었는데 여성운동의 노선과 방침에 관련된 문제였던 만큼 등영초도 논전에 참가하였다. 그녀는 반봉건·반식민지 중국의 사회적 상황에서 일본침략자들의 잔혹한 유린을 받으면서 '행복한 가정'을 꿈꾸거나 누리려고 하는 것은 차라리 웃음거리라고 지적했다. 그리고 당시에 제기되었던 '현모양처주의'가 기꺼이 항전을 위해 소아小我적 가정의 행복을 희생해 온 중국 여성들을 향해 가정으로 돌아가라고 함으로써 여성의 민족의식을 마비시킨다고 비판하였다. 그러한 현모양처주의란 여성들을 농락당하는 노예로 다루는 처사이고 항전의 대열을 흐트러뜨리고 있다고 공격함으로써 항전과 여성의 구실을 재확인하였다.[21]

등영초는 시종일관 중국혁명 안에서 여성이 해방되고 발전할 수 있다고 주장하였다. 그러나 혁명동력으로서 여성의 위상을 강조하는 노력은 자칫 여성의 주장을 유보하고 혁명에 일방적으로 종속시키는 결과를 낳을 수 있었다. 등영초 역시 그러한 혁명과 여성의 딜레마를 그저 묵과했던 것만은 아니었을 것이다. 여성이 전체 혁명의 일부임을 강조하면서도 국민참정회 대표로서 여성참정원들이 여성을 위해 무엇을 해야 하는가를 설명한 〈여성참정원(국민참정회대표)의 책임〉[22]은 그러한 고민을 보여준다.

이 글에서는 가장 먼저 전국인민을 대표해서 정부에 의견을 전달할 뿐만 아니라 가장 압박받고 고통 받는 각계 여성대중을 위하여 항전건국 시정방침과 실시상황에 대한 의견, 그들이 일본에게 당한 야만적 유린·오욕·도망의 참상 등을 전달해야 한다고 강조하였다. 그리고 참정회의 기간이 매우 짧기 때문에 '중요'하고 '긴급'한 문제만 토론할 수 있겠지만 반드시 여성 부분이 포함되도록 주의를 기울여야 한다고 하였다. 그리고 좁은 의미의 남녀 양성 대립의 관점에 반대하고 전체 민중이 항전건국에 참가하는 관점에서 출발해야 한다고 강조하였다. 그리고 여성을 대변하기 위해서 여참정원은 여성대중과 항상 친밀한 관계를 유지해야 하며 겸허하고 성실하고 자세하게 각계 여성대중의 의견을 경청해야 한다고 당부하였다.

위의 글에서도 언급했듯이 등영초는 양성 대립의 관점에 반대했다. 그래서 남녀관계가 이상적으로 전개될 수 있도록 노력하는 데 관심을 기울였다. 과도기적 시대에서는 이상적인 연애와 혼인이 어렵다고 보고 〈남녀문제를 논함〉[23)이라는 글을 통해 새로운 양성생활, 새로운 가정생활, 새로운 문화, 새로운 도덕을 만들기 위해 노력하자고 제안하였다. 이 노력은 남녀 당사자들만의 분투로만 이루어질 수 있는 것은 아니었고 가정, 학교, 사회, 국가 각 방면의 교육과 인도가 함께해야 한다는 것이다. 그녀가 본 이상적 남녀관계는 '전일적專一的 애정'이었다. 물론 연애와 결혼은 인생역정의 일부분이므로 항전건국사업을 방해하지 않고, 학습과 공작을 방해하지 않고, 신체의 발육과 건강을 방해하지 않는다는 단서가 붙기는 하였다. 그러나 '점유'가 아닌 쌍방이 서로 믿고 지켜주는 '전일적' 애정이 바로 혼인을 강하게 만들 수 있고 행복과 생활의 유쾌함을 얻을 수 있게 한다는 설명은 그녀의 양성관을 잘 보여주고 있다.

등영초는 항일민족통일전선의 여성운동을 평가한 글에서도 여성운동은 혁명운동의 일부분이고 양성 사이의 투쟁이 아니라는 전제를 계속 밝혔다. 그녀는 항전이 진행되면서 여성운동도 질적 양적 발전이 진행되었다고 평가하였다. 즉 여성운동의 중점이 위로, 모금, 후원, 보육사업으로부터 교육, 문화, 정치작업으로 이동해갔을 뿐 아니라 여성운동의 범위가 군중 속으로 확대되면서 운동의 규모도 확대되었다는 것이다. 그것은 정치적 통일전선의 결과 여성들의 행동을 통일할 수 있는 통일적 단체, 지도기관이 마련되었다는 점도 중요하게 작용했다고 보았다.[24)

물론 여성운동의 질적 양적 발전은 단순히 정치적 공작에 의존할 수 있는 것은 아니었다. 토지개혁과정에서도 강조했듯이 여성들의 실제 상황에 대한 관심과 해결이 관건일 수밖에 없었다. 그녀는 〈토지개혁과 여성공작의 새로운 임무〉라는 글에서 여성대중들이 토지개혁과 혁명운동에 참여하게 하면서 동시에 여성자신의 각종 문제들을 의식적으로 해결하도록 하는 데 주의를 기울여야 한다고 강조했다.[25] 그것은 자칫 전체 혁명의 이름으로 매몰될 수 있는 여성문제와 권익을 강조함으로써 혁명동원의 일방적 관계를 극복하려는 것이었다. 전체 혁명운동 과정에서 여성들을 억압하고 속박하는 강제 결혼, 악습 등 봉건제의 잔재와 종법사회가 남긴 낡은 규범과 도덕들을 타파하자고 주장했다. 그뿐만이 아니라 중국공산당중앙을 향해서도 혁명지도사상에서 여성대중의 역량을 존중하고 여성을 경시하는 기존 관념을 극복하도록 촉구했다. 더 이상 여성공작을 소수 여성동지들만의 공작으로 보지 말고 당 전체의 임무로 격상시켜야 한다는 주장은 혁명과 여성의 합리적 균형을 모색했던 그녀의 생각을 반영한 것이었다.

이러한 관점은 중화인민공화국 수립을 앞두고 〈중국여성운동 당면 방침과 임무〉라는 글을 통해 건국과정으로 이어졌다. 등영초는 새로운 사회 건설을 위해서 우선 여성교육을 전개하여 여성문화 수준을 높이고, 노동을 수치스럽게 여기는 낡은 사상을 바꾸어 노동이 영광스럽다는 새로운 관념을 건립해야 한다고 제안했다. 그리고 봉건 잔재 악습에 반대하고 혼인의 자유를 제창할 뿐 아니라 여성을 조직하여 적극적으로 민주건설에 참여하게 해야 한다고 하였다. 또한 사람과 물질이 모두 발전하는 새로운 사회 건설을 위하여 모자건강과 아동보육 사업을 추진할 것을 주장하였다.[26]

1949년 수립된 중화인민공화국은 여성들에게 '새로운 중국'이었을까? 3년 뒤 발표된 등영초의 글 〈새로운 중국의 여성들이여! 전진 또 전진하자!〉는 글을 보면, 중국인민정치협상회의 공동강령에서 "중화인민공화국은 여성을 속박하는 봉건제도를 폐지한다. 여성은 정치, 경제, 문화교육, 사회생활 각 방면에서 모두 남자와 평등한 권리를 갖는다. 남녀 혼인의 자유를 실행한다"고 규정하였다. 그리고 중화인

1949년 9월. 중국 정치협상회의 제1차 전체회의의 채창과 등영초

민공화국은 이후 각종 중요 법령에서 이 정신을 관철하였으며 각 방면에서 법률상 남녀평등의 권리를 보장하였다고 한다. 새로운 중국의 건설자로서 중국여성들이 획득한 평등권과 특수한 보호는 인민민주제도의 우월성을 증명하였다는 것이다. 그러나 여전히 가장 큰 난관은 수천 년 동안 이어 내려온 여자를 경시하는 봉건잔재 사상을 단시간에 전부 없앨 수 없었던 점이라고 토로하였다. 그래서 전체 인민을 향하여 남녀평등의 정책을 선전하고 여자를 경시하는 봉건잔재 사상을 버리고 여성의 잠재역량을 더욱 잘 발휘하여 조국의 위대한 건설공작에 참가하게 해야 한다고 주장하였다.[27] 그렇게 하여 봉건잔재 관념의 극복은 새로운 중국에서도 해결해야 할 과제로 남아있었음을 보여주었다.

등영초. 건국초기 중남해에서

6. 신중국 여성지도자의 모범

중화인민공화국이 성립한 뒤 등영초는 새로운 중국에서 대표적 여성혁명가로 활동하였다. 전국인민대표대회 상임위원과 상임위원회 부주석, 전국부녀연합회 부주석과 명예주석, 중국공산당 중앙위원회와 중앙정치국의 위원 및 중앙기율검사위원회 서기, 중국인민정치협상회의 주석 등 그녀가 역임한 직책들은 여성혁명가로서 그녀의 위상을 반영하고 있다.

그녀가 주도적으로 참여했던 혁명기간의 여성정책이 일방적으로 중국혁명을 앞세움으로써 간과한 부분은 없었는가에 대해 의문의 여지가 없는 것은 아니다. 그러나 그렇다고 해서 중국혁명과 여성해방을 조화롭게 추구하고자 했던 총명하고 헌신적인 혁명가의 노력과 그 결과로 얻어낼 수 있었던 여성관련 사회적 성과들을 완전히 부정할 수 있는 것은 아닐 것이다.

언제나 인민의 공복으로 겸허한 태도를 지켰던 주은래와 등영초 부부는 혁명가 부부 가운데에서도 가장 존경받는 모범사례로 일컬어지고 있다. 엘리베이터를 둘러싼 다음 에피소드는 그들의 이러한 모습을 엿볼 수 있게 한다.

문화혁명 직전의 어느 날 중국의 전국인민정치협상회의 대강당 엘리베이터 앞에서 사람들이 순서를 기다리고 있었다고 한다. 엘리베

1962년 1월 8일, 《중국건설》 창간10주년 전시회에 참관한 진의, 주은래, 등영초, 송경령(왼쪽부터)

이터가 도착해서 사람들이 타려고 하자 엘리베이터 안에 있던 안내자가 제지하면서 총리께서 오시니 기다려달라고 말했다. 가까이 온 주은래는 사람들을 타지 못하게 한 이유를 물었고 기다리던 사람들은 입을 모아 기꺼이 총리에게 양보하겠다고 말했다. 그러나 주은래는 안내자에게 단호하게 말했다. "우리는 공산당이지 국민당이 아님을 명심하십시오. 내가 총리가 된 것은 인민들을 위해 일하기 위해서인데 어찌 내가 먼저 지나가겠다고 다른 사람들을 비키라고 할 수 있겠습니까!" 이때 그의 부인이자 역시 전국인민정치협상회의의 대표였던 등영초가 주은래를 가리키며 조용한 목소리로 말했다. "이 분의 정식 이름은 총리가 아니라 주은래입니다. 공산당과 국민당의 차이점은 공산당이 인민 위에 군림하는 것이 아니라 인민을 위해 일한다는 데 있습니다. 이 분이 어딜 가시든 이 분 때문에 다른 사람들을 방해해서는 안 됩니다." 주은래는 엘리베이터에 타지 않고 계단을 걸어서 올라가겠다고 고집했고 결국 사람들이 모두 함께 엘리베이터에 타는 것으로 작은 실랑이는 마무리 되었다.[28] 이 일은 그들 부부가 평생 어떠한 마음으로 일해 왔는지를 단적으로 보여주는 일화로 즐겨 인용되곤 한다.

등영초가 평생 통일전선공작에서 발군의 능력을 보였던 것은 그녀 자신이 지녔던 남다른 능력에 말미암은 바가 적지 않다. 열다섯 살에 이미 명쾌하고 감동적인 연설가로서 재능을 보여주었던 그녀였지만 남편 주은래와 함께 자신들에게는 엄격하면서도 다른 사람들에게는 따뜻한 배려와 관심을 아끼지 않아 누구나 다가가기 쉬운 친근한 누이로 기억되었던 것이다. 주변에서 수행했던 사람들은 그녀가 언제나 냉철한 판단력을 바탕으로 하고 있어서 자연스러운 대화를 나누면서도 한시도 긴장을 늦추는 법이 없었다고 회고한다. 외빈을 접대할 때에는 친절하고 자상하게 대하면서도 어떤 말을 해야 하는지 신중하게 판단하였으며 그녀의 태도에 외국의 국가 원수들을 포함한 많은 외빈들이 존경을 표했다. 또한 당외 인사들을 대할 때에도 가식 없이 진심으로 친절하게 대했으며 그래서 많은 이들이 문제가 생길 때마다 찾아와 도움을 청하고는 하였다고 한다. 특히 문화혁명시기에 등영초는 남편과 함께 어려운 정국의 흐름을 기민하게 파악하고 대처함으로써 최선을 다해 주변 동지들을 도왔다.[29] 그런 명석함과 판단력, 사람을 감동시키는 배려가 있었기에 통일전선이라는 어려운 과제를 지혜롭게 수행하고 신뢰와 사랑을 받는 '큰누이 등영초[鄧大姐]'로 남았을 것이다.

왕성한 혁명 활동과정에서도 줄곧 심장과 폐질환 등으로 시달렸던 등영초는 1978년에 이미 유서를 작성해서 지니고 있었다고 한다. 그녀는 유서에서 어떠한 추도행사도 하지 말 것, 시신은 해부한 뒤 화장할 것, 살고 있던 집과 소유하고 있던 물품 등은 모두 당과 인민에게 기증할 것 등을 부탁하였다. 1992년 7월 11일 노혁명가는 88세의 나이로 북경의 병원에서 파란만장했던 생애를 마감했다.

■주 ─────

1) 周紹錚, 〈難忘的經歷 親切的教誨〉, 鐔德山 責任編輯, 《憶鄧大姐》(北京: 中央文獻出版社, 1994), 66～72쪽.

2) 이 글에서 다루는 등영초 생애의 주요활동의 내용은 별도의 각주가 없는 한 金鳳, 《鄧穎超傳》(北京: 人民出版社, 1993)과 中華全國婦女聯合會 編, 《鄧穎超革命活動七十年大事記》(北京: 中國婦女出版社, 1990)의 서술내용을 따랐음을 밝혀둔다. 등영초에 대한 주변 인사들의 회고담은 鐔德山 責任編輯, 《憶鄧大姐》(北京: 中央文獻出版社, 1994)와 中共中央文獻研究室 第2編研部 編, 《我們的鄧大姐》(重慶: 重慶出版社, 2004)로 출판되었다.

3) 鄧穎超, 〈"五四"運動的回憶 (1959)〉, 中國天津市委黨史資料征集委員會·天津市婦女聯合會 編, 《鄧穎超與天津早期婦女運動》(北京: 中國婦女出版社, 1987), 533쪽.

4) 중화전국부녀연합회 편/ 박지훈·전동현·차경애 공역, 《중국여성운동사》 상(서울 : 한국여성개발원, 1992), 115쪽.

5) 殷子純, 〈天津女星社及其主要活動〉, 《鄧穎超與天津早期婦女運動》, 381～404쪽.

6) 鄧穎超, 〈宣言～爲衫棄的死〉(《覺郵》제1기, 1923. 4. 6), 《鄧穎超與天津早期婦女運動》, 266～267쪽.

7) 鄧穎超, 〈張嗣婧傳〉(《女權運動同盟會直隷支部特刊》제3기), 《鄧穎超與天津早期婦女運動》, 268～274쪽.

8) 鄧穎超, 〈姊妹們起喲〉(《女權運動同盟會直隷支部特刊》제3기), 《鄧穎超與天津早期婦女運動》, 274～277쪽.

9) 鄧穎超, 〈受了婆婆教訓的一个同學〉(《女星》제10기, 1923. 7. 25), 《鄧穎超與天津早期婦女運動》, 328～329쪽.

214

10) 鄧穎超,〈經濟壓迫下的少女〉(《女星》 제15기, 1923. 9. 15),《鄧穎超與天津早期婦女運動》, 329～332쪽.

11) 鄧穎超,〈錯誤的戀愛〉(《女星》 제2기, 1923. 5. 5),《鄧穎超與天津早期婦女運動》, 323～325쪽.

12) 趙煒·王思梅,《鄧穎超的故事》, 女革命家叢書(石家庄: 河北少年兒童出版社, 1991), 32～38쪽.

13) 李德福,〈大革命時期的天津婦女運動〉,《鄧穎超與天津早期婦女運動》, 514～530쪽.

14) 陳慕華,〈先驅 階模 公僕 母親〉,《我們的鄧大姐》, 15～025쪽.

15) 吳琴,《鄧穎超與何香凝》(北京: 華文出版社, 1999), 1～79쪽.

16) 중화전국부녀연합회 편, 앞의 책, 243쪽.

17) 중화전국부녀연합회 편, 위의 책, 282쪽.

18) 중화전국부녀연합회 편/ 박지훈·전동현·차경애 공역,《중국여성운동사》하 (서울 : 한국여성개발원, 1992), 176～177쪽.

19) 중화전국부녀연합회 편, 위의 책, 172～173쪽.

20)〈當代中國〉, 叢書編輯部 編,《當代中國婦女》(北京: 當代中國出版社, 1994), 103～104쪽.

21) 중화전국부녀연합회 편, 앞의 책, 219～222쪽.

22)〈論女參政員的責任(1938. 7. 2)〉, 中共中央文獻研究室 編,《鄧穎超文集》(北京: 人民出版社, 1994), 1～3쪽.

23) 鄧穎超,〈談男女問題(1942. 3. 2)〉,《鄧穎超文集》, 32～36쪽.

24) 鄧穎超,〈抗日民族統一戰線中的婦女運動(1939. 9)〉,《鄧穎超文集》, 4～15쪽.

25) 鄧穎超,〈土地改革與女性工作的新任務(1949. 12. 9)〉,《鄧穎超文集》, 53～58쪽.

26) 鄧穎超,〈中國婦女運動當前的方針與任務(1949. 3. 26)〉,《鄧穎超文集》, 66～75쪽.

27) 鄧穎超,〈新中國婦女前進再前進(1952. 10. 5)〉,《鄧穎超文集》, 96～102쪽.

28) 리핑 저/ 허유영 역,《저우언라이평전》(광주: 한얼미디어, 2005), 13～14쪽(力平,《周恩來一生》, 中央文獻出版社, 2001). 여기에 인용한 일화는 원문과 번역문을 대조하여 문구를 다소 수정하였다.

29) 楊德中,〈我們學習的榜樣〉,《我們的鄧大姐》, 361～365쪽.

정 령丁玲
여성 혁명 작가

윤 혜 영

1. 여성 혁명 작가 정령의 역사적 의미

여성 작가이자 일찍이 공산당 입당을 전후한 시기부터 혁명문학에 투신한 정령丁玲(1904~1986)은 근대 이후 중국문학사가 배출한 걸출한 인물이다. 수많은 그녀의 작품 가운데 가장 유명한 것 둘을 꼽아보자면 아마도 〈사비莎菲 여사의 일기〉와 〈태양은 상건하桑乾河를 비춘다〉일 것이다. 전자는 그녀의 초기 대표작으로, 이른바 신여성의 내면세계와 자아 탐색 과정을 일기 형태로 그린 단편소설이다. 후자는 후기 대표작으로, 토지혁명기 농촌 인민의 집체적인 각성과정을 그린 장편 대하소설이다. 이는 또 소련에서 스탈린문학상 2등상을 받아(1951) 그녀를 국제적인 명망가로 만들기도 했다. 두 소설은 시기의 차이뿐 아니라 내용에서도 극과 극의 대조를 보인다.

그녀가 문단에 오른 것은 1927년의 일이었고, 등단한 뒤 몇 년 지나지 않아 1930년대부터는 혁명문학의 범주에 속하는 작품을 꾸준히 낸 데다, 공산당에 입당해 초지일관 혁명문학작가로 활동했기 때문에 초기 작품들은 후기의 혁명문학으로 나아가는 징검다리 정도로 다루어진다. 게다가 그녀 자신도 '여류'라는 수식어를 붙이고 싶지 않다고 말한 데서[1] 알 수 있듯이, 그녀 스스로는 여성작가로서가 아니라 혁명작가로서의 작업을 중시했다.

그렇기는 하지만 아이러니하게도 그녀의 후반부 삶에서 그녀를 가장 곤경에 빠뜨린 것은 여성 정령의 삶과 여성주의적 시각으로 본 혁명정당 공산당의 모순점에 관한 글, 즉 〈'삼팔절'유감'三八節'有感〉이었다. 그러므로 격동의 20세기 중국을 살아가면서 당대의 여성으로서는 드물게 예교나 남의 시선을 거부하거나 무시하고, 통념과 무관하게 살아간 여성작가 정령의 삶과, 문제가 된 〈'삼팔절'유감〉을 재현, 분석해 보고, 그녀의 곤경을 혁명 속의 여성의 고난이란 측면에서 다시 검토하는 것은 그 나름의 역사적 의미를 가진다고 하겠다. 다시 말하자면 남성 중심의 역사서술의 공백을 메우는 동시에 혁명과 여성문제 해결의 접점을 탐색하는 하나의 실마리를 제공하리라 기대한다.

2. 예교를 거부한 삶 — '성애의 자유'에서 혁명전사로

정령은 모택동과 같은 호남성湖南省 사람이다.[2] 아버지 쪽은 임풍현臨灃縣의 대지주이자 관료 가문인 장蔣씨 문중이고,[3] 어머니 역시 상덕현常德縣의 명문가로 친가나 외가나 모두 전통적인 신사 가문이다. 청조 말년의 신식 개혁이 시작되어 4년쯤 된 1904년에 태어났다. 원래 이름은 빙지, 그래서 본명은 장빙지蔣氷之였지만 10대에 스스로 만든 정령이라는 이름이 본명처럼 널리 알려졌다. 그녀가 장씨 성을 버리고 획수가 적다는 이유만으로 정이라는 성을 골라 이름을 지은 것은 가부장적인 성격이 강한 장씨 문중에 대한 그녀의 혐오감을 보여주는 것이다.

일본 유학까지 다녀온 개명된 지식인이었지만 노느라고 가산을 탕진하고, 현실에 대해서는 어두웠던 아버지가 일찍 세상을 뜬 뒤, 과부 어머니에게 빚 독촉을 해대던 장씨 문중의 친척 아저씨들에 대한 것이 정령이 장씨 집안에 대해 가진 최초의 뼈아픈 기억이었다. 게다가 어머니를 따라 외가에서 생활하던 정령이 중학을 졸업하고 대도시로 나가 공부를 더 하고 싶어서 장씨 문중을 찾았을 때, 여자에게는 장학금을 줄 수 없다고 매몰찬 냉대를 받았다.

5·4운동의 소용돌이 속에서 단발을 한 정령에게, 머리카락을 자른 것은 불효막심한 일이라고 노발대발하는 외숙의 고집도 예교적인 질서로 가득 차서 숨이 막히기는 마찬가지였다. 다행히 그녀에게는 어머니라는 출로가 있었다. 과부가 된 어머니 여만정余護貞은 친정에 돌아와 사범학교를 다닌 뒤 학교 교사로 취직하여, 아들 딸 차별 없이 정령을 학교에 보내주었다.4) 그렇게 해서 중학에 진학했던 정령은 이후 자신의 삶에 커다란 영향을 미치는 5·4운동을 만났다.

단발을 하고 거리로 나가 시위를 하기도 하고, 빈민야학의 선생이 되기도 했지만 애국운동의 열기는 곧 사라졌다. 신문화운동에 적극 동참하고 있던 젊은 국어 선생님에게 수업을 받으면서 새로운 사상과 문학에 눈을 떴지만, 선생님이 파면되는 바람에 그것도 잠시 동안의 일이었다. 그녀를 둘러싼 환경은 5·4의 퇴조기로 접어들었지만, 어쨌든 그녀는 5·4의 세례를 받음으로써 자신을 둘러싸고 있는 대가정의 가부장권의 압력을 더 이상 참을 수 없게 되었다. 결국 중학을 졸업한 뒤 외할머니가 정해 놓은 정혼자와 결혼하라는 외숙의 결정에 반발하고 어머니의 도움으로 파혼을 해버렸다. 그 과정에서 수구적인 외숙과 겪은 갈등은 장씨 문중에 대한 혐오감과 아울러 유교 내지 예교지상주의로 무장한 대가족제, 대가정에 대한 환멸감을 더욱 심화시킬 뿐이었다.

1927년 첫남편 호야빈과 함께, 이때 '사비 여사의 일기'를 쓰는 중이었다

파혼을 한 뒤 상해로 나가 구추백瞿秋白 같은 공산당원들이 세운 비정규 학교를 다녔지만 그녀의 향학열을 만족시키지는 못했다. 이어 북경으로 올라가 정규 대학에 진학하고자 했으나 떨어지고 말았다. 교사 수입으로 빠듯하게 딸을 뒷바라지하고 있던 어머니의 신세를 더 이상 질 수 없어 고향으로 내려간 그녀를 찾아, 멀리 북경에서 젊은 시인 호야빈胡也頻이 내려왔다. 어머니의 지지를 얻어 두 사람은 1925년 북경으로 다시 올라가 동거에 들어갔다. 그녀의 나이 21세 때의 일이었다. 궁핍하기 짝이 없는 생활이었지만, 자유의지에 따른 혼인생활을 계속 유지했다는 사실 자체만으로도 당시로서는 대단한 용기였다. 5·4기 문학운동의 선구자였던 노신의 단편소설 가운데, 자유의지로 만나 동거에 들어갔지만 주위의 질시와 경제난을 견디지 못하고 결국 파탄이 나는 젊은이들을 그린 작품이 있다.[5] 그런데 정령은 바로 소설 속 주인공들과 비슷한 시기에 동거생활에 들어가 꿋꿋하게 버텨낸 것이다.

정혼자와 파혼을 하고 새롭게 자유연애로 결혼을 감행했다는 사실 자체만으로도 동시대 젊은이들을 옥죄고 있던 예교를 거부한 파격적인 삶이었다. 그런데 삶에서의 용감성 외에 그녀를 한층 두드러지게 만든 것은 바로 5·4의 정신을 실천하려는 듯한 소설들을 발표해 각광을 받게 된 점이었다. 성적 욕구를 포함한 신여성의 내면세계를 과감하게 묘사한 〈사비 여사의 일기〉는 특히 젊은이들에게 커다란 반향을 불러일으켰다. 5·4기의 연애와 결혼의 자유라는 담론에 열광하던 젊은이들의 주된 관심사 가운데 하나인 성애에 대한 욕구를 여성의 입장에서 드러낸 것은 없었던 일이었기 때문이다.

사실 사비의 욕구 표현이라 해도 미모의 육감적인 남성과 입맞춤을 하고 그에게 힘찬 포옹을 받고 싶다는 정도의 수준에 불과해서, 오늘날의 시각으로 보면 별로 대단찮은 수위의 성애 표현이었다.[6] 그런데 사비의 욕망 대상인 남성은 사비의 표현에 따르면 영혼이 비열한 사람이고 자신을 정욕의 대상으로 볼 뿐 애정을 가지고 인간으로 보려는 이가 아니었다. 그렇지만 폐병을 앓고 있어 자신의 삶이 언제 끝날지 모른다는 불안감 속에 살고 있기에 죽기 전에 쾌락을 유감없이 누리고 싶어 하던 사비는, 자신을 인간적으로 이해하고 연모하는 심약한 남자친구에게는 마음이 끌리지 않는다. 이와 같이 복잡한 여성의 욕구를 내면으로부터 그려낸 소설은 당시까지 남성의 성애 대상으로만 여겨졌던 여성을 주체로 내세운 것으로 가히 혁명적인 것으로 받아들여졌다. 이후 그녀는 사비와 동일시되어 뒷날 곤욕을 치르기도 하는데, 실제 그녀 자신도 남편 호야빈의 사후 자신의 심경을 그린 미완의 단편소설에 〈사비 여사의 일기 제2부〉란 제목을 붙여 사비와 자신을 동일시하기도 했다.[7]

〈사비 여사의 일기〉를 전후한 그녀의 초기 작품에는 대체로 여성의 질곡과도 같은 삶의 편린들이 많이 드러난다. 예컨대 독신을 주장하는 여교사와 그들 사이의 동성애라든가, 여배우의 곤경, 도시 출신의 여성을 선망하는 농촌 부인의 심적 고통, 농촌 출신 창녀의 삶 등 제재도 독특했다. 정규 대학에 진학하지 못한 채 여기저기 방황하면서 경험이 축적된 데다가, 결혼 뒤에도 밥벌이를 위해 영화배우가 되려고 잠시지만 영화계에 입문하게 된 것도[8] 제재의 다양성에 기여했다. 어쨌든 호야빈과 동거생활을 하면서 나온 작품들은, 주로 일정한 교육을 받았지만 직업을 가지고 사회에 참여하지 못하는 신여성의 출로 없는 삶의 고통이나 무지한 하층 여성의 고통을 탁월하게 형상화했다는 점에서, 여성의 정체성 탐색에서 기념비적인 위치를 차지한다.

그러나 정령의 작품세계는 상해로 내려와서 호야빈과 함께 좌익작가연맹과 관련을 가지고 활동하면서 180도 바뀐다. 특히 호야빈이 공산당에 입당하여 국민정부에 의해 체포, 처형된 뒤에는 자신도 공산당에 입당하고(1932) 그야말로 혁명전사로서의 문필가로 된다. 마침 일본의 중국 침략이 가속화한 상황에서 그녀가 살고 있던 상해는 만주사변 이후 항일을 촉구하는 운동이 자주 있었다. 또 만주사변의 뒤를 이어 1932년의 1·28사변을 직접 겪기도 했다. 조국이 망할지도 모른다는 위기의식에서 정령은 항일운동에 적극 동참하고, 사변 때는 부상병 위문활동을 하는 등 책상머리를 벗어나 거리로 뛰쳐나갔다. 남편이 죽고 대외위기가 가중된 바로 이런 상황에서 그녀는 공산당원이 된 것이다.

공산당 입당을 전후한 1930년대에 들어 그녀는 주로 농민, 도시빈민의 삶을 사실주의적으로 묘사하는 많은 작품을 쓰기 시작했다. 그런데 영향력 있는 좌익작가를 회유하기 위해 국민정부가 그녀를 납치하는 일이 발생했다(1933. 5). 납치 당시 그녀는 아주 심한 경제난과 정서적인 불안 속에 다른 공산당원 남성과 동거하고 있었다. 두 번째 결혼을 한 것이다. 노신의 소설 〈축복〉을 보면, 전통적으로 과부가 재가를 하면 죽은 뒤 두 남편이 서로 소유권을 주장하다가 여자의 몸을 톱으로 잘라 두 동강을 낸 뒤 나눠 갖는다는 민간신앙 때문에 벌벌 떠는 불쌍한 농촌 과부 이야기가 나온다. 그녀는 정절을 지키려고 자살까지 시도했지만 시어머니가 팔아넘기는 바람에 강제로 재가를 한 여성이었다.9) 소설뿐 아니라 비슷한 시기 동북지역에 살고 있던 한 여성도 첫 번째는 첩으로 팔렸다가 두 번째는 자신의 의지로 결혼해서 정실부인이 되었지만, 동네 사당에서 재가한 과부를 톱질하는 조각상을 외면하고 잽싸게 피해갔다.[10] 아직은 과부의 재가란 것이 여성들의 마음속에서조차 공포를 수반한 금기사항이었던 것이다. 바로 이런 같은 시대 여성들을 생각해볼 때 정령의 두 번째 동거는 예교나 관습을 철저히 무시한 삶이었다.

그런데 정령의 납치는 바로 두 번째 남편의 묵인과 방조 아래 이루어진 것이었다. 이를 안 정령은 남편을 원망하면서 탈출과 자살을 여러 차례 시도했고, 뒤늦게 잘못을 시인한 남편은 정령의 탈출계획에 적극 협조하였다. 같은 시기에 적지 않은 남성 공산당원들이 국민당의 회유에 넘어가 변절한 것과 달리, 3년의 연금생활 동안 발표된 정령의 작품은 여전히 노동자, 도시빈민 등 하층 민중의 삶을 사실적으로 그린 혁명문학의 부류였다. 그리고 홀로 고립된 연금 상태에서 유일하게 마음을 터놓을 수 있는 이는 자신의 탈출을 적극 돕고 있던 남편뿐이었다. 연금생활이 장기화하면서 정령은 남편과 화해했고 둘 사이에 딸이 태어났다. 정령은 느슨해진 국민당의 감시망을 피해 기어코 탈출해 나와 남편과 결별한 뒤 공산당의 섬북 소비에트 지역으로 잠입해 들어갔지만(1936. 11) 변절한 공산당원과의 사이에 딸을 두었다는 사실은 이후 두고두고 그녀에게 불명예스런 딱지로 따라다녔다.

3. 〈'삼팔절' 유감〉 파동과 수난의 역사

소비에트 지역에 들어간 정령은 젊은이들에게 인기 있는 유명작가였기 때문에 열렬한 환영을 받았다. 연금시절의 행적에 대해서도 당지도자들이 양해를 했다. 여기서 그녀는 항일전쟁기를 맞았고, 혁명과 항일을 선전하는 작가로서뿐 아니라, 직접 일선에 나가 병사들과 대중을 고무하는 위문단 단장을 맡는 등 맹활약을 했다. 그러다가 12세 연하인 공산당원 진명陳明과 세 번째 결혼을 했다(1942. 2).[11] 그녀가 결혼한 1942년은 연안延安에서 정풍整風이 일어난 해이기도 했다. 정령은 결혼을 한 다음 달에 3·8여성절을 기념해서 쓴〈'삼팔절'유감〉이란 잡문 때문에 4월부터 시작된 정풍운동에서 비판의 대상이 되었다. 이 글은 남녀 공산당원들 사이에 존재하는 성차별과 계층차별이란 현실을 꼬집어낸 글인데, 신중국 건국 이후 정령의 수난에 일차적인 원인을 제공한 것이자 혁명 속의 여권 문제라는 중요한 주제를 함축하고 있으므로, 조금 길기는 하지만 전문의 내용을 개략적으로 소개하고자 한다.[12]

'부녀'라는 이 두 글자가 어느 시대에 가서야 중시되지 않고 특별히 제기되지 않을 수 있을까? 매년 삼팔절이 있고, 매년 이 날은 거의 전 세계에서 기념회를 개최하고 여성들의 대오를 검열한다. 연안에서는 비록 금년과 지난해가 지지난해보다 열기가 덜하긴 하지만 몇 사람이 바삐 기념절 일을 하고 있다. 그리고 앞으로 대회가 열릴 거고 연설하는 이도 통전通電도 글도 발표될 것이다.

연안의 부녀는 중국 다른 어느 지방 부녀보다도 행복하다. 여성 동지들이 병원, 휴양소, 진료소 모두에서 아주 높은 비율을 차지하고 있다. 그렇지만 연안의 여성 동지는 흥밋거리가 되기 쉽고 여성에게 따르기 쉬운 비방을 듣게 마련이다.

여성 동지의 결혼은 주목의 대상이 되며 사람들은 여성 동지의 결혼에 대해서 또 말이 많다. 그녀들은 남성 동지들과 친하게 지낼 수도 없다. 예술가들은 연안에 아름다운 여성이 없다고 불만이다. 그런데 여자들은 당 간부들을 촌뜨기로 다루지 말라, 당 간부들이 아니었으면 여자들이 감히 연안에 와서 좁쌀밥을 먹을 엄두나 냈겠냐는 훈계도 듣는다. 여성 동지들은 결혼을 하지 않으면 더 소문에 시달리고 결국은 결혼을 해야만 한다. 결혼을 하면 아이를 낳게 마련인데 아이들의 운명도 서로 다르다. 어떤 애는 따뜻하고 고급스런 포대기를 두르고 보모의 품에 안겨 있고, 어떤 애는 더러운 삼베 쪼가리를 두르고 침상에 눕혀져 울어댄다. 부모는 아이 보조금(매월 25원, 돼지고기 2근 반 값) 덕에 맛보는 고기를 씹어대고 있다, 이 보조금이 없으면 그들은 고기 맛을 볼 수도 없으니까.

그런데 여성 동지가 결혼한 뒤 집에서 아이를 키워야만 하는 형편이 되면 '집으로 돌아간 노라'라고 공개적인 풍자를 듣게 마련이다. 그리고 보모를 데리고 있는 여성 동지는 매주 하루는 가장 위생적인 사교춤을 출 수 있다. 비록 등 뒤에서는 수군거리며 비방하겠지만 어쨌든 그녀가 그런 곳에 가면 거기서는 모든 이들의 눈길이 그녀를 좇는다. 일체의 이론과는 전부 무관하고 일체의 주의 사상과도 모두 무관하며 일체의 개회 연설과도 모두 무관하다.

이혼 문제도 마찬가지다. 대개 결혼 때는 세 가지 조건에 주의를 한다. 1. 정치상 순결한가 여부 2. 연령 외모가 비슷한가 여부 3. 피차 도움이 될 수 있는가 여부. 이 세 가지 조건이란 게 거의 모든 사람들이 다 갖춘 것인데도 거창하게 고려를 한다. 그런데 이혼의 구실은 반드시 여성 동지의 낙후이다. 나는 여성이 스스로 진보하지 못하고 자기 남편을 퇴보하게 하는 게 가장 수치스러운 일이라고 생각한다. 그렇지만 그네들이 어떻게 해서 낙후하게 되었는지도 좀 살펴보자. 그네들도 결혼 전에는 고고한 이상을 품고 힘겨운 투쟁의 생활을 해왔다. 생리적 요구와 "피차 돕자"는 밀어를 속삭이다 결혼을 했고, 이에 그네들은 어쩔 수 없이 집에 돌아간 노라가 되어 버렸다. 그네들도 '낙후'될까봐 사방으로 뛰어다니면서 탁아소에 아이들을 받아달라고 요구하고 자궁을 들어내 달라고 요구했다. 생명의 위험을 무릅쓰고 낙태 약을 먹으려고도 했다. 그렇지만 그네들은, 아이 기르는 것이 일이다, 그저 편안하려고만 하지 말고 멀리 달리려고만 하지 마라, 도대체 무슨 훌륭한 정치공작을 했다고 아이 낳는 걸 겁내고, 낳은 다음엔 책임을 지지 않으려 하느냐, 누가 당신네더러 결혼하라고 했냐는 답을 듣게 된다. 그래서 그네들은 '낙후'의 운명을 피할 수 없었다.

능력 있는 여성이 자기 사업을 희생하고 현모양처가 되었을 때 처음에는 사람들의 칭송을 듣지만 십여 년 뒤에는 '낙후'의 비극을 벗어날 수 없다. 지금 내가 한 여성의 눈으로 보더라도 이들 '낙후'분자는 사랑스럽지 않은 여성이다. 피부는 쭈글거리고 머리털은 빠졌으며 생활의 피곤으로 말미암아 마지막 애교마저 사라졌다. 이런 비운에 처한 것이 아주 자연스러운 것도 같다. 구舊 사회에서는 그네들은 가련 박명하다고 일컬어졌을 수도 있지만, 오늘날에는 모두가 자기 책임이고 동정의 여지가 없다. 이혼은 일방이 제출해도 된다거나 쌍방이 동의해야 한다거나 하는 법률상의 논쟁 문제가 아니다. 이혼은 대개 남자가 제기한다. 여자가 한다면 더욱 부도덕한 일이 되고 여자가 욕을 먹게 된다.

나도 여자라서 다른 누구보다도 여자의 결점을 더 잘 알지만 여인의 고통에 대해서는 더욱 잘 알고 있다. 그네들은 초시대적 이상적일 수 없으며, 철로 이루어진 존재가 아니다. 그네들은 사회의 모든 유혹과 소리 없는 압박에 저항하기 힘들다. 그네들 개인마다 모두 피눈물 나는 역사를 가지고 있으며 숭고한 감정을 품고 있었다. 연안에 온 여성 동지들이 억울하지 않도록 관용을 가지고 낙후의 지경에 빠진 여성들을 돌아보자는 것이다. 또한 남자들, 특히 지위가 있는 남자들과 여자들이 모쪼록 이들 여자들의 잘못을 사회와 관련지어 보길 바란다. 공리공담을 덜 하고 실제 문제를 많이 논의하고 이론과 실제가 어그러지지 않게 해서 모든 공산당원이 수신의 차원에서 모두들 책임을 지도록 하면 좋겠다.

여성 동지들, 특히 연안의 여성 동지들에 대해서도 소소한 바람이 있는 바 자신을 독려하고 우호적이었으면 한다. 세계에서 무능한 사람이 자격을 가지고 모든 것을 얻은 법은 없다. 그러니 여자들이 평등을 얻기 위해서는

우선 자신을 강하게 해야 한다. (무산계급도 좋고 항전도 좋고 부녀도 좋고)
어느 진영의 일원이 된 사람으로서 매일 주의해야 할 사항만 이야기해 보자.

첫째, 낭만이라든가 하는 오늘날의 환경에 맞지 않는 감정으로 무절제한
생활을 하다가 건강을 해쳐서는 안 된다. 둘째, 나태하지 말고 매일 조금이
라도 의미 있는 공작을 하고 책도 좀 읽으면서 유쾌한 삶을 살아야 진취적
일 수 있다. 셋째, 머리를 써서 사색하는 습관을 들여 탁류에 맡기는 삶을
살지 않도록 해야 한다. 넷째, 인류를 위한 원대한 포부를 가지고 각고의
결심을 해서 끝까지 견지하도록 하자.

이 글은 1942년 3·8여성절을 기념해서 글을 써달라는 《해방일
보》문예란 담당자의 청탁을 받고 그날 새벽 부랴부랴 탈고해서 넘긴
것이었다. 게다가 정령이 이 글을 쓸 때 염두에 있었던 것은 여성 당
원들이 불공평하게 당한 두 건의 이혼사건이었다. 그리고 자신도 국
민당에 의한 연금 시절 딸을 출산한 경력과, 12세 연하인 세 번째 남
편과의 결혼이라는 경력 때문에 온갖 소문과 쑥덕공론에 시달린 터
였다. 그랬기에 다분히 감정적이고 냉소적인 어투였다. 그렇기는 하
지만 이 글은 전체적으로 보아 혁명 속에서 여성 또는 여권이 당하고
있는 수난을 두 가지 측면에서 날카롭게 지적한 것이었다.

첫째는 혁명의 과정에서도 남녀차별이 여전하다는 점이다. 혁명을
수행해가는 남성 당원들이 여성 당원을 혁명적 동지로 보는 이외에
여전히 성애의 대상으로서 보고 있기 때문에, 그들의 여성관은 구태
의연한―당의 표현대로라면 봉건적인―측면이 있다는 것이다. 여성
당원들은 여전히 피동적으로 감상의 대상이 되기에 그네들의 사생활
에 대해 남성 당원들은 필요 이상으로 수군댄다는 것이다. 이것이 구
태의연한 성차별의 시각이 아니고 무엇이겠는가.

그리고 덜 세련된 모습을 깔보는 도시 여성 티를 내서는 안 된다면

서, 즉 투박한 혁명가의 이미지를 여성에게 요구하는 동시에 여성은 아름다워야 한다는 이중적인 기준을 적용하는 남성 당원들의 모순된 심정도 마찬가지로 구태의연한 여성관이 남아있는 것이었다. 양육이나 가사는 보모에게 맡기고 사교춤을 출 수 있을 정도로 여유 있고 아름다운 여성이 총애를 받고, 가사와 양육에 매몰되어 낙후되고 늙은 조강지처는 이혼당하고, 남성 당원들은 막 도시에서 온 젊고 아름다운 여성들과 재혼하려는 상황이야말로 고전적인 남녀차별의 표현이 아니고 무엇이겠는가. 어디 그뿐인가. 여성은 으레 결혼을 해야 하고 출산과 육아가 바깥에서의 정치적 공작보다 훨씬 중요한 과업이다. 그리고 여성이 이혼을 제기하면 부도덕한 일이라는 인식이 가득 차 있다.

둘째는 여성 당원들 일반에 대한 남성 당원들의 성차별적 시각 외에 결혼한 여성끼리─또는 남성끼리─도 불평등이 있다는 점이다. 보모에게 일을 맡기고 바깥 활동을 할 수 있는 기혼 여성은 진보할 수 있지만, 여유가 없는 기혼 여성은 가정에 파묻혀 낙후된다. 그리고 아이들도 마찬가지로 부유한 집안에 태어났는가 아닌가에 따라 다른 대접을 받는다. 여유 없는 집의 부모는 아이 육아보조금으로 겨우 돼지고기를 맛볼 수 있으니까 더 말할 나위도 없다. 이는 혁명 근거지의 중심인 연안에도 계층간 불평등이 있다는 현실을 풍자한 것이었다.

그런데 이 글에서 가장 문제가 된 부분은 '위생적인 사교춤'이었다. 모택동의 아내 강청江靑이 매주 한 번은 춤을 추는 것이 위생적이라는 이야기를 한 적이 있었기 때문에, 마치 모택동을 비판한 것처럼 읽힌 것이다. 그래서 이 글이 일단 연안의 여성들은 다른 지역 여성들보다는 행복하다는 전제를 달았고, 여성들이 스스로 노력해서 낙후되지 않도록 하자는 다짐으로 끝내면서 이런 불평등한 모습을 해

소할 방안을 모색하는 데 주안점이 두어졌음에도 정풍 때 비판의 대상이 되었다.

혁명의 과정 속에서도 남녀관계라는 미묘한 문제는 '혁명적인 해결'을 보기가 어려우므로 혁명 속에서 여권이 미묘하게 침해될 수 있음을 잘 보여주었음에도 그녀는 정풍운동 때 자신이 잘못했다고 시인했다. 그리고 항일과 혁명을 드높이는 작품들을 대량으로 창작했다. 연안을 포함한 소비에트 근거지가 일본과 국민정부의 이중 포위망 속에서 어려운 때에, 즉 위급한 상황에서 적을 앞에 두고 후방을 교란시키는 글을 쓴 셈이 되었다고 시인한 것이다. 구국과 혁명이라는 커다란 명제 속에서 여권이란 문제를 제기하는 것 자체가 사치스러운 일이라고 마음을 접은 것이다. 그녀가 자아비판을 하고 혁명전사의 삶을 다루는 작가로 회귀한 것은 공산당 지배 지역이 그나마 국민정부 지배 지역보다는 여권 문제가 크게 개선되었다는 전제 때문이었다.

그러나 혁명 속의 성차별을 문제 삼은 자신의 견해가 짧은 것이었음을 자인하고, 신중국 수립 이후 문예계 요인으로서 당의 지도 아래 분출되는 농민들의 토지개혁 열기 곧 인민의 집체적 힘이 가져오는 거대한 변화를 그린 장편대하소설 〈태양은 상건하를 비춘다〉와 같은 부류의 작품만 쓰게 되었음에도[13] 그녀의 수난은 오히려 가중되었다. 본격적인 반우파 투쟁이 시작되기도 전에 문예계를 휩쓴 숙청운동의 대상이 된 것이다(1955). '정령·진기하陳企霞 반당집단'에 정령과 함께 묶인 진기하란 인물이 바로 정령에게 〈'삼팔절'유감〉을 청탁한 《해방일보》 담당자였으니, 그녀의 여성주의적 시각이 얼마나 큰 족쇄가 되었는지 알 수 있다.[14]

재심에서 반당집단의 혐의를 벗는 듯하다가 이어 몰아닥친 반우파 투쟁(1957)에서 우파로 지목되었다. 당적을 박탈당한 남편 진명이 하

1958년 세번 째 남편 진명과 함께. 이후 문혁기간까지 기나긴 험로가 시작된다.

방下放된 동북지역으로 따라 내려 가(1958), 군중 속에서 자발적으로 노동을 하면서 고단하지만 혁명 과 혁명적 군중에 대한 애정은 여 전한 세월을 보냈다. 그러나 문혁 이 시작되자 정령은 더욱 혹독한 시련을 겪었다. 젊은 조반파造反派 에게 욕을 먹고 폭행을 당하는 것 은 물론이고, 원고도 빼앗겼다. 외양간(牛棚)이라는 1인 연금시설

에 갇히면서 남편과 헤어졌고, 끝내 북경에 소환되어 악명 높은 감옥 에서 힘든 독방생활을 5년이나 해야 했다. 혁명과정 속에서도 성차별 이나 계층간 불평등이 여전하다는 점을 지적한 대가치고는 가혹하기 짝이 없는 시련이었다.

4. 혁명적 인민 속에서 여성의 위치는?

문혁이 끝나고 북경으로 돌아온 정령은 다시 작품생활을 시작하였 다. 20여 년 만의 일이었다. 1984년에는 우파, 반당분자라는 불명예를 벗고 명예회복이 되었고, 그로부터 2년 뒤 병상에서도 원고를 놓지 않는 투병생활을 하다가 세상을 떴다. 문혁의 고초를 겪고 난 뒤에 그녀가 가장 먼저 착수한 작품은 토지개혁 공작조가 물러난 뒤 국민 당 지배를 받게 된 상건하 지역의 농민들이 그 혹독한 시절을 어떻게 극복해 나가는가 하는 점을 그리려는 것이었다.15) 그리고 다음으로 착수한 것이 하방시절에 만난 모범적인 농민 여성을 소재로 한 소설 이었고, 개인적으로 이 소설에 큰 애착을 보였다.16)

신중국 건국 이후 문혁의 광풍 속에서도 묵묵히 자신의 위치에서 최선을 다해 일하는, 일상생활에서의 혁명전사였던 노동여성의 일대기를 쓰고 여기 애착을 보였다는 것은, 혁명 속에서 여권이 신장된다는 측면을 강조한 것을 의미한다. 말년에 이르러서도 온갖 고초를 불러온 〈'삼팔절'유감〉에 대해, 자기가 잘못 썼고 모택동의 관점이 옳았다는 이야기를 하는 것을 보면, 전체 노동여성의 입장에서 보아 혁명이 여권의 신장에 기여했다는 생각이 우선했던 것 같다.

정령은 그 시대로서는 드물게 예교를 거부하거나 무시하고 세 차례의 결혼을 감행하면서, 인간 여성의 욕구를 인정해달라는 '성애의 자유'를 자신의 삶을 통해 실천한 여성이었다. 그리고 혁명의 과정 속에서 여권이 침해되고 있는 현실을 날카롭게 주시하고 문제제기를 하기도 했다. 그런데 그녀는 어째서 말년까지 자신의 문제제기가 잘못이었다고 말한 것일까?

우선은 항일과 혁명이라는 과업이 위태로운 때에 그런 글을 쓴 것은 사소한 모순을 과장한 셈이 되어 혁명에 누를 끼칠 수 있다는 생각에 변함이 없었다는 점을 들 수 있다. 즉 장기적으로 보아 중국의 근대화 과정에서 여성 문제의 해결이 절실하지만, 일단은 공산당 지배 아래 중국이 국민당보다는 여성 문제의 해결에 더 낫다는 판단 때문이었다. 그렇기에 말년인 1980년대에 중국 사회에서 여전히 남녀가 불평등하여 여성 문제가 완전히 해결되지는 않고 있다는 사실을 인식하면서도, 원인을 수천 년에 걸친 봉건제도와 봉건사상의 의식이 신사회에 미치고 있는 영향으로 돌리고 있다.[17] 그리고 "전체 인류의 해방이 있어야만 비로소 다시는 여성 문제가 있을 수 없게 된다"는 그녀의 지론은 사회주의 건설을 위해 열심히 노동하는 인민에 대한 그녀의 예찬과 맞물려 있다.

고위급 작가로 생활하다가 하루아침에 반우파로 몰려 글쓰기를 포

정령의 필적

기한 채 동북지역의 개간사업에서 노동자로 세월을 보내다가 문혁의 고초까지 겪었으면서도, 그녀는 "나는 당을 따라서 항일전쟁과 해방전쟁을 겪었고 또한 58년에는 동북 개간지역에도 갔다. 이 일련의 세월은 몇 십 년이나 되는데 이 몇 십 년은 나에게 아주 유익한 점이 많았다. 나는 인민을 떠나지 않았고 이들 보통사람들 속에서 아주 많은 스승들을 알게 되었다"고 술회했다. 그래서 자신의 머릿속에서 살아 숨 쉬고 있는 이들 혁명적 인민을 작품으로 담아내지 않을 수가 없다는 것이다. 이렇게 혁명적 인민과 그 가운데 다수를 차지하는 노동여성 인민의 처지를 강조하다 보니, 신중국이 노동여성 인민에게 가져다 준 평등의 측면을 더 높이 사게 된 것이다.

확실히 신중국 건국 이후 전체 여성의 지위는 크게 높아졌다. 그러나 정령의 사후 개혁개방이 가속화해 사반세기 이상이 흐른 지금, 중국의 여성 문제는 심각한 모습을 드러내고 있다. 국유기업에서 일차적인 해고대상이 되는 것은 여성이고, 도시의 젊은 여성은 손쉽게 벌 수 있다는 이유로 매춘을 비롯한 유흥업소로 몰리고, 가난한 농촌을 떠나 도시로 흘러들어온 민공民工 여성은 값싼 매춘여성으로 내몰리고 있다.[18] 건국 초보다 평등의 이념이 많이 퇴색하고 있는 것이다.

당의 지도와 그 지도를 따르는 혁명적 인민의 역량에 대한 총체적인 믿음이 앞서서 인민 속 여성의 위치에 대해서는 침묵한 것도 이러한 퇴색을 불러오는 데 일조한 게 아닐까? 혁명과정 속에서도 성차별이 여전하다는 의미심장한 문제의식을 계속 가지면서, 당과 어느 정도 거리를 두고 여권의 독자적인 영역을 키워 올 수는 없었던 것일까? 정령의 행적에 아쉬움이 남으면서 또 다른 〈'삼팔절'유감〉이 간절히 기대된다.

■ 주

1) 정령, 〈寫給女靑年作家〉, 《정령문집》5 (湖南人民出版社, 1984), 244쪽.

2) 이하 정령의 생애와 활동에 대해서는 특별한 주기가 없는 한 윤혜영, 〈민국 전기 정령의 삶과 신여성의 정체성 탐색〉, 《역사와 문화》4, 2001. 9, 207~232쪽, 〈정령 (1904~1986) - '여권론자'와 '혁명전사'의 사이에서〉, 《중국사연구》20, 2002. 10, 393~411쪽, 〈정령, 혁명 속 신여성의 고뇌〉, 이화여자대학교 중국여성사연구실 엮음, 《중국 여성, 신화에서 혁명까지》(서해문집, 2005), 406~427쪽 여기저기에 의거한 것임.

3) 그녀 자신이 출생지를 澧臨縣이라고 한 경우도 있다(丁玲, 〈自述〉, 《정령문집》5, 1984, 295쪽).

4) 정령을 용감한 신여성으로 살아가게 한 데는 마찬가지로 용감한 규수 출신 어머니의 영향이 컸다. 과도기의 용감한 여성상을 보여주는 여만정(1878~1953)의 삶에 대해서는 정령, 〈我母親的生平〉, 《정령문집》5, 199~212쪽이 도움 된다.

5) 소설 내용은 노신, 〈傷逝〉, 죽내호 역주/ 김정화 옮김, 《노신문집》1 (일월서각, 1985), 235~253쪽 참조.

6) 이하 소설 내용은 《中國現代作家選集 丁玲》(홍콩: 삼련서점판), 3~40쪽에 수록된 것을 필자가 분석한 것임.

7) 호야빈과의 만남, 그에 대한 절절한 그리움을 담은 이 소설은 《정령문집》3, 1982,

308~312쪽에 수록되어 있다.

8) 쭝청 지음/ 김미란 옮김, 《딩링》(다섯수레, 1998), 48쪽.

9) 노신의 소설 〈祝願禮〉에 나오는 祥林嫂라는 인물은 사후 두 동강이 날까봐 두려움에 떨다가 객사했다. 소설 내용은 《노신문집》1, 147~162쪽에 의함.

10) 장융 지음/ 노혜숙 옮김, 《대륙의 딸(11판)》1(대흥, 1996), 99~100쪽.

11) 상해의 학생운동가 출신으로 섬북으로 온 진명을 정령이 알게 된 것은 1937년 여름에 위문단(西北戰地服務團)을 조직해 함께 활동하게 되면서부터였다. 진명은 12세라는 연령 차이와 기타 거리감 등 때문에 잠깐 다른 여성과 결혼했지만 결국 이혼하고 정령과 재혼을 했기 때문에 그들의 결혼에 대해서는 말들이 많았다. 두 사람의 관계에 대해서는 《딩링》, 185~212쪽 참조.

12) 《정령문집》4, 1983, 388~392쪽에 따름. 이 글은 급히 서둘러 써서 그런지 간혹 직역의 경우 의미가 부정확한 부분이 있어서 그런 부분은 의역을 해서 간추렸다.

13) 이 소설은 1948년 9월에 출판되고 다음 해에 소련에서 완역 출간되었다. 《딩링》, 237~8쪽.

14) 이 외에 소설 〈병원에서[在醫院中]〉에 드러난 소자산계급의 관점, 1953년의 강연에서 작가란 두고두고 남을 책 한 권을 쓰면 된다고 주장한 것 등이 죄목이 되었지만 가장 주된 공격대상은 〈'삼팔절'유감〉이란 글이었다.

15) 《엄동설한의 나날 중에[在嚴寒的日子裏]》라는 제목이다.

16) 소설 제목인 《杜晚香》은 작중 인물의 이름이다. 정령이 우파로 지목되어 동북으로 가서 노동생활을 하다가 2년여를 함께 한 실존여성을 모델로 한 것이다. 이 작품은 동북지역 인민의 사회주의 건설에 대한 열정에 감동받아 집필한 것이었다. 정령, 〈關于《杜晚香》〉, 《정령문집》5, 422~429쪽.

17) 이하 말년의 여성문제에 대한 그녀의 인식은 〈寫給女靑年作家〉, 245~246쪽에 따름.

18) 라오웨이 지음/ 이향중 옮김, 《저 낮은 중국》(서울: 이가서, 2004), 49, 82~91, 51쪽.

강극청 康克清
공산주의 이상을 실천한 홍군 전사

김 정 화

1. '큰언니' 강극청

　중국 홍군紅軍의 뛰어난 여성 지휘관이자 여성해방 및 아동보육에
공적을 남긴 강극청康克淸(1911~1992)은 '강 언니〔康大姐〕'란 애칭으로
도 불리지만, 그녀의 인생은 그렇게 따뜻한 것만은 아니었다. 그녀는
먼저 군인으로서 이름을 날렸다. 강극청은 1920년대 중국의 내전시
기에 홍군에 투신했는데, 곧 홍군 사령관 주덕朱德(1886~1976)과 결혼
하게 된다. 그 뒤 홍군 여자의용대 대장으로 직접 부대를 이끌었고,
여사령女司令이라고 불릴 정도로 출중한 전투 지휘능력을 발휘했다.
1934년 장개석의 5차 초공剿共이 시작되자 퇴각하는 홍군을 따라 유
명한 2만 5천 리의 장정長征에 참여했다.

　군인으로서뿐만 아니라 후기의 정치적 행보도 중량감이 있었다.
1934년 1월 중화소비에트공화국 임시중앙정부 제2차 집행위원회 후
보위원으로 선출되었고, 1945년 4월 연안延安의 중국공산당 전국대표
대회에 군 대표로 참석하였다. 여러 직책을 거치다가 1949년 중국 인
민정치협상회의 제1차 회의에 참가하여 건국대계를 협상했고, 이후

중국공산당대회 대표(7·8차)와 중앙위원(11·12차), 전국인민대표대회 대표(1·2·3·6차) 및 상임위원(4·5차), 전국정협全國政協 위원(2·3차)과 상임위원(4차), 부주석(5·6차)을 역임했다.

또 1949년 3월에는 제1차 중국 부녀전국대표대회에 출석하는데, 이 회의를 계기로 일생을 군인으로 살겠다는 목표를 바꿔 사회와 정치, 부녀·아동을 위해 일하게 된다. 그 뒤 전국부련全國婦聯 상임위원(1~5차)을 맡고, 아동복리부兒童福利部 부장·부주임, 중국인민보위아동전국위원회中國人民保衛兒童全國委員會 비서장·부주석·주석, 송경령기금회宋慶齡基金會 회장을 지냈다. 특히 아이들을 위해서 중국아동 및 소년기금회中國兒童和少年基金會 회장, 전국아동소년공작협조위원회全國兒童少年工作協調委員會 주임을 지냈다.[1]

강극청은 이처럼 오랜 기간 군과 공직에 있으면서 홍군 지휘관과 공산당 지도자로서 공헌하였고, 신중국이 건국하자 여성해방운동과 아동보육활동에 힘써서 뛰어난 업적을 이루었다. 그럼에도 말년의 문화혁명 기간에는 남편과 함께 고초를 겪는 등 생애 자체가 중국공산주의 운동사의 일부라고 해도 지나친 말이 아닐 만큼 중국공산주의 운동의 한가운데에 있었던 풍운의 여호걸이었다.

중국인에게 새겨진 강극청에 대한 기억은 공산주의자이자 스스로를 해방시킨 여인이라는 인상과 함께, 불굴의 정신과 휴머니즘 실현자라는 인식이 강하다. 민며느리, 여자 홍군 병사, 부대의 교육으로 성장한 홍군의 모범인물, 보통 어머니이자 위대한 어머니,[2] 추구·분투·봉사·헌신의 생애,[3] 강직함과 엄격한 공사公私 구분, 특권의식이 없고 소박하고 검소한 태도의 노老공산당원,[4] 주덕의 정신을 이어받은 '강 따지에'[5]로 남아 있는 것이다.

이 글에서는 간고분투艱苦奮鬪, 노동존중, 인민사랑, 실사구시의 공산주의자로서 살아가면서, '공이 크지만 그 공을 다른 사람에게 돌리고, 덕이 높지만 드러내지 않고, 지위가 높지만 개인 이익을 추구하지 않았던〔功高不自居, 德高不自顯 位高不自私〕' 인간 강극청의 삶을 조명해 보고자 한다.

　시대와 환경이 바뀌어도 불굴의 정신과 노력, 봉사와 배려, 노동존중, 절약과 검소 등은 변함없는 인간적 덕목이라 할 수 있다. 이러한 덕목을 잃어버리고, 황금이 종교가 된 이 시대에, 초기 중국 공산주의자들이 이상으로 여겼던 덕목－공산주의적 이상과 유교의 덕목이 합해진 것－을 실천하면서 살았던 강극청의 삶을 추적해 보는 것은 의미 있는 작업일 것이다.

2. 민며느리 강계수康桂秀

1) 공산당원 양아버지의 가정[6]

　강극청은 1911년 9월 7일(음력 7월 15일) 강서성江西省 만안현萬安縣 나당만羅塘灣 대옥장大屋場의 가난한 어부 강연순康年荀의 딸로 태어났다. 형제 자매가 10명으로, 너무 가난했기 때문에 태어난 지 40여 일 만에 나기규羅奇圭에게 민며느리로 주어졌다. 강극청(어릴 때 이름은 康桂秀)은 민며느리였지만 그 집에서 딸처럼 컸다.

　양아버지 나기규는 나당만 최초의 공산당원으로 농민협회의 주석이었는데, 집에서 당 집회를 가졌다. 양아버지는 옛날이야기를 많이 알고 있어서, 계수에게도 자주 이야기를 해주었는데, 어린 계수는 이야기를 들으며 여자들 가운데에도 능력이 있는 사람이 많다는 것과, 세상에는 너무나 많은 불공평한 일들이 있다는 것을 알게 되었다. 이러한 가정환경 때문에 철이 들면서부터 계급의식과 부자에 대한 증오감을 가지게 되었다.

　양아버지의 집안도 가난해서 생활은 어려웠지만, 다른 민며느리에

비해서 계수는 행운아였다. 욕먹고 매를 맞기도 했지만, 양부모와 할머니는 후덕한 사람들이어서 어려운 환경에서도 계수를 친자식처럼 대해주었다. 그녀도 다른 가난한 집 아이들처럼 예닐곱 살 때부터 나무를 줍고 소에게 풀을 먹이는 등 잡다한 집안일을 배우기 시작했다.

당시 중국 아이들은 어려서 전족纏足을 했는데, 보통의 가정에서는 네댓 살부터 전족을 시작했다. 전족은 억지로 발을 작게 하는 것으로, 두 발을 천으로 꽁꽁 감싸서 크지 못하게 만드는 것이었다. 전족은 정조 보전과 남자의 성적 도구화, 그리고 외모의 의미로 시작되었는데, 발이 큰 여자는 남에게 놀림을 당했다.

계수가 열 살이 되었을 때 할머니가 전족을 시켰다. 그러나 계수는 할머니가 나가자마자 발을 싸맨 천을 풀어버리곤 했다. 할머니는 화를 냈지만, 양모가 나서서 전족을 하면 산에 가서 나무를 할 수도 없고, 집안에서 일을 시키기도 곤란하다고 설득했다. 강극청은 이렇게 전족의 재난을 피했기 때문에 나중에 공산혁명에 참가하여 남으로 북으로 종횡하면서 종군하였고, 2만 5천 리의 장정을 완수한 홍군 전사가 될 수 있었다.[7]

어느날 광주리를 메고 동네의 학교를 지나는데, 책 읽는 소리가 낭랑하게 들려왔다. 계수는 집에 돌아와서 양모에게 학교에 가고 싶다고 말했다. 양모는 고개를 흔들면서 "지주나 부잣집 도련님과 아가씨가 학교에 갈 수 있다. 너처럼 가난한 집 아이가 어떻게 학교를 가겠느냐?"고 말했다. 그 말에 충격을 받은 그녀는 다시는 학교에 가겠다는 말을 하지 않았다.

친구인 사춘기 소녀들은 환경을 비관했다. "이렇게 하루 종일 벌 받듯이 사는 것은 죽는 것보다 못해"라는 친구의 말에 계수는 "우리 일생은 죽기 위해서 사는 거야. 설마 살 길이 없겠어? 어딘가 우리가 갈 길이 있을 거야"라고 말했다. 계수는 광동혁명군이 북벌을 시작해서 제국주의와 군벌을 타도한다는 것을 들은 기억이 났다. "북벌군에는 여자부대[女兵隊]가 있어서 훈련도 받고 글자도 배우고 사상교육도 받는다는데, 그곳이 우리가 갈 길이 아닌가"라고 말했다. 이 말은 친구들에게 충격을 주었다. 아는 사람도 없고 방법도 모르지만 계수는 이때부터 병사가 되겠다는 마음을 굳혔다.

2) 부녀협회 등 초기 활동과 봉기 참여

1924년 겨울, 공산당원 증천우曾天宇·장세희張世熙 등 10여 명의 청년들이 만안현에 만안청년학회萬安青年學會를 조직했다. 그들은 잡지 《청년青年》을 창간하고, 야학[平民夜校]을 세우고 여러 모임을 만들어 공산주의를 선전하고 사회문제를 조사했다. 또 청년들을 모아, 〈인력거꾼의 혼사[車夫的婚事]〉 등 몇 개의 연극을 공연했다. 이것을 통해 신사상을 선전하고 남녀평등, 혼인의 자유를 제창하고 전통 예교에 반대했다.

거의 모든 공연을 보면서 감동을 받은 계수는 강연과 야학에도 참여했다. 거기서 소련의 10월혁명을 알게 되었고, 10월혁명에서 지주와 자본가를 타도하고, 착취와 억압이 없는 사회를 건설했다는 것을 배웠다. 또 빈민이 들고 일어나서 혁명을 일으킨다면, 세상이 바뀌고 새롭게 나아갈 길이 있음도 알았다. 열네 살이었던 계수는 자신이 민며느리라는 인식과 환경 때문에 당원들이 말하는 공산혁명의 의미를 진리로 받아들였고, 공산혁명운동에 투신하게 되었다.

북벌군의 승리 소식은 곧 만안까지 들려왔다. 이 무렵 강서와 호남은 공산혁명운동의 소용돌이 속에 있었는데, 나당만에서는 증천우의 지도 아래 공산당의 활동이 활발했다. 이때 계수는 나당만 부녀협회를 조직, 상임비서가 되어 각 곳을 다니면서 선전활동을 하였다. 1926년에는 구부협區婦協 선전위원宣傳委員으로 남자들과 마찬가지로

혹한이나 우천 때에도 부녀선전대원들을 이끌고 나당만 일대에서 활동했다. 부녀를 동원해서 토호열신土豪劣紳을 타도하고, 동시에 여자학대, 민며느리 학대, 매매혼에 반대하고, 남녀평등·아편금지·도박금지를 제창했다. 또 여자들에게는 전족을 풀고 단발할 것을 권유했다.

습관을 고치는 것은 지주를 타도하는 공산혁명보다 어려웠다. 거기다 상황이 유동적이라 더욱 어려웠다. 후에 국민당군이 마을을 다시 점령하자 단발한 여자들은 공산당원으로 여겨지는 것을 우려해 가발을 만들어 쓰거나 옷감으로 머리를 싸매야 했다.

1928년 1월 초, 만안현 농민군은 정강산에 가서 모택동·주덕의 홍4군紅四軍과 합류, 해방전쟁을 시작했다. 그들은 먼저 만안 부근의 수천현遂川縣을 점령하고, 4만 명의 병력을 모아 만안현성을 공격했다. 국민당군은 농민군의 위력에 전의를 상실하고 도주했다. 승리한 농민군은 만안현 소비에트정부의 성립을 선언했으나, 이 소비에트는 오래가지 못했다. 국민당군이 몇 배의 병력으로 만안현을 공격해 왔고, 중과부적의 상황에서 현위원회와 현소비에트정부는 현성에서 철수하여 유격대로 전환할 것을 결정했다.

이 전투가 실패함으로써 나당만의 공산당은 큰 어려움에 빠졌다. 공산당원과 농민군은 돌아온 국민당군과 토호열신들에게 체포되어 살해되었다. 계수도 왕가촌의 외가로 피했다. 외할아버지는 계수를 장작더미 안에 숨게 했다. 그리고는 장작을 쌓아 외부인이 발견하지 못하도록 하였다.

양아버지 나기규는 공산당원이자 나당현 농민협회 주석으로 역시 몸을 숨기고 있었다. 그 소용돌이 속에서도 양아버지는 계수가 체포될 것을 걱정하여 그녀를 결혼시키려 했다. 계수는 밖에서는 체포하려고 혈안이 되어 있는 국민당군 때문에, 집 안에서는 결혼시키려는 양아버지의 압박으로 힘든 나날을 보내야 했다.

　계수는 홍군이 되고 싶었다. 그러나 정강산은 만안에서 몇 백 리나 떨어져 있었다. 더구나 여자 아이가 어디 가서 홍군을 찾을 것인가? 그러나 기회는 생각보다 빠르게 찾아왔다. 1928년 음력 8월, 만안현성에 대한 공격을 준비하려고 홍군 몇 명이 나당만에 왔다. 그들은 정강산의 홍4군이었는데, 정강산에 이미 공농工農혁명 근거지가 건립되어 있다고 말했다. 그들은 만안 농민들에게 홍군 참여를 권유했다. 계수는 같이 활동했던 친구들인 증화영曾華英(증천우의 여동생), 장량張良, 나항수羅恒秀, 유계수劉桂秀, 주정란朱挺蘭, 장경수張庚秀와 함께 정강산으로 출발했다.

　계수에게 홍군이 된다는 것은 가정의 속박에서 벗어나는 것이었고, 국민당군의 추격과 체포로부터 자유로워진다는 것이었다. 또 빈곤한 생활과 민며느리의 고난에서 해방된다는 것을 의미했다.

3. 홍군 전사로서의 생활

1) 모택동의 여성해방론 학습

　정강산에 오기 전부터 계수는 모택동과 주덕의 명성을 듣고 있었지만, 모毛・주朱가 한사람인 것으로 알고 있는 수준이었다. 정강산에 온 뒤 직접 그들을 만날 수 있었고, 마음속으로부터 존경심을 가지게 되었다. 어느날 주덕 군장軍長을 보았는데, 중간 정도의 키에 체격은 건장했고, 위엄 있는 어른의 모습이었다. 가까이에서 보니 회백색의 군복을 입고 풀로 엮은 신발을 신었고, 몸은 야윈 편이었으며, 얼굴에 미소를 띠고 있었다. 위엄과 자상함이 묻어나는 모습이었다. 물론 그가 일생의 동반자가 되리라고는 생각지도 못했다.

　계수가 본 주덕의 첫인상은 편안한 시골 농민이었다. 이 때문에 한

홍군시절의 강극청

홍군 전사와 위엄과 명성을 갖춘 사령관(軍長) 사이의 거리는 줄어들었다. 당시 계수는 잘 이해하지 못했지만, 그것이 주덕의 독특한 기질이었고 위대한 점이었다. 행군하는 동안에 계수는 전사들이 하는 "우리 홍군 전사의 생활과 전투는 고난의 길이지만, 주군장도 우리와 똑같이 한다"는 이야기도 들었다.

부대가 민가에서 숙영할 때면 주덕은 농민들과 고향에서 있었던 일들을 이야기하면서, 그들을 위해 청소하고 농사일을 도와주는 등 자기 가족처럼 대했다. 그의 행동은 무의식 중에 많은 전투원들에게 영향을 주었고, 민과 군을 물과 물고기의 관계로 만들었다. 또 전투 중에도 주덕은 언제나 적의 정세를 미리 알아보고 지형을 살피고 병력 배치를 연구하고, 진지하고 세밀하게 전략을 세웠다.

정강산에 온 뒤로 계수는 홍군 전사로 단련되었다. 포성을 듣거나 포탄이 주변에서 폭발해도 놀라지 않았다. 대담해졌을 뿐 아니라 다리도 튼튼해졌다. 계수는 원래 힘이 세서 다른 사람의 물건을 등에 메거나 넘어진 동지를 부축해 주었다. 숙영지에 가면 다른 사람들은 피곤해 했지만 계수는 촌민을 도와 물을 긷거나 장작을 패 주었고, 그들과 대화하면서 촌민들의 생활을 조사했다.

어떤 때는 정찰대에 합류했는데, 모택동과도 몇 차례 조사를 간 적이 있었다. 조사한 주요 내용은 그곳의 계급투쟁 정황, 주변의 교통, 지형, 강의 흐름, 산림, 풍토와 인정 등이었다. 모택동은 직접 조사표를 작성했다.

"모 위원(모택동)은 내가 총과 배낭을 메고 있는 것을 보고 정신이 훌륭하다고 칭찬했다. 나는 좀 쑥스러웠다. 모 위원은 이름이 뭐냐, 어디서 왔으며 몇 살이냐, 집에 가족이 몇 명이냐고 물었다. 나는 사실대로 대답했는데, 모 위원은 다른 사람은 어머니가 한 사람인데 너는 어째서 어머니가 둘이냐고 물었다. 나는 한 분은 생모이며 한 분은 양모라고 대답했다. 그러자 모 위원은 둘 가운데서 누가 더 좋으냐고 물었다. 나는 '생모는 좋지 않습니다. 내가 태어난 지 40일 만에 나를 남에게 주었습니다. 그래서 양모가 좋습니다. 나를 때리고 욕했지만 그래도 돌보아 주었기 때문입니다'라고 말하다가 양모가 때리고 욕했던 일까지 드러나 버렸다."

모택동은 그녀에게 부녀가 억압받는 근원과 사유제私有制와 착취계급에 대해서 구체적으로 지적하고 분석해주었다.

"모 위원은 '생모가 너를 다른 사람에게 보낸 것을 원망하지 말아라. 그것은 지주나 부자들 때문이다. 너의 어머니가 아이를 데리고 살 수가 없어서였다. 또 양모도 원망하지 말아라. 양모 역시 압박받고 착취받는 노동하는 인민이다. 양모가 너를 때리고 욕한 것은 봉건사회의 독해이다'라고 말했다. 여기서 나는 나와 생모, 양모 모두 같은 등나무 위의 쓴 오이, 같은 계급의 전우라는 것을 깨달았다. 나처럼 고난을 겪는 부녀들이 전 중국에 1천만 명에 그치겠는가. 제국주의, 봉건주의, 관료자본주의는 우리 노동하는 부녀들의 진정한 적이다. 이 세 개의 큰 산과 네 개의 굴레를 뒤엎지 않고, 착취 계급과 사유제를 소멸하지 않고는 노동 부녀는 해방될 수 없다. 당시 모 주석은 '노동 부녀의 해방과 계급투쟁에서의 승리는 불가분의 것으로, 계급투쟁에서 승리해야만 부녀들은 진정한 해방을 얻을 수 있다'고 말했다."

이러한 대화를 통해서 계수는 모택동의 인식을 그대로 학습했고,

모택동의 신봉자가 되었다.

중국의 여성은 좋은 가정 출신이라도 태어나면서부터 '여자는 공직에 나갈 수 없다(婦無公事)'[8]라 하여 정치·경제·교육·군사 등 공적인 일에서 완전히 제외되었고, 방적이나 술과 음식을 살피는 것이 임무였다. 또 '삼종사덕(三從四德)'[9]이 여성의 행위 규범이었는데, 이는 무능과 순종을 조장하기 위한 기능이었다. 가난한 집의 딸들은 '부무공사', '삼종사덕' 등 전통의 굴레만이 아니라 태어나면서 남에게 주어지거나 버려지는 등 일생을 학대와 노동으로 비참하게 살았다. 노신魯迅의 소설 〈축복〉의 주인공 아주머니처럼 "굴욕적으로 살고 처량하게 죽어갔다."

그러나 강극청은 홍군병사가 되면서 이러한 굴레를 벗어버렸다. 홍군 병사로서의 생활 자체가 전통의 굴레를 끊는 것이었다. 특히 이후, 주덕과 결혼하면서 모택동毛澤東·주은래周恩來 등의 지도자들과 접촉할 수 있었고, 그들로부터 더 많은 가르침을 받았다. 또 홍군대학紅軍大學 등 홍군 안에 있는 교육기관에서 공산혁명지도자들로부터 마르크스-레닌주의를 교육받았다. 다 아는 바와 같이 초기 중국공산혁명 지도자들은 코민테른의 영향을 강하게 받았고, 이들의 여성관 역시 코민테른의 혁명이론과 투쟁전술의 영향을 받았다.[10] 그리고 이 코민테른의 공산주의 여성운동의 지침은 초기 중국공산주의 혁명 과정에서 모택동의 부녀정책[11]에 그대로 나타난다.

따라서 강극청의 여성해방사상은 코민테른의 지침과 모택동의 여성해방사상[12]을 그대로 학습한 것이었다. 생산 요소가 사유제인 사회의 문제를 인식하고, 계급과 계급투쟁의 관점으로 부녀문제를 생각했다. 그녀는 '중국에서 여성은 봉건정권과 함께 신권神權, 족권族權, 부권夫權의 압박을 받고 있다. 부녀가 억압 받는 근원은 생산요소 사유제와 착취계급의 압박 때문이다. 따라서 계급투쟁에서 승리하는 것만이 여성에게 진정한 해방을 가져다줄 수 있다'고 믿었다.[13] 그리고 그것을 실천했다. 초기 중국공산주의자들의 여성해방사상, 곧 모택동의 여성해방사상을 그녀는 자신을 해방하는 사상[14]으로 받아들인 것이다.

홍군에 들어온 지 얼마 안 되어 충격적인 사건이 일어났다. 안원현 安遠縣을 공격하다가 주덕의 아내 오약란伍若蘭[15]이 중상을 입고 적에게 체포된 것이다. 오약란은 가혹한 고문을 받았고, 처형당했다. 그녀는 처형되기 직전 고통 속에서도 혁명 구호를 외쳤고, 그 때문에 더 분노한 국민당군은 그녀의 목을 잘라 장대에 걸고, '공비共匪수령 주덕의 처 오약란'이라고 써서 대나무로 만든 상자 위에 세워서 강에다 버려 흘려 보냈다.

오약란은 부녀조婦女組 간부였다. 홍군 병사로서 많은 일을 했고, 계수에게도 많은 도움을 주었다. 그녀는 실천적이었고, 좋은 품성을 가졌다. 오약란의 희생은 계수에게 큰 영향을 주었다. 그녀의 희생으로 계수는 혁명에 큰 희생이 따른다는 것을 알게 되었다.

2) 주덕 군장軍長과 결혼

국민당군과 전쟁하면서도 주덕은 시간이 나면 부녀조에 와서 여군들과 이야기했다. 어느날 부녀조 조장 증지曾志가 계수에게 주군장의 인상이 어떠냐고 물었다. 계수는 "그런 군장은 드물죠, 사실 높은 분이지만 관료풍이 없고, 전사와 똑같이 전투하고, 잘 싸우고, 또 학문이 있고……"라고 말했다. 조장은 "주군장이 너를 아주 좋아해. 조직에서도 네가 그와 결혼하기를 바래. 오약란의 희생 뒤 그는 정신적으로 아주 고통스러워해"라고 말했다.

그녀는 주덕이 훌륭한 사령관이고 좋은 영도자이지만, 남편감은 아니라고 생각했다. 여러 면에서 차이가 너무 컸기 때문이다. 나이로 보자면 계수는 열일곱 살이 안 되었는데, 그는 이미 43세의 중년이었다. 지적 수준으로 따지면 차이는 더 컸다. 계수는 이제 겨우 문자를 대충 아는 정도이고 사상도 유치하고 이론과 문화지식 수준도 낮지만, 주군장은 최고의 전략가이며 정치가였다. 지위로 따져도 주덕은 군장이고, 계수는 일개 여전사일 뿐이었다. 계수는 피하고 싶었다.

어느 날 주덕이 부녀조로 계수를 찾아왔다. 그는 다정하게 말했다.

"우리들은 모두 혁명동지이다. 봉건적 사상은 없다. 홍군은 관리이건 병사이건 모두 평등하다. 군장도 병사이다. 모두 같다. 평등하게 우리는 단결하여 고난을 극복하고 승리해야 한다. 나는 너를 좋아한다. 너는 공부하고 싶어하고, 일을 할 때도 열심히 하는 등 많은 장점이 있다. 앞날이 밝은 동지이다. 너하고 결혼하고 싶다. 비록 우리 둘 사이에는 큰 차이가 있지만, 장애가 될 수 없다. 결혼하면 나는 너를 도울 것이고, 너도 나에게 많은 도움을 줄 수 있다. 우리들은 아주 좋은 혁명반려가 될 수 있을 것이다."

군장인 주덕이 간절하게 청혼하니 거절하기 어려웠다. 그 뒤 주덕과 몇 번 만나고 나서 간단한 혼례를 치렀다. 주덕에게는 네 번째 부인이었다. 전쟁이라는 긴박한 상황에서 군인끼리의 결혼이었다. 계수와 같이 정강산에 온 친구들은 혼례에 한 명도 오지 않았다. 나중에 친구들에게 물으니 "좀 쑥스러웠다"고 대답했다. 결혼하던 날 계수는 주덕에게 다짐했다.

"나는 내 일이 있어요. 시간을 아껴서 공부해야 해요. 내게 많은 것을 바라지 마세요."

주덕은 처음부터 아내의 내조를 바라지 않았다. "혁명은 관리의 사모님이 하는 것이 아니다. 관리의 사모님은 혁명을 할 수가 없다. 나는 경호원이 돌봐주고 있고, 많은 일을 내 스스로 할 수 있다. 생활하는 것은 네가 신경 쓸 것 없다. 너는 다만 열심히 책임 맡은 일을 하고 공부해라."

결혼 전 애정에 대해 말해본 적이 없었지만, 서로 이해하는 마음과 상대방에 대한 예의와 우정은 결혼 뒤 점점 커져 갔다. 물론 사상·정치·이론·문화·일에서 주덕은 계수에게 많은 영향을 주었다.

전통적으로 보면 열일곱 살의 민며느리 출신 문맹 소녀가 사령관의 아내가 된다는 것은 엄청난 신분상승이었다. 그리고 전쟁이라는 특수한 상황을 고려하더라도 나이 차이가 너무 컸다. 마치 봉건왕조 시대 왕후장상에게 선택된 홍안의 미인과도 비유될 수 있었다. 그러나 결혼 뒤 주덕과 강극청은 서로 혁명동지가 되었다. 미모 때문에 간택되어 신분상승하고, 남자에게 아름답게 보이기 위해 날마다 외모 치장만 일삼는 의존적인 여성의 모습과는 달랐다. 이들에게 결혼은 쾌락이나 자녀 생산의 수단이 아니었다.

강극청은 결혼을 통해서 안주하려 하지 않았다. 그녀 스스로 세 개의 큰 산(三座大山 : 제국주의, 봉건주의, 관료자본주의)의 억압을 겪으면서 자란 노동하는 여자였다. 또 자신을 해방하고 중국의 가난한 인민을 해방시키기 위해 싸우는 홍군 병사였다. 끝까지 홍군 병사이고자 했던 계수는 전투에서 용감히 싸웠고 스스로 실천과 학습을 게을리하지 않았다. 홍군 전사의 길은 강극청 스스로 선택한 삶의 지표였다. 강극청은 걸출한 홍군 지휘관으로, 또 공산주의 혁명가로 빠르게 성장했다.

계수가 여러 방면에서 보여준 진보에는 모두 '인간 주덕'의 협조와 가르침의 덕이 컸다. 물론 '사령관 주덕'의 후광도 있었을 것이다. 그러나 주덕이 그녀를 점찍었을 때 했던 말처럼, 강극청은 끝없이 공부하고 싶어했고, 열심히 일했다. 부단히 노력하고 발전하여 주덕의 당당한 혁명동지로 스스로 성장했다.

　혼인 뒤 긴박한 전쟁 상황에서 주덕은 밤낮으로 혁명을 위해 심혈을 기울였고, 부대를 이끌고 전선으로 나갔고, 주로 최전방에 있었다. 강극청도 때로는 주덕을 따라 같은 전선에서 교전하기도 하고, 어떤 때는 다른 곳에 배치되어 임무를 수행했다. 그녀는 시간을 아껴서 공부해 훌륭한 홍군 전사가 되려고 노력했다. 서금瑞金에 있을 때부터 자신에게 맡겨진 여러 가지 업무를 차례로 수행했다. 그녀는 불평 한 마디 없이 늘 기분 좋게 임무를 받아들이고, 새로운 자리에서 열심히 일했고 훌륭하게 임무를 완수했다.

　그녀의 마음속에 가장 먼저 고려된 것은 혁명적 수요이지, 주덕의 내조자가 아니었다. 사령관 주덕도 이 성실한 홍군 여전사가 수행한 업무를 보고받으면서 공산주의자의 품격을 가르쳤다. 물론 결혼 뒤 둘 사이에 사소한 다툼도 있었고 작은 충돌도 있었지만, 곧 해결되었다. 두 사람 모두 자신의 일에 바빴던 것이다.

　강극청은 주덕과 결혼으로 모택동·주은래 등 중국혁명의 지도자들과 접촉할 수 있었고, 직접 그들로부터도 많은 가르침을 받았다. 군대라는 특수한 공동생활에서 그녀는 주덕에게 동지이자 전우, 그리고 반려였다. 그녀는 주덕의 인격에서 많은 것을 배웠고, 그것을 통해서 자신을 계발해 갔다. 무산계급 혁명가의 넓은 마음, 혁명에 대한 탁월한 식견, 공동체를 위한 일관된 노력, 당과 인민에 대한 무한한 충성심을 배웠다. 뿐만 아니라 주덕은 끊임없이 그녀를 지지하고 도왔고 대견하게 여겼다.

　혁명 과정에서 강극청은 또 채창蔡暢, 등영초鄧穎超, 오약란伍若蘭, 하자진賀子珍, 이백교李伯釗 등 많은 여성 동지들을 만나게 되었다. 그녀는 그들이 부러웠다. 그들은 교육을 받았고, 능력이 있었다. 그들과 함께 있으면 따뜻하고 유쾌했다. 그들의 식견과 활동을 보고 배우면서 그녀는 스스로 발전했다. 우선 문맹을 벗어나기 위해서 노력했다.

처음에는 흙담에 붙은 선전표어를 이용하여 읽기·쓰기를 익혔다. 또 행군하는 동안에 걸으면서 글을 배웠다. 부단한 노력 끝에 신문과 책을 읽을 수 있었고, 《레닌주의 입문》, 《레닌주의 원칙》 등 정치·군사 관련 서적도 읽을 수 있게 되었다. 1937년 홍군대학(나중에는 抗日軍政大學)에 입학했고, 중앙당교中央黨校(1942~1945)에서 더 공부했다.

실천활동으로 문화수준을 높이고 재능을 키우고, 이러한 학습으로 지도자로서 역량을 키워 갔다. 또 실천을 통해서 피압박 부녀의 해방은 혁명사업의 발전과 긴밀히 연관되어 있다는 것을 스스로 증명했다.[16]

주덕의 처지에서 강극청은 어떠했을까? 먼저 홍군 사령관의 눈으로 보면, 강극청은 금녀의 벽을 깬 여군, 최전선의 포화도 두려워하지 않는 모범적인 병사였고, 공산주의자의 눈으로 보자면, 경제적 신분적으로 착취받고 억압받던 민며느리 출신으로, 성분 좋은 당원이자 열심히 실천하는 공산주의자였다. 주덕이 평생을 바쳐서 해방시키고자 했던 가난한 농민의 자식이었다. 그런 강극청이 실천을 통해서 자신을 해방하고 혁명대열의 최선봉에 서서 인민을 해방시키려고 싸우고 있었다. 또 연장자의 처지에서 보더라도 건강하고 성실한 젊은이였다. 항일군정대학 교수의 입장에서도 하나를 배워서 열을 알려고 노력하는 성적 좋은 모범생이었다. 이런 아내가 얼마나 대견하고 예쁘고 사랑스러웠을까? 강극청은 결코 미인은 아니었지만, 주덕의 안목에서는 아름다운 아내였다.

장정을 끝내고, 1937년 강극청이 항일군정대학에 들어가서 문화의 수준과 정치이론의 수준이 향상되어가자, 주덕은 대단히 기쁘고 자랑스럽게 여겼다. "그녀는 부대의 교육으로 성장한 꾸냥, 홍군이 낳은 모범 인물"[17]이라고 칭찬했다. 남편으로서 주덕의 관심은 그의 아내가 어떻게 하면 빨리 성장하여 혁명을 위해서 많은 일을 할 것인가

1939년 주덕과 강극청, 山西晉 東南 에서

였다. 또 그것은 홍군 총사령관으로서 병사에 대한 막중한 임무이기도 했다.

전쟁 중이었지만, 항일 군정대학의 생활은 유쾌했다. 방과 후 자유활동 시간에 여학생들은 남학생들과 같이 농구하는 것을 좋아했다. 주덕도 농구를 좋아해서 여학생대대大隊에 와서 같이 어울렸다. 경기가 시작되어 상대편인 주덕에게 공이 넘어가는 것을 보면, 강극청은 "사령관, 패스!"라고 소리쳤다. 주덕은 보지도 않고 강극청에게 공을 패스했다. 주덕과 한팀인 사람들은 "강극청은 우리 팀이 아니다"고 불평했다. 그러면 주덕은 "내가 잊어버렸네. 앞으로 주의 하겠네"라고 민망한 듯이 대답했지만, 정작 시합 때는 다시 강극청에게 공을 패스하였다. 그러자 주덕과 한 팀인 학생들은 아예 그에게 공을 주지 않았다. 결국 그 팀은 선수 한 명이 부족한 셈이 되어 질 수밖에 없었다.[18]

'낙안落雁'은 왕소군의 미모에 기러기가 날갯짓하는 것을 잊고 땅으로 떨어졌다는 말이다. '침어沈魚'는 서시의 미모에 물고기가 헤엄치는 것조차 잊은 채 물밑으로 가라앉았다는 말이다. 농구하던 주덕이 사랑스러운 아내 강극청에게 홀려서 공을 자꾸 빼앗기는 것이 이와 흡사하지 않을까?

님 웨일즈가 연안을 방문한 뒤, 이 두 사람은 남의 칭송과 부러움을 받는 부부였다고 말했다. 님 웨일즈는 연안에서 주덕, 강극청, 주은래와 함께 총사령부에서 식사를 한 적이 있는데, 강극청이 장난스럽게 주덕의 팔을 때리는 것을 보았다고 한다. 그러자 홍군 총사령관 주덕은 웃음 띤 얼굴로 젊고 사랑스러운 아내를 바라보는데, 마음속에 말로 표현하지 못하는 기쁨이 있는 것 같다고 말했다.

또 강극청은 주덕에 대해서 말할 때나 그를 부를 때 부부 사이에 쓰는 호칭을 쓰지 않고 제삼자인 '동지'라고 불렀다. 님 웨일즈의 표현에 따르면 두 사람은 혁명동지적 부부관계였다.[19] 나중에 강극청도 주덕과 결혼한 것에 대해서 "두 사람의 감정은 점점 발전하였고, 같이 산 몇 십 년을 돌아보니 세상에서 말하는 아름다운 인연이었다"[20]고 회고하였다.

3) 여자의용대와 장정長征

몇 번의 전투에 참여했던 많은 젊은 여성들이 집으로 돌아가지 않고 홍군에 남기를 원했다. 중앙군사위원회와 지방당위원회는 그들을 여자의용대로 편입하기로 했다. 그리고 그들을 지방업무 또는 전쟁을 수행할 수 있는 여자 간부로 육성하기로 결정했다. 이때 계수와 오중렴吳仲廉이 여자의용대 업무에 배치되었다. 여자의용대는 180여 명으로, 계수가 대장, 오중렴이 지도원이 되었다. 여자의용대는 홍군학교에 부속되어 학교의 한 부대가 되었다.

주덕은 항상 계수에게 군을 다스릴 때 엄격하게 해야 좋은 병사를 만들 수 있다고 강조했다. 높은 열이 금金을 만들고, 엄격함이 정병을 키운다고 했다. 계수는 이 정신에 따라서 엄격하게 훈련시켰다. 군사 대훈련뿐 아니라 내무반의 위생, 일상의 휴식, 당직, 보초, 야간순찰도 엄격하게 했다. 어떠한 위반행위도 허용하지 않았다.

1개월의 훈련 끝에 여자의용대는 주목할 만한 부대가 되었다. 학교 안에서 조직한 각종 활동과 분배된 임무도 여자의용대는 모두 빠르고 능숙하게 해내 표창을 받았다. 여자의용대는 반 년 동안 학습과 졸업시험을 거쳐 졸업을 했다. 홍군 병원 간호원 근무자를 제외하고는 대부분 강서성江西省 소비에트의 각 현, 구, 향에서 지방업무에 종사하게 되었다. 많은 사람들이 곧 그 지방의 공산당 간부가 되었다.

1934년 그녀는 홍군 전사를 지휘하여 국민당군에 승리하고 여사령女司令이라는 칭찬을 들었다. 그러나 제5차 초공이 시작되자 홍군은 중앙소비에트를 버리고 도주하지 않을 수 없었다. 장정이 시작될 때는 호남의 서쪽으로 갈 계획이었기에 이 도주를 전이轉移라고 했다. 하룡賀龍과 임필시任弼時가 이끄는 2, 6군단과 합류하여 그 다음 작전을 짜려고 한 것이다. 중앙소비에트를 떠나는 것은 강극청에게는 고향을 떠나는 것이었다.

장정은 이사 가는 것 같이 시작되었지만 도피의 모습이었다. 적극적인 전략이나 전술도 없었다. 마침내 준의회의遵義會議에서 모택동은 당내의 영도적인 지위를 획득, 홍군을 피동적인 위치에서 주동적인 위치로 바꾸었다. 주덕과 떨어져 장정에 참여한 강극청은 금사강金沙江이 도도히 흐르는 지점에서 모 주석과 주덕 사령관 등을 만날 수 있었다.

장정을 하는 동안 장국도張國燾는 중앙의 북상 결정에 반대해서 남하하려고 했다. 장국도는 주덕에게 모 주석에게 반대하라고 강요했다. 주덕은 "정강산에서부터 주朱·모毛는 함께 있었다. 주는 모를 떠날 수 없다. 모를 떠나면 실패한다. 나는 끝까지 중앙의 북상 결정을 찬성한다"고 대답했다. 주덕은 모택동만이 중국혁명을 승리로 이끌 수 있다고 생각했다. 장국도는 이러한 주덕을 고립시키기 위해 그와 가까이 있는 사람들을 전부 해산시켰다. 강극청 역시 당교黨校로 보내졌다. 몇 여성이 그녀를 감시했다. 장국도는 이 과정에서 강극청에게 장구藏區 조사를 지시했다. 통역자는 물론 안내인도, 동행하는 사람도 없었다. 험한 길이었다. 그러나 강극청은 어려움을 극복하고 임무를 완수했다. 장국도의 음모는 주덕과 강극청을 동요시키지 못했다.

강극청은 뒷날 장정을 이렇게 회고했다. "대도하를 건너고 나서 가장 힘들었던 것은 초지草地를 통과하는 것이었다. 굶주림과 질병은 가장 큰 위협이었다. 많은 영웅들, 홍군 전사가 영원히 잠들었다. 인솔했던 여군들은 숫자는 적었지만, 모두 단결하여 어려움을 극복하고 초지를 넘었다. 주朱 군장이 4방면군의 임무를 완수하고 섬북陝北 보안의 당 중앙과 회동했을 때, 모 주석은 친히 4방면군을 맞이하면서 주덕에게 '큰일을 당하고도 욕보지 않았다', '도량은 바다와 같고 의지는 강철과 같다'고 평가했다."[21]

4. 공산주의 가정교육

1944년, 항일전쟁 기간 대일전선에 출정한 간부의 자녀와 열사들의 유자녀를 돌보기 위해서 중공당 중앙의 관계 부처에서 연안에 제2보육원을 세울 계획을 했다. 주은래의 지지로 몇몇 해방구에서 의연금을 보내 보육원은 곧 개원되었다. 강극청은 중국전시 아보회兒保會 섬강녕陝甘寧 변구분회 부주임으로, 경비모금부터 개원 뒤의 업무까지 책임을 맡았다.

그녀의 아동교육 지향점은 집단을 사랑하고 노동을 사랑하는 신체 건강한 공산주의자로 아이들을 기르는 것이었다. 곧 "어려서부터 예의 바르고, 서로 사랑하고, 노동을 사랑하고, 공부를 사랑하고, 공공재물을 아끼는 등 검소하고 소박한 습관을 길러야 한다"[22]는 것이었다.

그녀는 평생을 공산주의자로 살았다. 공산주의는 그녀에게 살 길을 열어주었고, 세상을 바라보는 눈을 뜨게 해 주었다. 또 주덕을 만나 지도자의 위치에 서게 해 주었다. 그래서 아이들을 훌륭한 공산주의자로 교육하려고 했다. 그러나 실제 그녀가 아이들에게 베푼 가르침과 사랑은 공산주의적 집단주의보다는 휴머니즘에 가까웠다. 노동 존중을 제외하면 모두 유교적 전통, 즉 주덕 이름의 '덕德'을 베풀고 있었다.

1949년 중화인민공화국이 성립한 이후, 주덕은 자신의 형제자매의 아이들 가운데 한 명씩을 북경에 있는 자신의 집에 와서 공부하도록 배려했다. 1950년대 초 주덕의 손자들과 고향에서 온 아이들 10여 명이 함께 살았다. 친족들에게 인민군 총사령관인 주덕의 덕을 볼 생각을 말라는 의미와, 아이들을 교육시켜서 장차 조국을 위해서 일하는 사람으로 만들려는 의도였다.

당시 주덕은 국가 행정 2급의 월급을 받았는데, 강극청의 월급을 합해 700원이었다. 700원은 일반인에게 적은 돈은 아니었지만, 많은 아이들을 부양해야 하는 이들에게는 항상 빠듯했다. 주덕의 월급은 생활비로, 강극청의 월급은 아이들에게 필요한 것을 사는 데 썼다.

아이들을 돌보는 것은 깊은 관심과 노력을 요구했다. 토요일 오후에는 한참 자라는 10여 명의 아이들이 학교에서 돌아오면 밥상을 세 번 차릴 정도였다.[23] 그곳은 아이들의 왕국이자 낙원이었고, 따뜻하게 클 수 있는 집이었다. 아이들의 옷과 양말은 모두 큰 아이가 입던 것을 작은 아이에게 입혔고, 해지면 기워 입혔지만, 한참 자라는 아이들의 옷을 대기는 쉽지 않았다. 아이들의 옷은 언제나 질기고 떨어지지 않는 옷감으로 만들었다. 자신들은 늘 퇴색한 남색 옷만 입었다, 찢어지면 깁고 또 기워서.

주덕과 강극청은 노동을 사랑해야만 노동하는 인민의 본성을 잃지 않고 진정으로 민중의 한 사람이 된다고 생각했다. 이것은 그들이 생각하는 중국공산당의 훌륭한 전통이기도 했다.[24] 그들은 아이들에게 노동을 사랑하는 것부터 가르쳤다. 집 뒷마당은 주덕 부부와 아이들이 노동하는 채소밭이었다. 아이 들이 집에 있으면 같이 채소밭에 가서 일하면서 "어려서부터 노동 하면서 노동하는 인민을 사랑하 는 습관, 그리고 노동을 힘들지 않게 여기고 스스로 생활하는 좋 은 습관을 길러야 한다. 노동을 싫어하면 인민에게서 멀어진다" 고 말했다.[25]

강극청이 손자들과 함께 북경 향산에서

흉작이 계속되던 시기의 어느 날, 식탁에 채소 몇 접시가 차려 졌다. 아이들은 먹자마자 도로 뱉었다.

"할머니, 이 채소는 먹을 수가 없어요. 무슨 채소예요?"

"이 야채가 써? 이것은 들풀 가운데에서 가장 맛있는 것이란다. 장 정 때 우리는 이런 채소도 없어서 못 먹었어. 많은 열사들이 먹을 것 이 없어서 굶어 죽었단다. 그때 이 들풀은 생명을 구하는 식량이자 혁명을 위한 식량[救命糧食 革命糧食]이었지. 잊을 수 없구나."

그들은 행동을 통해서 혁명의 경험을 가르쳤고 아이들은 이를 배 웠다. 강극청은 아이들에게 세 살 때부터 자기 손수건이나 양말을 빨 도록 가르치고, 자라면서 자기 내의와 바지를 빨게 했다. 쉬는 날이 면 주방장이 쉬었다. 강극청은 아이들을 데리고 식사 준비를 했다. 쌀 씻고 채소 씻고, 아이들이 모두 같이 일했다. 그리고 한 식탁에서 식사했다.

집안에서 강극청의 권위는 인정되었지만 말수가 적었다. 주덕이 살아 있을 때나 세상을 떠난 뒤나 한결같았다. 주덕의 명망과 강극청 의 근면과 검소함, 솔선수범 외에 가장 고귀한 것은 '모든 것을 공평하게[端平一碗水]'로 표현되는 평등주의였다. 그녀는 자신의 친손자이건 고향에서 온 손자이건, 친소를 가리지 않고 똑같이 사랑했다.

그녀는 마르크스-레닌주의자 같지 않았지만, 그렇다고 잡담하고 잔소리하는 보통 주부 같지도 않았다. 어쨌건 그녀의 관용과 큰 도량은 온 가족의 찬사와 존경과 사랑을 받았다. 강극청의 주덕 일가에 대한 사랑은 마음속에서 우러나온 것이었다.[26]

주덕 일가에 대해서는 주덕의 방침에 따라 많은 아이들에게 사랑을 베풀었지만, 정작 자신의 친정 동생에게는 엄격했다. 강극청은 동생 강소임康昭任을 북경으로 데리고 가라는 부모의 편지를 받고 곧 회답했다.

"주 사령관과 나는 공산당 간부인데, 우리가 동생을 데려온다면 인민들은 우리 공산당 간부들도 과거의 '한 사람이 잘 되면 닭, 개도 올라간다[一人得道 鷄犬升天]'는 봉건관리를 연상하게 됩니다. 그러면 공산당의 명예가 손상됩니다."

누나가 남동생의 작은 소원을 들어주지 못한 것은 누나에게 정이 없어서가 아니고, 그로 말미암아 당의 규율이 훼손될까 걱정해서였다.[27]

그녀의 말년도 편안하지는 않았다. 문혁文革기간에 주덕과 강극청은 모두 조반파造反派에 의해 비판을 받았다. 주덕은 '흑사령黑司令'이란 칭호로 비판받았고, 강극청은 주자파走資派로 몰려 조사를 받았다.

5. 덕德을 실천한 삶

중국에서 여성이 군인이 되어 전투한다는 것은 전통의 관점에서 보면 이변이었다. 그러나 강극청은 전통의 벽을 깨고 스스로 홍군 병사가 되었고, 또 불굴의 정신과 꾸준한 노력으로 자신의 지식수준을

높이고 실력을 키워서 홍군 지도
자로서의 역량을 만들어갔다.

문맹文盲의 민며느리에서 홍군
의 전사, 지도원, 여자의용대 대
장으로, 홍군에서의 그녀의 발전
은 공산주의 이론으로 보자면 '피
압박 부녀가 자신의 굴레를 끊고
해방'되어가는 과정이었다. 그것
이 가능했던 것은 1920년대의 중
국의 역사와 문화, 강극청이 놓인
환경, 불굴의 정신력과 끊임없는
노력, 그리고 남편 주덕과 공산주
의였다.

주덕과 강극청

강극청은 태어난 지 40일 만에 공산당 간부에게 민며느리로 주어
졌지만, 양아버지를 통해 사회의 불평등과 계급의식에 대해서 인식
하면서 성장했다. 홍군이 된 뒤 주덕과 결혼하였고, 결혼 뒤에도 계
속해서 사병 신분으로 꾸준히 노력하고 스스로 강해졌다·

강극청은 계급투쟁의 승리만이 여성에게 진정한 해방을 가져다 줄
수 있다는 모택동의 여성해방사상을 그대로 신봉하여 자신을 해방하
는 사상으로 실천하였다. 따라서 그녀의 여성해방사상은 특징이나
독창성이 있는 것이 아니며, 천부인권론과도 거리가 멀었다. 그것은
공산주의 방식의 여성해방이었다. 가난한 농민인 자신을 해방하기
위해서 총을 들고 싸웠고, 여성해방을 위해서 공산주의 사회를 건립
하려고 분투했다고 말할 수 있다. 그녀의 일생은 한 시대를 치열하게
살았던 한 공산주의자의 모습이었다.

강극청은 주덕을 존경하였다. 군대라는 특수한 공동생활에서 그녀

는 주덕의 동지이자 반려였다. 그녀는 주덕의 품격—덕德이라는 이름처럼 무산계급혁명가의 넓은 마음, 혁명에 대한 탁월한 식견, 공동체를 위한 일관된 노력, 당과 인민에 대한 무한한 사랑과 충성심—으로부터 많은 것을 배웠고, 주덕의 끊임없는 지지와 배려 속에서 자신을 계발해 갔다. 사람들은 강극청이 바쁘게 뛰어다니는 모습에서 "홍군 사령관 주덕의 모습을 보았다"[28]고 할 정도로 주덕의 정신을 배우고 실천했다. 가정에서 아이들에 대한 교육도 주덕의 방식이었다.

신 중국 성립 뒤 강극청은 아동교육에 힘썼다. 아이들을 집단과 노동을 사랑하는 공산주의자로 교육하고자 했다. 그녀는 공산주의를 신봉했다. 공산주의는 민며느리 출신의 문맹 소녀에게 새 삶을 주고 희망을 주었다. 또 주덕을 만나게 해 주었고, 여성 지도자가 되게 해 주었다. 그 때문에 그녀가 아이들에게 베푼 가르침과 사랑은 공산주의적 평등주의, 전통에서 소홀히 여겼던 육체노동, 그리고 휴머니즘이다. 유교적 민본주의의 핵심, 즉 '덕德'을 베풀었다.

■주 ─────────────

1) 中華全國婦女聯合會編, 《蔡暢・鄧穎超・康克淸, 婦女解放問題文選 1938~1987》(北京: 人民出版社, 1988), 8쪽, 康克淸簡介 참조.

2) 朱敏, 〈啊! 母親〉, 張洁洵 主編 朱敏 等著, 《偉大的愛 康克淸與孩子們》(長沙: 湖南少年兒童出版社, 1994), 8쪽.

3) 李春萍, 〈追求・奮進・奉獻〉, 《瞭望》1987年 9期.

4) 劉國和, 〈我記憶中的康克淸大姐〉, 《縱橫》2001年 11期, 21쪽.

5) 袁獲禮, 〈眞實, 才能敎育人 – 憶康克淸大姐的敎導〉, 《四川黨史》1995年 3期, 58쪽.

6) 井岡山 입산 이전과 입산 초기 활동에 관한 내용은 康克淸, 《康克淸回憶錄》(紀學著, 北京: 解放軍出版社, 1993)과 紀學, 《朱德和康克淸》(北京: 中國靑年出版社, 1992)을 참조함.

7) 장정에 참여했던 30명의 여전사 가운데 싼춘찐리엔〔三寸金蓮(전족을 한 여자의 발을 일컫는 말 – 편집자 주)〕의 瑞金 출신 楊厚珍도 있었다. 모두 딱하게 여겨서 그녀에게 들것에 타도록 권유했지만, 그것을 거절하고 지팡이에 의지하여 서금에서 陝北까지 대부분의 노정을 걸어서 도착했다〔聶成根, 〈長征路上的女兵們〉, 女兵列傳 編輯組, 《女兵列傳》第一集(上海: 上海文藝出版社, 1985), 95~96쪽〕.

8) 〈大雅〉, 《詩經》.

9) 三從: 결혼 전에는 부친의 뜻에 따르고 결혼한 다음에는 남편, 남편 사후에는 아들을 따른다〔未嫁從父 旣嫁從夫 夫死從子〕.
    四德: 여성의 마음씨〔婦德〕, 여성의 말씨〔婦言〕, 여성의 용모·맵시〔婦容〕, 여성의 솜씨〔婦功〕.

10) 코민테른, 〈공산주의 여성운동을 위한 지침〉, 《코민테른 자료선집2 – 대중운동·노동운동》(동녘, 1989), 299~375쪽.

11) 모택동은 1929년 홍4군 9차 대표대회결의안에서 사회주의를 건설하는 데에는 부녀를 충분히 동원해야 한다고 역설하면서, '마치 사람에게 두 손이 있어서 한 손이 부족하면 안 되듯이 부녀의 힘이 없으면 안 되는 것처럼, 두 손을 운용해야 된다'고 부녀를 적극 동원하는 정책을 취했다. 이러한 방침은 내전기간, 항일전기간 계속 유지되었고, 이 방침에 따라 부녀의 전쟁 참여가 찬양되었다. 1939년 연안의 《中國婦女》창간호 머리말〔題詞〕에서 "부녀가 해방되어 부대가 돌연히 일어섰다. 2억의 사람들 분발하여 영웅이 되었다. 남녀가 어깨를 나란히 하니, 방금 솟아오른 해와 같다. 이로써 적을 제압하니 어떤 적이 쓰러지지 않겠는가"라고 격려한다. 1961년에도 〈여민병〉머리말 詩에서 "중화의 딸들 얼마나 가상한가. 아름다운 옷차림을 사랑하지 않고 무장을 사랑했네"라고 찬양한다〔康克淸, 〈毛主席率領我們走婦女徹底解放的道路〉, 《康克淸文集》(北京: 中國靑年出版社, 1997), 111쪽, 115쪽〕.

12) "부녀해방은 계급해방과 결합해야 한다. 노동부녀의 해방과 계급해방은 불가분의 관계에 있다. 계급의 승리만이 근본적인 부녀해방을 이룰 수 있다"〔康克淸, 〈新

時期中國婦女運動的崇高任務〉(1978年 9月 9日), 위의 책, 131~132쪽].

13) 주 5)의 글, 116쪽.

14) 위의 글, 115~116쪽; 傅姸,〈康克淸婦女解放思想初探〉,《婦女硏究》1992年 2期, 30쪽.

15) 강극청에게 큰 영향을 준 홍군 전사로, 쌍권총으로 유명했다. 그녀는 호남성립여
    자제3사범학교 출신으로, 이 학교의 공산당 비밀조직으로부터 마르크스주의를 받
    아들였다. 1926년 중국공산당에 가입했고, 1928년 주덕과 진의가 중국공동혁명군
    제1사단을 거느리고 호남에 왔을 때, 中共來陰縣委員會가 이끈 무장봉기에 참가하
    여 工農소비에트 정부를 건립한 뒤 소비에트 부녀부의 선전공작을 담당했다. 그녀
    는 주덕과 결혼하였고, 주덕과 모택동에 의해 홍4군이 성립되자, 오약란은 정강산
    주변의 농민들을 참여시키는 일을 맡아서 활약이 컸다. 글을 잘 썼고, 계수가 참여
    한 부녀조의 표어는 모두 그녀가 썼다. 그녀는 선전대를 이끌고 주군장을 따라서
    七溪嶺전투에 참여했다.

16) 李春萍, 앞의 글, 13쪽.

17) 肖遙,〈朱德和康克淸(上)〉,《支部建設》1994年 6期, 33쪽.

18)《康克淸回憶錄》, 221~222쪽.

19) 朱和平,《永久的記憶》(北京: 當代中國出版社, 2004), 119쪽.

20)《康克淸回憶錄》, 62쪽.

21)《康克淸回憶錄》, 205쪽.

22) 康克淸,〈孩子的幸福, 父母的責任〉(1959年 6月), 주11)의 책, 108쪽.

23) 周燕,〈康克淸與朱老總的後人們〉,《社區》2004年 1期, 37쪽.

24) 朱敏, 앞의 글, 6~8쪽.

25) 위와 같음.

26) 周燕, 앞의 글, 37쪽.

27) 袁祝祥,〈康克淸與娘家人的故事〉,《黨史文滙》1997年 4期.

28) 紀學, 앞의 책, 174~189쪽.

강 청江靑
기득권에 도전한 여전사

임 계 순

1966년부터 1976년까지 중국 대륙에서 이른바 문화대혁명(문혁)이 진행되는 동안 강청江靑은 남편인 모택동의 후광을 업고 권력의 행사자로, 정책의 조정자로 활동하면서 여성 정치지도자로서 확고한 지위를 차지했다. 강청에 대한 평가는 크게 엇갈리고 있다. 그녀의 정적들은 그녀를 부도덕하고 탐욕스러우며 복수심에 눈이 먼 여자라고 매도한다. 반면 혁명노동자들은 강청을 여성 혁명투사로 존경한다. 그들은 강청이 압박과 착취로부터 해방을 꿈꾸는 사회 밑바닥 사람들을 위해 일생을 바쳤으며, 노동자와 농민이 정권을 잡을 수 있게 했을 뿐만 아니라, 전 사회를 혁명하려 했다고 평한다.[1]

이 글에서는, 강청이 정치무대에 등장하게 된 배경과 그녀가 어떻게 기득권에 도전하며 권력을 행사했는지를 소개함으로써, 그녀가 모택동을 등에 업고 정계에 진출하여 압박받고 있는 사람들을 해방시키려 했던 혁명가였는지, 아니면 모택동이 연출한 정치무대에서 정적에게 복수나 하는 부도덕한 배우에 지나지 않았는지를 살펴보고자 한다.

여배우 남빈 시절

1. 강청의 정치무대 등장

강청의 본명은 이진李進으로 1914년 산동성 제성현諸城縣에서 태어났다. 가정형편이 어려워 간신히 소학교를 졸업할 수 있었던 그녀는, 1929년 수험료와 생활비가 면제된 산동실험극원山東實驗劇院에 입학하여 전통가극의 창, 신극의 연기, 그리고 여러 종류의 악기를 다루는 법을 배웠다. 그러나 약 1년 뒤에 실험극원이 폐쇄되자 일부 교사들이 조직한 순회 연극단을 따라 북경에 가서 출연했다. 이진은 163센티미터의 날씬한 키와 균형 잡힌 몸매에 예쁘장한 얼굴로 잘 웃고 명랑하며 호기심이 많은 적극적인 젊은 여성으로 뭇 남성들의 시선을 끌었다.2)

이진은 만 17세 되던 1931년 봄, 실험극원의 원장이었다가 청도대학 학장으로 임명된 조태모趙太侔의 도움을 받아 청도대학 도서관 직원이 되었다. 이때 이진은 많은 서적들을 탐독할 수 있었고, 좌익 성향 교수들의 문학・역사・창작 등의 강의를 청강하였으며, 진독수・노신・이대교 등의 영향을 받아 봉건독재와 군벌통치 및 제국주의에 반대했다. 당시 급진적인 정치가 황경黃敬(兪啓威)과 동거하고 있던 그녀는 반일학생운동에 참여했고, 1932년에 좌익극작가연맹에 가입했으며, 이어서 공산당에 하급당원으로 입당했다. 그리고 5개월 뒤 황경이 체포되자 강청은 상해로 이주했고, 그곳에서 다시 황경을 만났으나 그의 부모가 반대하여 동거생활은 파경에 이르렀다. 그녀는 1934년 5월 무렵부터 야학교 교사로서 여공들에게 창가・연극・한

자를 가르쳤고, 독서모임을 이끌었으며, 학생들을 조직하여 농촌에
가서 소규모의 공연을 하기도 했다. 그녀는 당시 극련劇聯과 교련敎聯,
공청단共靑團과 같은 여러 정치단체에 가입하여 활동하다가 1934년
10월에는 국민당에 붙잡혀 상해시 공안국에 한 달 동안 수감되기도
했다.3)

　일찍이 노라와 같이 해방된 여성이 되고 싶었던 이진은 남빈藍蘋이
라는 예명으로 1935년에 입센이 쓴《인형의 집》의 여주인공 노라 역
을 맡으면서 일약 연극계의 혜성으로 떠올랐다. 그러나 그녀는 연극
배우로서 만족하지 않았다. 왜냐하면 연극배우는 많아야 수백에서
천 명에 이르는 관객에게만 알려지지만, 영화배우가 되면 더 많은 관
중을 사로잡을 수 있다고 생각했기 때문이다. 그래서 남빈은 영화평
론가인 당납唐納과 결혼하여 1936년과 1937년에《자유신》과《도시풍
광》 등에 조연으로 출연했지만 영화배우로 크게 성공하지는 못했다.

　곧 당납과 이혼하고 1937년에는 상해 연극계에서 유명한 연출가이
고, 극작가이며, 예술이론 번역가인 기혼남 장민章泯과 동거했다. 이
에 남빈이 미인계를 쓴다는 비판이 일어 그녀는 상해에서 설자리를
잃고 실의에 빠지게 된다. 이때 노구교사건이 발생하자 남빈은 연안
으로 가 혁명투쟁에 문화사업을 연결시키고 싶었다. 그리하여 남빈
은 1937년 8월 하순에 연안에 도착하였고, 이때부터 남빈이라는 이름
대신 강청이라는 이름을 사용했다. 당시 북평시위市委 대표인 황경이
1937년 10월에 연안에 도착하여 강청이 당적을 회복하는 데 증인이
되어주어 11월부터 중공중앙당교中共中央黨校에 입학할 수 있었다.4)

　강청이 모택동을 만났을 당시 모택동의 두 번째 부인인 하사정賀士
貞은 건강 때문에 모스크바에 있었다. 1938년 4월 모택동은 연안에
문예간부 양성을 위해 설립된 노신예술학원의 수임원장首任院長이었
고, 강청은 희극교사였다. 강청은 현대극《짓밟힌 여인[被糟踏了的女

시)》과 《유적대장(流寇隊長)》에서 여주인공 역을 맡았다. 그리고 연안에서 보기 어려웠던 경극 《지주를 살해한 어부(打漁殺家)》에서 강청이 계영 역을 맡아 호평을 받았으며, 모택동과 기타 수장들이 관람한 뒤 분장실까지 가서 그녀를 치하했다. 모택동은 연극에 대단히 관심이 많아 강청이 출연한 연극들을 보았고, 23세의 아름다운 여배우 강청에게 관심을 가지게 되었다. 1938년 8월부터 강청은 군사위원회 사무실 비서가 되어 모택동 가까이에서 근무하게 되었다.[5]

1938년 가을, 모택동이 강청과 결혼을 결심하자 중공중앙 정치국의 최고 간부들은 강청이 정치경력이 없고 배우로서 자유분방한 생활을 했던 것을 경멸했다. 그래서 당은 이 결혼을 승인하는 조건으로 강청에게 20년 동안 당의 직책을 맡지 말아야 하고, 정치에 참여해서는 안 되며, 오직 가정주부로서 모택동을 보좌할 것을 요구했다.

하지만, 강청이 그들의 요구대로 모택동의 아내로서 조용히 지내다가 1966년에 문화혁명의 지도자로서 갑자기 정치무대에 등장한 것은 아니었다. 강청은 모택동의 개인비서로서 그의 일정표를 준비하고 그의 연설문을 필기하거나 기사를 복사하는 등 여러 가지 잡무를 처리하였으며, 모택동의 비밀통신 모두를 관리했던 것으로 알려졌다. 그녀는 정치적 이념을 확산시키는 데 무대예술의 영향력이 크다는 사실을 알고 문화사업 분야에 종사했다.

강청은 1939년 2월 10일에 성립된 중화전국희극계항적협회中華全國戱劇界抗敵協會 섬감영변구분회陝甘寧邊區分會의 이사가 되었고, 1940년 1월 4일 개최된 섬감영변구문화협회 제1차 대표대회에서는 집행위원으로 당선되었다.[6]

모택동 또한 문화를 이용하여 민중을 교육시킨다면 구질서를 전복하고 공산주의를 선전하여 국가를 통일하는 데 힘이 될 수 있다고 보았다. 그리하여 1942년 5월에 〈연안문예강화〉로 알려진 강연에서 모택동은 문학과 예술이 특정한 계급과 정치노선이 아닌 대중을 위해 봉사해야 한다고 주장했다. 그는 작가·음악가·미술가 등이 대중문화에 익숙해야 민중을 교육시킬 수 있으며, 그들의 충실한 대변인이 될 수 있다고 주장했다. 강청은 모택동의 이러한 문학과

1947년 강청과 모택동

예술에 대한 혁명노선을 적극 옹호하였으며, 이 강연 내용을 문화혁명의 기조로 삼았다. 당시 강청은 노신예술학원 연극학부의 교원으로 항일운동을 민중에게 선전하기 위해 일종의 선전극을 연출했으며, 그림이나 그래픽 아트도 가르쳤다.[7]

1946년 7월 말 연안영화제작소[延安電影製片廠]가 설립되자 강청은 이사로서 활동했고, 중화인민공화국 설립 이후 중공중앙선전부 문예처 부처장직을 맡게 되었다. 이때부터 강청은 본격적으로 문화비판 활동에 참가하기 시작한다. 그녀는 1948년에 홍콩에서 제작되어 북경과 상해에서 1950년 3월부터 5월까지 상연된 〈청궁비사淸宮秘史〉의 내용이 반동적이며 매국적이라고 평했다. 그녀는 모택동의 지지를 받은 뒤 중공중앙선전부의 1차 회의에서 〈청궁비사〉를 비판했지만 강청의 의견은 무시되었다. 강청은 영화에 관심을 가지고 문화부에서 1950년 7월 11일자로 〈새 영화 상영에 대한 허가증 발급〉, 〈국산영화 수출〉, 〈국외영화수입〉, 〈낡은 영화 정리〉 등 임시법을 만들어 영화에 대한 관리를 강화하고, 영화지도위원회를 구성하여 문화부 부부장인 육정일陸定一, 부부장인 주양周揚, 그리고 호교목胡喬木, 전한田漢, 정령丁玲, 등척鄧拓 등과 함께 위원으로 활동하면서, 문화부 희곡개혁추진위원회를 만들기도 했다.[8]

1951년 초에 강청은 국산영화 〈무훈전武訓傳〉을 비판하기 시작했다. 〈무훈전〉은 구시대 작품을 신시대의 필요에 따라 제작한 역작이라고 호평을 받은 작품이었다. 강청은 주양에게 〈무훈전〉은 자산계급개량주의를 일부 선전하므로 비판하여야 한다고 말했지만, 이것이 모택동의 의견이라고 말하지 않았기 때문에 〈청궁비사〉의 경우와 마찬가지로 강청의 비판은 무시되었다. 이때 모택동의 의견을 반영한 《인민일보》 사론社論이 〈무훈전〉을, 봉건문화를 적극 선전하였고 농민의 혁명투쟁과 중국역사를 모욕하고 능멸하였다고 비판하면서, 문예계의 지도자들을 날카롭게 비판했다. 이때 강청은 이진이라는 이름으로 인민일보사와 중앙 문화부가 조직한 13명의 무훈역사조사단의 일원으로 현지답사를 하고, 다른 두 명의 조사단원과 함께 무훈역사 조사기를 집필하였다. 이 원고는 모택동이 수정하여 《인민일보》에 1951년 7월 23일부터 28일까지 연재되었고 소책자로 출판되었다.

그 조사기에 따르면 건달인 무훈이 과거에 합격하여 진사가 되었는데, 그는 그의 출신성분을 망각하고 통치계급인 봉건약탈자가 되었다는 것이다. 이렇게 무훈을 비판함으로써 영화 〈무훈전〉을 비판했다. 강청은 결국 모택동의 권위를 빌려 단번에 그녀의 상관들을 비판의 대상으로 만들어 버렸고, 문예계에 정풍운동을 일으켜 정치에 간여하지 말라는 금규를 어겼던 것이다.[9]

강청은 1953년 가을에 또 다시 문예계에 정풍운동을 일으켰다. 강청은 북경대학 교수이며 《홍루몽》 연구의 권위자인 유평백兪平伯의 저술 《홍루몽간론紅樓夢簡論》에 대하여 20대의 이희범李希凡과 남령藍翎이 비판한 문장을 《인민일보》에 다시 실을 것을 모택동에게 건의했다. 모택동 또한 그 문장을 보고 강청에게 《인민일보》에 실어 달라고 부탁하도록 하였으나 《인민일보》에서는 이러한 문장은 싣기 부적당하다면서 《문예보》에 싣도록 하였다.

10월 16일, 화가 난 모택동은 중공중앙정치국과 기타 관련인사에게 편지를 보내 지식계를 긴장시켰다. 말하자면 모택동은 이희범과 남령이 쓴 〈《홍루몽간론》과 기타에 관하여〉라는 글을, 30여 년 동안 홍루몽을 연구해온 권위자가 지닌 자산계급의 유심론적 관점이 잘못되었음을 처음으로 지적한 글로 보았다. 그래서 그는 강청을 시켜 《인민일보》에 이 글을 실어서 논쟁하고자 하였으나 인민일보사 측에서는 소인물小人物의 글이라면서 당보는 자유변론의 장소가 아니라는 이유로 실어 주지 않은 것이다. 그래서 모택동은 강청이 〈청궁비사〉를 반동적이며 매국적이라고 비판했음에도 불구하고 전국에 상영된 뒤 지금까지 비판되지 않고 있으며, 〈무훈전〉의 경우도 강청이 비판했을 때에는 무시하다가 그가 비판하자 비로소 문예계에서 비판은 했지만 교훈을 끌어내지 못했다면서 유백평의 저술에 관한 비평 또한 이 두 경우와 다를 바가 없다고 지적했다. 즉 모택동은 '소인물'의 도전정신을 지지했고 학술적으로 권위가 있는 견해에 대하여도 토론할 수 있음을 시사했다.

모택동이 보낸 편지의 위력은 대단하여 곧 유평백의 홍루몽 연구에 대한 비판운동이 전국에서 일어났다. 이와 같이 유평백의 홍루몽 연구와 영화 〈청궁비사〉와 〈무훈전〉에 대한 비판은 강청이 시작한 것이지만 모두 모택동의 권위로 승리를 거둘 수 있었다.10)

이후 강청은 자궁암으로 투병생활을 했고, 모택동의 많은 여성 편력으로 보아 그가 그녀를 저버릴지도 모른다는 두려움과 무의미한 생활로 신경쇠약에 걸려 있었다. 병이 회복된 뒤 강청은 더욱 열성적으로 중공중앙선전부 문예처 부처장, 문화부 영화국 고문으로서 1961년부터 문학과 예술의 개조운동에 나섰다. 강청은 1300여 개 이상의 경극 제목과 각본을 모택동 사상을 기준으로 심사했다. 그녀는 괴물·귀신·황제·황후·첩 대신에 노동자·농민·군인을 등장시키는 새로운 경극을 제작하고자 했다.

1962년 봄에 강청은 예술 방면에서도 프롤레타리아의 우월성을 적극 부각시킴으로써 이념적으로 지배권을 장악하는 것이 절대로 필요하다고 모택동을 설득했다. 이에 관하여 강청이 작성한 초안을 모택동이 세 번이나 수정하여 〈계급, 정세와 모순〉이라는 제목으로 1962년 8월 6일, 하북성의 휴양지인 북대하에서 열린 중앙위원회에 제출했다. 이 성명서는 1962년 9월 27일에 끝난 중공중앙 제8기 제10차 중앙위원회전체회의(중전회)의 정신으로서 기억되었는데, 그 이유는 모택동이 제10차 중전회에서 현대 수정주의에 대항하는 투쟁을 당의 새로운 목표로 선언했고, "계급투쟁을 잊지 말라"는 연설에서 소설을 이용하여 반당활동을 하며 정권을 전복하려고 여론을 조성한다면서 강청을 지지했다.

이후 강청은 중국의 문화와 예술계를 장악하였다. 이 성명서는 1966년 5월 16일 중공 중앙위원회를 통과했기 때문에 5·16지시라고 불리며, 강청은 이를 문화대혁명의 전주곡이라 볼 수 있다고 강조했다.[11] 이후 강청은 모택동의 단순한 관용에 의해서가 아니라 모택동의 동의 또는 부탁을 받고 이론가인 모택동의 생각을 구체적으로 실천에 옮겼다.

제10차 중전회가 끝나고 얼마 안 되어 강청은 선전부 부장과 부부장 및 문화부 부장과 부부장에게 "연극이나 영화상의 제왕장상帝王將相, 재주가 뛰어나고 유능한 사람, 온갖 잡배는 재해災害를 가져온다."고 지적했다. 이들 부장들은 그녀의 지적을 무시했으나 상해 시장 가경시柯慶施와 상해시위 당서기 장춘교張春橋가 강청을 지지했다. 가경시는 1963년 1월 상해의 유력한 무대예술가들에게 낡아빠진 레퍼토리를 버리고 10중전회의 계급투쟁 정신을 받아들여 사회주의 건설에 앞장선 노동자·농민·병사 가운데에서 뛰어난 영웅에 관한 새로운

극을 상연하도록 호소했다. 우파의 글들에 대하여 날카로운 비판을 했던 장춘교는 북경 경극을 대중화하는 작업에 착수했다.12)

1963년 강청은 비판활동과 함께 창작활동에도 전념했다. 그녀는 먼저 강소성과 절강성의 독특한 호극滬劇인 〈홍등기紅燈記〉와 〈갈대 늪의 불씨[蘆蕩火種]〉를 경극으로 개편하였다. 1964년 7월에 모택동이 개편한 경극 〈갈대 늪의 불씨[蘆蕩火種]〉를 관람하고, 무장혁명이 무장반혁명을 소멸하는 것을 강조하고 군민軍民 관계를 강하게 하라는 의견과 함께 경극 제목을 〈사가빈沙家浜〉으로 고칠 것을 제의하였다. 이후 〈사가빈〉은 전국문예계가 학습하는 모범극이 되었다. 강청은 또한 화동華東 지역의 현대극인 〈지혜로 찾은 위호산[智取威虎山]〉과 산동성 극단이 공연한 〈백호단 기습[奇襲白虎團]〉을 경극으로 개편하여 전국에서 공연하였고 상해와 강소 지방의 전통극의 하나인 〈항구의 새벽[海港的早晨]〉을 수정하여 〈항구[海港]〉라는 경극으로 만들기도 했다. 강청은 이와 같이 모범극을 다섯 개나 만들어 내면서 1963년 12월부터 상해에 위치한 두 개의 발레극단에서 발레극인 〈홍색낭자군紅色娘子軍〉과 〈백발녀[白毛女]〉를 연습시켰고, 1965년 1월부터는 중앙악단으로 하여금 〈사가빈〉을 교향악으로 제작하도록 하였다.13)

강청의 이러한 모범극 제작은 경극에서 혁명이었다. 경극은 몇 세기의 역사를 가지고 있으나 일부 사회 엘리트 계층만이 누리던 예술이었다. 강청의 모범극에서는 정치의식을 가진 대중과 혁명의 영웅들에 관한 주제를 현대적으로 연기했다. 모범극은 고전 경극의 많은 예술적 요소와 전통음악뿐만 아니라 서구악기를 이용하여 인간의 모든 감정을 다양하게 표현할 수 있었다. 이것은 풍부한 중국의 문화유산을 새로운 사회주의 예술에 접목시킨 것이었다. 문화를 담당하고 있던 당의 고위간부들은 강청의 이러한 노력을 달가워하지 않았다. 그들은 젊은 노동자와 농민의 작품은 유명하지 않다든가 기술적으로

강청과 모범극단원 만남

열등하다고 하면서 공연을 거절하거나 심지어 방해했다.[14)

1964년 6월 5일부터 7월 31일까지, 북경에서 경극과 현대극대회가 열려 29개의 극단과 2천 명 이상의 인원이 참가했다. 이

제전은 단순한 문화축제가 아니라 당중앙위원회의 지시를 받고 문화부가 공인한 것으로 당 중앙의 프롤레타리아 정치노선에 어울리는 지방문화 공연이었다. 6월 17일과 23일에는 모택동과 지도자들이 〈지혜로 찾은 위호산〔智取威虎山〕〉과 〈갈대 늪의 불씨〔蘆蕩火種〕〉를 관람했다. 7월 1일 《홍기》 제12기에서 사론으로 〈문화전선상의 일대혁명〉을, 8월 1일 《인민일보》에서도 사론으로 〈문예전선상 사회주의혁명을 철저히 진행〉을 실었다. 이 대회에서 강청은 경극혁명의 기수로서 두각을 나타냈다. 주은래 총리의 요청에 따라 강청은 경극의 개혁에 대해 연설하였는데, 이것이 정치무대에서 그녀의 첫 번째 연설이었다.[15)

강청은 새로운 의식을 가진 사람들이 구사회를 폭로하고 새로운 사회를 반영하는 예술작품 활동을 하기를 희망했다. 그녀는 사회를 급진적으로 변형시키는 데 기여할 수 있는 문화활동을 원했다. 그래서 강청은 연설문에서 예술과 정치에서의 시대착오를 비난하고, 사회주의 경제의 기반을 보호하기 위해서 적절한 상부구조를 창조할 것을 요구했다. 당시 막대한 권력을 쥐고 있었던 북경당위원회가 고의로 강청의 연설문을 간행하지 못하도록 하였기에, 3년 뒤인 1967년 5월에야 비로소 당 기관지 《홍기》에 실렸다. 강청은 모범극을 만들

어 낸 업적으로 1964년 12월 21일에 열린 제3기 전국인민대표대회 산동성대표가 될 수 있었고, 무산계급 문예혁명의 기수라는 월계관을 썼다.16)

2. 문화대혁명의 조타수가 된 강청

1959년 유소기가 국가주석을 맡은 이후 모택동은 빈부의 격차가 점점 커지고 당국자들은 여러 가지 특권을 누리는 등 과거 자본주의로 되돌아가는 것으로 판단했다. 더구나 그는 끊임없는 권력투쟁 가운데 정권의 발판을 잃어가고 있다고 느꼈다. 그래서 모택동은 빈부의 격차를 줄이기 위하여 제2의 혁명으로 계급투쟁을 시작하기로 결심했다. 그는 통상적인 정부와 당의 채널을 무시하고, 자기의 유일한 지지기반인 대중과 직접 접촉하였다. 그는 강청을 그의 정치 대리인으로 내세웠고, 그녀는 이 혁명운동에 적극 참여하여 투쟁을 지도했다. 강청은 예술가·연예인·음악가들을 방문하고 문학과 예술에서 모택동 노선을 수행하며 '부르주아 예술'과 이를 장려하는 당 지도자들을 비판할 것을 선동했다. 그리고 경극·호극·발레단 등의 여러 단체의 젊고 재능이 뛰어난 예술가들에게 보수적인 지도자들에 대항하여 새 작품을 무대에 올리도록 고무했다.17)

문화대혁명 초기에 강청은 모택동의 승인을 얻어, 유소기 주석과 긴밀한 사이이며 북경시 당위원회를 장악하고 있는 팽진彭眞 시장과 오함吳晗 부시장이 주도하는 문화노선을 뒤엎기 위해 예술문학 분야에서 반동노선을 비판하는 논설 집필진을 조직했다. 연극이 지배계급의 이미지를 왜곡할 수 있는 도구라고 생각한 강청은, 오함이 1962년에 발표한 신편 역사 경극 〈해서의 파면[海瑞罷官]〉을 국방부 부장이었던 팽덕회의 명예를 회복하기 위해 편집 발표한 것으로 주장할

연설하는 강청

수 있다고 생각했다. 1965년 2월에 비밀리에 상해에 도착한 강청은 경극의 수정 개편에 깊이 관여하고 있던 장춘교와 상해《해방일보》편위 겸 문예부주임인 요

문원姚文元으로 하여금 〈해서의 파면[海瑞罷官]〉을 비판하는 〈평신편력사극評新編歷史劇〈해서파관海瑞罷官〉〉이라는 글을 쓰게 하였다. 이 논설은 명의 황제 대신에 모택동을, 해서 대신에 팽덕회를 대치시켜 보면 황제인 모택동이 해서인 팽덕회를 쫓아냈다는 것이 요점이었다. 미래 '문혁'운동에 중대한 영향을 미친 이 글이 발표되기까지는 8개월이라는 오랜 시간에 걸친 치밀한 계획, 그리고 열 번의 수정을 거쳤는데, 이 모든 과정은 철저히 비밀리에 진행되었다. 이 글은 모택동에게 보고되어 세 차례의 검토를 거친 뒤 그의 비준을 받아 1965년 11월 10일 상해《문회보》에 실렸다. 이 글은 19일이나 지난 11월 29일에야 북경의 신문에 실렸고, 나중에 모택동이 제안하여 소책자로 출판되었으나 2, 3일 동안 북경에서는 배포되지 않았다.18)

강청은 군대에는 신문·출판소·극장·오케스트라·합창단·영화촬영소 등이 있어 이를 이용하면 프롤레타리아 문화를 확산시키기 쉽다고 생각했다. 그래서 임표의 지지를 받아 1966년 2월 2일 강청은 상해에서 '군부대의 문예사업 좌담회'를 소집했다. 강청은 노동자·농민·병사가 단결하여 계급의식을 고양하고, 사상을 개조하여 개인의 명예나 이익보다는 전심전력으로 인민에게 봉사하고 한평생 혁명을 수행해야 한다는 내용을 강연했다. 그리고 강청은 소수의 전통적

인 예술가와 문학비평가들이 예술과 문학비평을 독점하고 있는 실상을 폭로하고, 노동자·농민·병사가 중심인 대중들에게도 예술과 문학을 비평할 기회가 주어져야 하며, 전문적인 비평가와 대중 출신의 비평가가 화합하여야 함을 강조했다. 그러므로 강청은 대중들을 위해 집필체제가 특수한 용어나 전문용어보다는 짧고 대중적으로 개혁되어야 한다고 주장했다. 이렇게 해서 강청은 병사들이 그때까지 존경해 왔던 문인들과 고대 및 외국 문화유산에 대한 새로운 투쟁을 지시했다.[19]

한편 중앙에서는 1966년 2월 3일 팽진이 중심이 된 문화혁명 5인 소조 회의에서 〈학술토론에 대한 보고요강〉을 제의했다. 이것은 1962년에 개최된 중공중앙 제8기 제10차 중전회에서 모택동이 발표했던 "집권자들이 사회주의 문화혁명을 반박하고 부르주아적 우익 편향성을 나타내면서 계급투쟁을 약화시키려 한다."는 내용에 대한 비판으로, 문화비평운동을 학술토론의 범위로 끌어들이고 정치비판으로 확대되지 않도록 하기 위해서였다. 이 요강은 1966년 2월 12일 중앙의 문화혁명소조에 의하여 중앙정치국에 발송되었으며 〈2월 요강〉이라 불린다. 1966년 2월 강청은 상해에서 임표가 강청에게 부대의 문예업무를 위탁했음을 알리는 《기요紀要》를 작성했다. 이 《기요》는 사실상 모택동이 친히 세 번이나 수정한 것으로 1966년 4월 10일 중공중앙문건으로 인쇄되어 전 당에 발표되어 중국을 대단히 놀라게 했다. 그 문서는 5월 16일 중국공산당 중앙위원회에서 통과되었는데, 〈2월 요강〉의 집필자를 과격한 말로 비난한 내용이었다. 즉 이것이 이른바 〈5·16통지〉이며 문화대혁명의 목표와 방법 및 원칙을 정하는 중요한 성명서가 되었다.[20]

1966년 5월 18일 항주에서 개최된 당 중앙 확대회의에서 중앙의 요인들끼리 진행된 투쟁은 며칠 사이에 각 대학의 캠퍼스와 일반 대중들 사이로 확대되었다. 1966년 5월 25일에는 북경대학 벽에 대자보가 붙었다. 철학과의 여자 조교 섭원재聶元梓와 그 동료가 오랫동안 팽진의 지지를 받고 있었던 동 대학장인 육평陸平의 보수적인 대학 행정에 반대하는 내용을 쓴 것이었다. 이 자연발생적인 모반의 출현을 기뻐한 모택동은 곧 강생康生에게 전화를 걸어 이 대자보의 내용을 전국에 전하도록 명령했다.[21]

5월 28일 모택동의 지시로 《홍기》 편집장 진백달陳伯達이 조장을 맡고, 강생이 고문을, 강청과 장춘교 등이 부조장, 요문원 등이 조원이 되어 중앙문화혁명소조가 성립되었다. 소조는 중국공산당 중앙위원회에 속했고 정치국 상임위원회의 직속기구가 되었다. 문화대혁명 동안 이 소조는 실제로 중앙정치국과 중앙서기처中央書記處를 능가하여 시행명령을 내리는 지휘기관이 되었다. 이제 〈2월 요강〉의 내용은 취소되었고 원래의 문화혁명 5인 소조 및 그 운영기관은 폐기되었다. 〈5·16통지〉의 통과와 문혁소조의 성립은 '좌'경 지도방침이 중앙에서 지배적인 지위를 점하기 시작했음을 뜻했다. 그러나 이 〈5·16통지〉가 공표된 것은 이듬해 1967년 5월 17일자로 《인민일보》에, 그 이틀 뒤에 《북경주보》에 실리면서였다. 이와 같이 공표가 1년이나 늦어진 것은 모택동 측이 신문이나 여론에 대한 지배력을 되찾는 데에 거의 1년이라는 시간이 걸렸다는 것을 의미한다.[22]

1966년 6월 1일, 모택동은 몸소 대자보를 써서 공표했다. 그는 이 대자보를 〈전국 최초의 마르크스 레닌주의의 대자보〉라고 칭하면서 이때까지 문화혁명이라 말하던 것을 프롤레타리아 문화대혁명이라고 말하기 시작했다. 그것은 전국 학생들에게 궐기하라는 청신호였다. 전 대학의 캠퍼스는 파벌항쟁, 살인과 자살, 대폭동의 소용돌이 속에 휘몰렸다. 학생들의 항의 데모가 고조되는 가운데 공작조가 북경대학에 파견되었다. 전국에서 모인 약 500명으로 이루어진 공작조는 실제로는 대학 내의 좌파학생에 의한 혼란을 억제하기 위해 유소기의 지시에 따라서 파견된 것이었다.[23]

73세의 모택동은 당지도부에 대한 도전과 전투의 시작신호로 1966년 7월 16일 양자강에서 수영을 했다. 이틀 뒤, 그는 정치무대에서 문화대혁명을 지시했다. 강청 또한 북경으로 돌아와 북경대학을 방문하고 벽에 붙어 있는 대자보를 두루 보았으며, 섭원재를 비롯하여 학생, 교수들과 이야기를 나눈 결과 공작조에 의해서 진압된 학생과 교수들이 반혁명분자가 아니었다는 것을 알게 되었다. 강청은 즉시 진백달, 강생 등 문혁소조의 조원과 연락하여 북경대학의 상황에 대해 의견을 듣고, 그들의 의견을 모택동에 전달했다. 그리고 이들은 공작조의 파견은 모택동의 승인을 받은 것이 아니라 팽진과 육평 교장이 학원 안의 질서를 유지하기 위해서 중앙에 요청한 것이라고 말했다. 7월 26일 문혁소조는 공작조의 해체와 대학행정에서 관료주의 배제는 물론이고, 수업을 좀더 유연하게 운영하고 수학기간을 단축하라고 지시했다. 또 입학방침에서도 과거의 학문적 업적이나 부모의 정치적 지위를 고려하지 말고 프롤레타리아 계급에 중점을 두도록 했다. 이것이 문화대혁명에서 교육의 장기목표가 되었다.[24]

1966년 여름부터 강청은 이제 자신이 직접 조타수 구실을 하면서 조타수에게 항해법을 가르치는 교사 구실을 했다. 1966년 8월 5일 모택동의 〈사령부를 공격하라〉는 대자보가 발표된 이후 유소기 일파에 대한 공격이 시작되었다. 강청은 8월 6일에는 한 무리의 홍위병과 북경의 화려한 천교天橋극장에서 이야기를 나누었다. "모 주석께서 당신들에게 충심으로 잘 부탁한다고 말씀하셨습니다."라고 강청은 상대편의 경계심을 풀게 하는 어조로 이야기를 시작했다. 강청은 자신이 과오를 범했던 것을 스스로 시인하면서 혁명에 종사하는 자는 과오를 범하는 것을 두려워하지 말아야 한다며 혁명을 위한 공식을 제시했다. 이 공식은 첫째는 당내의 '주자파走資派'를 끌어내는 일이고, 둘째는 '사구四舊' 곧, 구사상·구문화·구풍속·구관습을 타파하는 일이며, 셋째는 투쟁·비판·개혁의 과정을 수행하는 것이었다.[25]

1966년 8월과 9월에는 사회적 격동 속에서 대부분의 중학·전문학교·대학이 폐쇄되었다. 약 1300만 명의 젊은이들이 당 중앙의 호소에 따라 전국의 시·읍·면에서 걷거나 자전거·버스·트럭·열차 등에 몸을 싣고 북경으로 몰려들었다. 그들은 일괄적으로 모택동을 접견했다. 천안문 광장에서 100만 명의 인민을 접견하는 모택동의 양옆에는 당 부주석이자 후계자로 지명된 임표와 강청이 서 있었다. 그녀는 실제로 권력의 최정상에 접근하고 있었다. 10월이 되자 강청은 소란을 피우는 북경대학 학생들에게 "여러분이 하고 싶은 말이 있으면 내게 들려주세요. 그러면 틀림없이 내가 여러분의 생각을 당 주석에게 전할 것입니다"라고 말했다.[26] 당시 모택동의 뜻을 제일 먼저 알 수 있는 사람은 강청이었으며, 자주 모택동에게 접근하여 어떤 말이든 전할 수 있었던 강청은 문혁소조의 실질적인 권력자였다.

1966년 11월 28일 강청은 북경의 인민대회당에서 수도와 각 지방으로부터 몰려든 2만여 명의 문인과 예술가들로부터 우레와 같은 박수를 받았다. 진백달은 모택동을 말한 다음에 "문학과 예술의 혁명이라는 정책을 확고히 추진한 동지들이 많이 있습니다만 그 가운데서도 강청 동지가 특출한 공을 세웠다"고 소개했다. 이때, 인민해방군 정치국 문화담당 책임자는 모택동이 주석인 당중앙위 군사위원회가 강청을 해방군 문화혁명소조의 고문으로 임명했다고 발표했다. 그는 "강청 동지는 모택동 사상의 탁월한 학도로서 그 사상을 아주 깊이 이해할 뿐만 아니라 훌륭한 상상력으로 시종일관 그 사상을 실천에 옮겼습니다"라고 덧붙였다. 이와 함께 제1북경경극협회, 국립북경경극극장, 중앙음악협회 그리고 중앙음악무용단이 모두 해방군 소속으로 편입되었다. 이것은 북경의 경극·무용·심포니 오케스트라가 강청의 지시를 받게 되었다는 것을 의미하였다. 강청이 그 승리의 날에 한 연설은《프롤레타리아와 부르주아 사이의 권력투쟁》이란 주제로 출판되었는데, 제1북경경극협회 내부의 복잡한 권력투쟁에 관한 회고였다.[27]

1966년 말에 이르러 문혁파는 언론을 장악할 수 있었다. 신문·잡지·서적의 발간이 무더기로 정지되었고, 극장과 영화 스튜디오가 강청의 모델에 합치된 것 말고는 모두 폐쇄되었다. 많은 각본가·연출가·감독·배우들은 모욕을 당했고, 영화 제작의 태업이 크게 확산되었으며, 카메라와 영사기재가 몰수되었다. 물론 이 같은 행위가 모두 당중앙의 허가를 얻어 이루어진 것은 아니었다. 극단원들은 이제 강청과 모택동에 대한 충성을 보이기 위해서, 적과 친구와의 사이에 확고한 선을 긋지 않으면 안 되었다. 젊고 대담한 단원들은 강청을 추종하여 연극 속에서 혁명을 연출했다.[28]

1966년 봄에 시작된 비판은 이 해 말까지 계속되었다. 소요가 고조되었던 12월에는 천안문의 단상에서 지명된 대중의 적인 북경시장 팽진, 영화제작가 하연, 극작가 전한, 당중앙 선전부장 육정일, 국무원 변공청 주임 양상곤 등이 재판에 회부되었다. 12월 12일, 이들은 목에 무거운 나무 팻말을 걸고 군인의 호송을 받으며 1만 명의 홍위병이 기다리는 공인工人체육장으로 끌려나와 자아비판을 했고 지탄을 받았다. 이러한 사회혼란의 결과 생산이 크게 떨어졌으며 중국은 무정부 상태에 빠져들었다.[29]

강청은 1966년 12월에는 열렬히 파리코뮌의 모델을 장려했다. 그녀가 속해 있는 소조의 조장 진백달도 새로운 파리코뮌 설립을 계속 호소했다. 이 일은 과격파에 의한 권력 탈취를 의미했다. 권력 탈취 기도는 흑룡강성·산서성·안휘성·강서성에서 진행되었는데, 이 또한 모두 문혁소조의 지도 아래 이루어진 것은 아니었다. 장춘교와 요문원은 문혁 소조원으로서 상해에 머물고 있었는데, 이 두 사람은 《해방일보》와 《문회보》는 물론 전국의 라디오와 텔레비전 방송국을 통해서 여론을 조성하여 상해시 당위원회의 경제주의나 수정주의를 비난하고 프롤레타리아가 권력을 되찾도록 이끌었다. 그 결과 정상적인 도시 기능은 마비되었다. 공장 생산을 비롯하여 교통·통신·수도·전기가 거의 멈춰 버렸으며, 철도 수송업무 또한 상해 북부에서 중단되었다. 이러한 상황에서 장춘교와 요문원은 2월 5일 상해코뮌(혁명정부)이 탄생했다고 선언하고, 장춘교가 그 수반이 되었다. 이 새로운 권력기구의 탄생은 상해가 혁명에 의하여 자치를 표명한 것으로, 실제로는 국가로부터 도시의 분리·독립을 의미하는 것이었다. 이 일로 분노한 모택동과 임표는 1967년 3월 1일 북경의 《인민일보》를 통해 "무정부주의를 일소하라"고 요구했고 사태를 정상화시켰다. 그리고 상해코뮌을 무효화하기 위해 '혁명적 대중조직'의 책임자, 충성을 다하는 해방군의 책임자, 그리고 충성스런 당간부를 구성원으로 하는 상해시 혁명위원회를 창설했다. 언제나 그러했던 것처럼 강청은 모택동의 비판을 받아들였다.[30]

1967년 여름이 되면 강청과 문화대혁명 소그룹은 막강한 권력을 갖게 되어 모택동을 포함한 그 누구도 그녀를 중단시킬 수 없었다. 홍위병 기관지의 편집자는 〈강청 동지에게 경례, 문화대혁명의 위대한 규범의 담당자〉라는 논문에서, 강청을 9·18사변(1931년) 때 처음으로 혁명에 참가한 이래 35년 동안 한 번도 대중 앞에 나타나지 않으면서 당을 위해, 통일을 위해 크게 이바지한 혁명투사이자 모택동 사상 신봉자로 부각시켰다.[31]

강청이 준비해 오던 작품들이 무대에 오르기 시작하면서 당의 선전부와 문화부는 귀신 등이 나오는 전통경극을 없애야 한다고 결론

을 내렸으나, 이에 유소
기는 전통을 완전히 배제
할 필요는 없다면서 두
종류의 경극이 병존할 필
요가 있음을 주장했다.
그러나 이제 강청의 주장
대로 여자 주역을 남자가
맡는 전통적인 배역에 종
지부를 찍어야만 했다.
배우들과 예술가들이 강
청에 대한 존경을 표시하

강청

기 위해 소집되었다. 이 자리에서 스타들은 "강청 동지는 우리에게
작품 《홍등기》를 주었을 뿐만 아니라 모택동사상으로 빛나는 타오
르는 붉은 등"이라고 하였고, 작곡가들은 "강청 동지는 원칙과 주제
의 기본 사상을 파악하고 있을 뿐만 아니라 기술적인 세부사항까지
도 잘 알고 있다"고 말했으며, 무용수는 강청이 문학과 예술에 관한
모택동 주석의 사상을 무용단에 도입했다고 찬사를 아끼지 않았다.
강청은 모범극을 통해 경극혁명을 추진했고, 1967년에 5월 10일자로
《경극혁명에 대한 담화[談京劇革命]》를 공개 발표하여 정치의 샛별로
등장했다.[32]

　1967년 5월, 모택동의 〈연안문예강화〉 25주년을 기념하여, 몇몇 과
격파 학생들이 운영하는 잡지 표지에 강청의 초상화가 실렸다. 간소
한 군 전투복을 입고 오른손에 《모택동어록》을 쥐고 있는 강청은 태
양에 비유된 모택동의 얼굴에서 비치는 빛으로 조명되고, 배후는 축
소된 대중의 그림으로 메워져 있었다. 이 같은 혁명의 도해[圖解]에는
틀에 박힌 긴 논설이 붙어 있었다. 문화혁명 소조의 이름뿐인 조장

진백달은 1만 6천 명의 청중들과 의장석에 앉은 강청을 지켜보면서 문학과 예술혁명의 선구자라고 강청을 칭송했다. 곽말약도 25주년의 축전에서 "당신은 우리가 배워야 할 뛰어난 모범입니다. 당신은 무적의 모택동사상을 창조적으로 학습하여 적용하는 데 뛰어난 분입니다. 두려워함이 없이 당신은 문학·예술의 전선에서 돌진하여 고발하고 있습니다. 이리하여 이제는 헌신적 노동자·농민·병사상이 중국의 무대를 지배하고 있습니다"33)라고 그녀에게 찬사를 보냈다. 25년 전 연안에서 개최되었던 문예강화 당시 한낱 방청객에 지나지 않았던 강청은 이제 이 기념식장의 주인공이었다.

그러나 문혁은 이 같은 찬사로 끝나지 않았다. 전년에 전략적으로 동원된 각종 대중 세력이 팽창하였기에 내전의 위협이 생겼다. 1967년 7월에 중국의 공업 중심지 무한에서 보수계의 대중조직과 이 고장의 노동자들 사이에 유혈사태가 발생했다. 지방의 혁명 지도자들은 1939년의 모택동의 〈반란을 일으키는 데에도 이유가 있다[造反有理]〉라는 교묘한 슬로건을 고집하며 그들이 성과를 올리지 못하는 것은 투쟁을 논쟁으로만 하고 무기를 사용해서는 안 된다는 문화혁명 소조의 지시 때문이라고 불만을 호소했다. 사태가 이렇게 되자 강청은 고문인 강생과 의논 없이 "논쟁으로 공격하고 무기로 방어하라[文攻武衛]"는 슬로건을 내놓았다. 이에 신뢰할 수 있는 북경의 홍위병, 각종의 혁명적 조반파 단체에 무기가 배급되었고, 해방군 안의 보수세력의 보복에 대비하게 되었다. 공장의 민병대가 소지한 무기가 홍위병의 손으로 넘어갈 수 있었다. 한층 더 불행한 사태는 조반파들이 곳곳에서 무기고를 약탈하거나 군인들의 무기를 탈취하는 것이었다. 이에 전국 각지에 무장투쟁이 급격히 확산되었고, 대규모의 유혈사태가 자주 일어났다.34)

모택동은 1967년 9월 각 성을 시찰하고 북경으로 돌아와서는 강청을 비롯한 문혁소조에게 자제하도록 설득했던 것 같다. 강청이 드디어 문투를 강조하고 9월 5일 이후 무기를 접수하는 것을 금지하는 통지가 나왔다. 강청은 안휘성 대표들 앞에서 물리적 폭력을 옹호했다는 비난에 대하여 스스로 변호하면서, 모두에게 자기를 본받아 모택동의 명령에 순종하도록 권고했다. 그들의 당면 목표는 세 가지였다. 첫째는 모택동을 당 중앙위원회의 주석에 연임시킬 것, 둘째는 인민해방군의 문혁 지원을 허용할 것, 셋째는 혁명위원회를 수립할 것이었다.35)

1967년 11월 제1급의 국가지도자가 된 강청은 다시금 문화계로 관심을 집중하였다. 강청은 여덟 가지 모범음악 · 모범가극 · 모범발레 등에 대하여 연설을 하였으며 이러한 모범음악 · 모범가극 · 모범발레 등을 영화화하려 했다. 영화는 전국에 모택동의 사상을 선전하기위한 가장 손쉬운 수단이었다.36)

1968년 중반기에 접어들면 정치국과 당서기국은 기능이 마비되고, 강청이 지휘하는 문화혁명소조가 실권을 장악하고 있었다. 1968년 8월 18일 이른 새벽 5시 무렵에 강청은 모택동과 함께 천안문 앞 광장에서 밤새워 기다린 백만 군중 사이를 걸어 문루에 우뚝 올라섰다. 이 해 11월 말까지 모택동은 모두 여덟 차례 강청과 함께 군중집회에 모습을 나타냈으며, 그 동안 모택동 앞에서 시위를 벌인 군중의 수는 1100만에 이르렀다. 강청은 단 한 번을 제외하고 매번 문루에 선 지도층 그룹 안에 서 있었다. 그녀는 모택동을 위하여 극좌세력을 결합시켰으며, 그 자신이 신좌파의 대표가 되었다. 1968년 10월 1일, 국경일 햇빛 쏟아지는 광장에는 강청이 지도한 문학과 예술을 상징하는 그림이 진열되었고, 강청이 개조한 〈홍등기〉 등 여덟 편의 모범 극본을 상징하는 그림이 여덟 대의 차량에 실려 축제행렬을 따라갔다.37)

3. 정상을 향하는 강청

1969년 4월에 소집된 당의 9기 제1차 중전회에서 강청은 임표의 부인 섭군葉群과 함께 여성으로서는 처음으로 정치국 위원이 되었다.[38] 강청은 이제 더 이상 조반청년의 상징이 아니라 당, 군 및 연극계에서 주목받는 주역으로 등장하게 되었다.

1970년 8월 23일 당의 9기 제2차 중전회가 여산에서 소집되었다. 임표는 유소기 탄핵 뒤 폐지된 국가주석직을 다시 설치하여 자신이 국가주석이 되고자 했다. 그러나 모택동의 비판을 받고 꿈을 접어야 했다. 이때부터 임표와 강청 사이에 권력투쟁이 시작되었다. 1971년 9월 12일 임표는 쿠데타를 도모하려다 실패하고 몽고로 도주하다 비행기 사고로 사망했다. 강청은 임표가 문화대혁명 때 모택동과 강청을 파괴하려고 몰래 사람들을 선동했다고 고발했다.[39]

임표사건 이후 모택동은 모든 권력을 주은래에게 넘겨줄 것 같았다. 이때 강청은 그녀의 남편이 스파이에게 둘러싸여 있다고 주장하여 모택동이 주은래를 극우이며 수정주의자라고 생각하게 했다. 모택동과 주은래 사이의 불화가 점점 깊어지자 강청파가 완전히 권력을 장악하는 것처럼 보였다. 그러나 모택동은 강청파를 견제하기 위하여 1973년 3월에 등소평을 다시 부주석으로 임명했다. 등소평은 영향력을 점점 확대하면서 1973년 8월 30일 10기 제1차 중전회가 소집되었을 때 문화대혁명 기간 동안에 숙청된 원로 당원들이 중앙기구에 복직되도록 힘썼다. 그러나 강청을 수반으로 하는 중앙문혁의 세력 또한 강화되어 상해 노동자 총사령부의 대표인 왕홍문王洪文과 강생이 당의 부주석이 되었고, 장춘교가 중앙정치국상무위원이 되었다. 그리하여 중앙기구에 주은래를 대표하는 노간부와 강청을 대표하는 '문혁'세력의 양대 진영이 형성되었다.[40]

강청·장춘교·왕홍문·요문원 '4인방'은 원로간부들을 제거하기 위하여 가장 먼저 주은래를 공격하기 시작했다. 그들이 임표를 비판하고 공자를 비판하는 비림비공批林批孔 운동을 일으킨 것은 '주은래'를 현대판 공자라고 비판하기 위한 것이었다. 모택동은 1974년 1월 18일 '임표와 공맹의 도'에 대한 강청의 보고를 전국에 발송하여 학습하도록 비준해 주었다. 강청은 1월 24일과 25일, 중

4인방(왼쪽 위부터 시계방향으로 왕홍문. 장춘교. 강청. 요문원)

앙의 동의도 거치지 않고 수도체육관에서 만 명을 동원한 '비림비공' 대회를 소집했다. 그 뒤 강청은 개인 명의로 일부 군부대와 국무원의 일부 하위단위에 편지와 자료, 그리고 사람까지 보내 '탈권'과 주은래 '비판'을 선동했다. 강청은 군대와 정부에 어떠한 직책도 갖고 있지 않는데, '비판'이라는 수단을 써서 군대와 정부에까지 손을 뻗쳐 주은래를 비판하고 나아가 권력을 탈취하려고 하였던 것이다.

강청이 소집한 비림비공 만인대회 뒤 화가 난 섭검영葉劍英은 대회에서 발언한 내용을 모택동이 볼 수 있도록 발송했다. 이 내용을 본 모택동은 강청 등이 혼란을 야기한다고 생각했고, 이러한 사태가 확대되는 것을 원치 않아 강청 등에게 제재를 가했다. 주은래는 1974년 1월 31일 정치국회의를 주관하여 섭검영과 등소평의 지지를 받아 군대조직에 문제가 발생하지 않도록 조치를 취했다. 모택동과 주은래가 사회안정을 도모하고자 노력하는데도 3월 5일에 강청과 장춘교는 군대의 일부를 소집하여 회의를 개최하고 군대를 정비할 필요가 있다고 떠들었다. 이 비림비공운동은 막 안정되려고 하는 정국을 심각

하게 뒤흔들어 놓았다. 강청 일당은 곳곳에서 원로간부들을 끌어내어 투쟁하고, 파벌을 만들어 서로 싸웠다. 많은 지방에서 '전쟁의 불길'이 다시 타올라 생산이 감소되고, 업무가 마비되었으며, 경제가 다시 침체되었다.41)

모택동이 자중하라고 간곡히 부탁했지만, 강청은 귀를 기울이지 않고 사사건건 트집을 잡으려 했다. 1974년 3월 하순 주은래는 며칠 동안 정치국회의를 주관하여 모택동이 제의한 대로 등소평에게 유엔 특별회의에 참석하는 대표단의 단장직을 맡긴다는 외교부의 보고를 토론했다. 회의에서 강청은 '안전문제'와 '국내 업무가 바쁘다'는 이유로 등소평이 대표단 단장직을 맡는 것을 공공연히 반대하면서 주은래와 등소평을 질책했다. 그러나 모택동은 등소평이 유엔 특별회의에 출석하는 것에 동의하였고, 강청에게 편지로 반대해서는 안 된다고 타일러 이 소동은 겨우 무마되었다.42)

주은래는 4월이 되어 생산이 감소되는 것을 막고, 조반파의 성격을 띤 조직이 설립되지 않도록 하였으며, 혼란한 형세를 억제하는 일련의 문건과 지시를 내리고 나서 다시 중병으로 병원에 입원하였다. 6월 14일 강청은 공개적으로 현재 당내에 "대단히 큰 유학자가 있다"고 말하면서 "현재의 유학자"를 비판해야만 한다고 다시 시끄럽게 떠들었다. 이에 7월 17일 모택동은 정치국회의를 소집하고 참석한 사람들 앞에서 강청을 혹독하게 비판하였다.43)

강청은 모택동이 그녀를 비판한다는 것을 잘 알고 있었지만 절대로 자신을 타도할 수 없다는 것 또한 잘 알고 있었다. 그녀는 모택동의 부인이었을 뿐만 아니라 '문화대혁명'의 '기수'였으며, 그녀의 운명은 모택동의 '문혁'노선과 밀접하게 연결되어 있기 때문이었다. 1974년 7월, 현대경극경연대회 10주년 자리에서 강청은 이전에는 주은래와 임표에게 주어졌던 명예인 '모택동사상의 해석자'로서 찬양

을 받았다.44)

1975년 초에 개최 예정인 인민대표대회 소집 이전에 국가기구의 인사를 단행해야만 했다. 왕홍문은 당의 부주석이었고, 장춘교는 상임위원회의 위원이었으며, 강청과 요문원은 정치국에 진출했다. 그러나 그들은 '문혁'공신으로 만족하지 않고 인사에 적극 관여하여 당·정·군의 대권을 장악하고, 모택동 사후에 그들이 천하를 장악할 수 있도록 대비하고자 했다. 그러나 모택동은 인사에 간여하려는 강청의 요구를 분명히 거절하는 회신을 보냈다. "표면에 많이 나서려고 하지 마시오. 문건에 대하여 비판하지 마시오. 당신이 지도자 그룹 인선에 후견인 노릇을 해서는 안 되오. 당신은 원한을 쌓은 것이 대단히 많으니 많은 사람들과 협력하도록 하시오. 부탁하오." 이 편지를 쓴 뒤 모택동은 아직도 미진하다고 느껴 추신으로 "사람은 누구나 자신을 정확히 아는 것이 중요하오"라고 덧붙였다.45) 그러나 이러한 모택동의 충고도 그녀의 기세를 당장 꺾지는 못했다.

강청은 주은래·섭검영·등소평 등 풍부한 경험을 가진 원로공산당원과 국가지도자를 비판하기 위하여 1975년 4월 경험주의는 수정주의를 도와주는 적이라 규정하고 거듭 '경험주의'에 관한 문제를 제기하고, 이것에 대해 토론할 것을 요구했다. 이 소식을 들은 모택동은 오히려 정치국에서 이를 토론하도록 하여 섭검영과 등소평은 1973년 12월 정치국 확대회의에서 제기되었던 이른바 '제11차 노선투쟁'과 '비림비공'운동 가운데 개인의 명의로 자료를 보낸 것, 그리고 '4인방'의 파벌활동에 대하여 강청에게 예리하게 질문하고 공격하였다. 강청은 어쩔 수 없이 이 회의에서 '자아비판'을 할 수밖에 없었다.46)

모택동은 이때에 이미 83세의 고령이었고, 백내장에 걸려 사물을 제대로 볼 수도 없었으며, 건강상태가 점점 악화되고 있었다. 이런 상황에서 강청은 모택동 한 사람을 제외하고는 그 누구도 안중에 없었고 두려워하지도 않았다. 모택동이 등소평을 지지하고 강청을 비판한 것은 다만 강청의 오만방자한 기세를 누그러뜨리고, '안정단결'을 해치는 '4인방'을 제재하고 병중의 주은래를 대신하여 등소평에게 일할 수 있는 분위기를 만들어 주기 위해서였지, 절대로 강청을 타도하기 위해서 비판했던 것은 아니었다. 그러나 강청은 등소평을 제거하기 위하여 사사건건 문제를 제기했다.

1975년 7월 18일 강청은 대경大慶석유노동자들이 아주 고생스럽게 제작한 〈창업創業〉이라는 영화에 대하여 상연금지를 명령하면서 '검은 뒷배경'을 잡아야 한다고 주장했다. 이 뜻은 등소평이 '검은 배후 조정자'라는 것이었다. 강청의 이러한 주장이 있었지만 모택동의 지시에 따라 중앙은 일부 문예 방면의 정책을 조정하기 시작했다. 중앙은 《인민문학》, 《시간時刊》 등의 잡지를 다시 출간하도록 허락했고, 유명한 음악가인 섭이聶爾, 승성해洗星海의 기념공연을 거행했으며, 강청 등이 '독초'라고 무고했던 영화를 해금시켜 방영하도록 했다. 영화 〈창업〉에 관한 한바탕의 소동은 이렇게 지나갔다.

그러나 문예 부분의 투쟁은 더욱 첨예해졌다. 1975년 초에 완성된 영화 〈바다의 노을[海霞]〉의 경우 주은래·주덕·섭검영 등이 차례로 심사한 뒤 상영을 건의했다. 그러나 4인방의 지시로 문화부가 이 영화는 '검은 노선으로 되돌아가려는 세태의 대표작'이라는 죄명을 붙여 상영이 금지되었다. 그리고 〈수호지水滸誌〉에서 양산梁山에 새로 올라온 송강宋江이 양산 농민기의의 수령인 조개晁盖를 추앙하는 척하면서 속으로 배척하여 실권을 장악했다는 이야기를 등소평에 빗대어, 모택동을 추앙하는 척하며 실권을 장악하려 하는 송강과 같다고 매도했다. 강청은 등소평이 다시 정권을 장악하려 한다고 비판하면서 등소평이 진행하고 있는 쇄신을 비판하였다. 강청은 등소평을 타도한 뒤 왕홍문으로 하여금 중앙의 업무를, 장춘교로 하여금 국무원의 업무를 주관하도록 하고자 했다. 그런데 주은래가 사망한 뒤 모택동은 어느 누구도 상상하지도 못한 화국봉華國鋒에게 "앞장을 서라"고 지시한 것이었다.[47]

1976년 청명절이 다가오자 인민들은 주은래를 애도하기 위하여 천안문 광장에 조화를 가져다 놓는 등 추모의식을 거행하고자 했다. 그러나 4인방은 4월 4일 밤 화국봉이 소집한 중앙정치국회의에서 천안문 광장 애도활동을 '반혁명적인 사건'으로 규정하고, "이것은 등소평이 오랜 기간 동안 준비하여 조성한 것"이라고 주장했다. 모택동은 화국봉을 당의 제1부주석에 임명할 것을 제의했고, 이 '현장보도' 문건을 공개 발표하는 데 동의하여 결국 등소평은 다시 타도되었다. 이에 4인방은 인민대회당에서 연회를 베풀고 '승리'를 자축하였다.

등소평이 타도된 뒤에도 4인방은 주자파가 아직도 활동하고 있고 등소평이 천안문 사건의 총후견인이라고 계속 소란을 피웠다. 7월 27일 당산지진이 일어나자 4인방 일당은 중앙과 국무원을 공격하고, 지진을 극복하고 재난을 구제한다는 것은 "재난을 구제하여 등소평 비판을 제압"하려는 것이라고 말하면서 재난을 구제하는 업무를 지휘하고 있는 화국봉 등 중앙지도자들을 겨냥하여 비판하였다.[48]

1976년에 강청은 정치국원으로 서열 7위에 있었다. 그동안 강청은 중국역사에서 측천무후, 서태후에 이어 대륙을 장악할 가능성이 있는 유일한 여성으로 주목받았다. 막강한 모택동의 후광을 업고 10년 동안 활동하면서 권력의 행사자로서 정책의 조정가로서 확고한 위치를 차지했다. 강청 자신도 측천무후와 같은 여성 통치자가 될 수 있다는 생각을 가졌던 것 같다. 모택동의 병세가 위급한데도 강청은 사람들로 하여금 한고조 유방이 죽은 뒤에 여후가 어떻게 제후 왕들을 하나하나 제거했는가에 관한 자료들을 준비하라고 지시했다. 강청은

재판 받는 강청

모택동 사후 중국의 여성 통치자가 되려고 했던 것 같다.49)

1976년 9월 9일 모택동이 사망하자 4인방은 모택동이 지정한 정통 후계자인 것처럼 행동했다. 9월 17일 추도회 다음날 4인방은 긴급히 중앙상무위원회를 소집할 것을 요구하였다. 회의에서 강청은 모택동의 문건과 서적을 그녀와 모원신毛遠新에게 넘겨줄 것을 요청했다. 4인방의 지시로 상해의 민병지휘부는 무장 반란이 발생했을 경우를 대비하여 전략연습을 진행했다. 장춘교와 왕홍문은 상해의 추종자들에게 "계급투쟁의 동향에 주의를 기울여야 한다."고 지시했다. 4인방은 공개적으로 화국봉을 겨냥하고 있었고, 때에 맞춰 탱크가 북경에 들어오도록 준비했다. 왕홍문은 중남해에 별도로 당직실을 설치하고 중앙판공청의 명의를 도용하여 중대문제가 발생했을 경우 그에게 바로 보고하여 지시를 받도록 각지에 통지하였다. 4인방은 청화대학·북경대학·신화사 등 단위의 사람들에게 강청에게 '충성을 다하자는 편지'와 '왕위에 오르도록 권하는 편지'를 쓰도록 하고, 그 가운데 일부 편지는 공공연하게 강청이 중국공산당 중앙 주석과 군사위원 주석을 담임하도록 제출했다. 4인방은 10월 8일부터 10일 사이에 "특별히 큰 즐거운 뉴스"가 있을 것이라는 소문을 퍼뜨렸다.50)

그러나 모택동 사후 정치위원회의 분위기는 완전히 바뀌었다. 정치위원회는 빠르게 강청과 강청의 동료들에게 등을 돌렸다. 모택동이 살아있을 때에는 강청에게 대단한 존경이 표시되었다. 그녀가 회

의에 들어서면 모두 일어났고 회의실이 곧 조용해졌다. 그녀에게 가
장 좋은 자리를 제공했고 사람들은 여러 말로 그녀의 환심을 사려고
했다. 아무도 그녀와 다투려 하지 않았다. 그러나 모택동이 죽은 뒤
분위기가 바로 바뀌었다. 그녀가 회의장에 들어서도 아무도 주의를
기울이지 않았다. 사람들은 계속해서 환담을 나누거나 문서를 읽고
있었고, 아무도 일어나거나 그녀에게 의자를 권하지 않았다. 그녀가
말할 때 아무도 귀를 기울이지 않았고 다른 사람들과 이야기를 하고
있었다. 10월 16일, 전국의 언론은 모택동의 죽음보다도 더 충격적인
일을 공표했다. 그것은 바로 4인방의 체포였다.[51]

4. 강청에 대한 재조명

강청은 어려움을 극복할 줄 아는 강한 의지의 소유자였으며, 목적
을 위해서는 자신을 내던지는 야심 찬 여성이었다. 영화배우가 되기
위해서, 또 정권의 정상을 향해서 그녀는 수단과 방법을 가리지 않았
다. 모택동의 최측근으로 모택동이 정권을 다시 장악하기 위해 발동
한 문혁에 기여하면서 강청은 정치무대에서 활발하게 활동하였으며,
그녀의 정적들에게 모욕을 주고 타도했다.

강청이 문혁기간에 막대한 권력을 행사할 수 있었던 것은 모택동
의 단순한 관용에 의해서가 아니라 모택동의 동의와 부탁을 받았기
때문이었다. 강청은 이론가인 모택동의 생각을 구체적인 실천으로
옮기면서 자연스럽게 정책의 조정자가 되었으며, 모택동 말기에는
정권까지 장악하고자 했다. 모택동처럼 강청도 대중의 결속을 위해
서는 대중의 정신, 그 가운데도 문화에 대한 통제가 필요하다는 것을
잘 알고 있었다. 대중을 위해 기득권자들이 아닌 젊은이들만이 도덕
적으로 부르주아 이데올로기의 근원을 단절시킬 수 있다고 믿었다.

강청은 문화적으로 불모지였던 프롤레타리아 문화를 창조해냈다. 그녀가 만든 경극의 주인공은 눈부신 옷을 입은 구지배계급이 아니라 프롤레타리아의 의상으로 등장하는 일련의 노동자 계급이었다. 그들에게 적의 두목은 귀족, 특히 과거의 부자이며, 외국의 침략자 그것도 주로 일본인이었다. 그 결과 오늘날 중국 민중들은 무대나 영화에서 연출되는 경극을 뒷골목이나 농장에서도 노래할 수 있게 되었다.[52]

강청은 남성 위주의 사회에서 여성해방의 선구자였다. 강청은 결코 모택동의 대리자가 아니었다. 강청이 정치 지도자라는 신분을 획득할 수 있었던 것은 개인적인 투쟁의 결과였다. 곧 그것은 모택동에게 한 여성으로서 그녀를 사랑하게 했을 뿐만 아니라 동지로서 그녀를 존중하도록 지략을 다한 대가였다. 중국에서는 문화가 압도적으로 여성의 책임 영역이었던 적이 없었다. 몇 세기 동안이나 남성은 극작가, 연출가, 음악가로서 연극계를 좌우하고 무대를 독점했다. 그러나 강청은 프롤레타리아적인 시·소설·노래·무용·오페라를 끊임없이 창작하면서 농민들을 지도했고, 지방 여성의 사회적 정치적 구실을 남성과 동등하게 만들었다. 권력구조의 정점에 선 여성이 허심탄회하게 국민과 대면하는 20세기의 혁명적 지배자의 모습이 그녀에게서 시작되었던 것이다. 그녀는 중국공산당 정권 수립 이래 처음으로 대중과 직접 만나서, 스스로가 택한 주제에 대하여 연설하고 또 연설한 내용을 출판했다.[53]

그러나 모택동은 강청에게 권력을 물려주지 않았다. 모택동은 강청이 그의 사상을 계승하였고 그의 과업을 함께하였으나, 국가를 경영할 수 있는 능력이 부족하고 통치의 법칙을 모른다고 생각했다. 모택동은 강청의 한계를 잘 알고 있었다. 그녀는 불을 붙이는 재주는 있지만 큰 불을 다루거나 끌 줄은 모른다고 보았던 것이다. 결국 모택동이 죽은 뒤 강청은 당권과 정권을 탈취하려 했다는 죄명으로 1980년 사형선고를 받았다가 83년에 무기징역으로 감형되었으나 1991년 스스로 자살했다.[54]

■주 ───────

1) Fritz Meurer, Die Frau hinter Mao(월간중앙 편집부 역, 《江靑傳: 毛澤東을 움직이는 여인》, 월간중앙 1976년 5월호 별책부록, 15쪽; "Chiang Ching: A Revolutionary Life", Revolutionary Worker #610, June 16, 1991(NY: Workers World), pp. 1~2.

2) Roxane Witke, Comrade Chiang Ching (Boston: Little, Brown and Co., 1997), pp. 54, 56, 60~63, 67~68; Ross Terrill, The White-Boned Demon(NY: William Morrow and Co., 1984), pp. 40~42, 44, 127; Fritz Meurer, ibid., p. 32.; 葉永烈, 《江靑實錄》(香港: 利文出版社, 1993), 40쪽.

3) Roxane Witke, ibid., pp. 54, 56, 60~63, 67~68; R. Terrill, ibid., pp. 40~42, 44, 127; 師東兵, 《秦城冷月:江靑被捕之后秘聞》上 3 (內蒙古人民出版社, 1995), 35~37쪽; 葉永烈, 위의 책, 40~42, 45~46, 139쪽; 양은록 저/ 한민영 역, 《붉은 여황 江靑》(화서당, 2003), 527쪽.

4) 葉永烈, 위의 책, 53~59, 116, 122~125, 133, 137, 140쪽; Fritz Meurer, op. cit., pp. 33, 37~39, 41; World Anti-Communist League, China Chapter, Chiang Ching: Mao Tse-Tungs wife (Republic of China, Asian Peoples Anti-communist League, May 1973), pp. 9~11.

5) 葉永烈, 앞의 책, 146~147, 150, 157~158쪽.

6) 위의 책, 162~163쪽; Roxane Witke, op. cit., pp. 170~174.

7) Roxane Witke, ibid., pp. 185～186; Fritz Meurer, op. cit., pp. 37～39; 葉永烈, 앞의 책, 163쪽.

8) 葉永烈, 위의 책, 163, 209쪽; Fritz Meurer, ibid., pp. 115～116.

9) 葉永烈, 위의 책, 209～214쪽.

10) 위의 책, 218～220쪽.

11) Roxane Witke, op. cit., p. 307; 葉永烈, 앞의 책, 223, 238, 242, 244～245쪽; Dr. Li Zhisui, The Private Life of Chairman Mao: The Memoirs of Mao's personal physician, translated by professor Tai Hung-chao(New York: Random House, 1994), pp. xii～x iii, 6, 140～143, 401; Fritz Meurer, op. cit., pp. 129, 133, 135; World Anti-Communist League, China Chapter, op. cit., pp. 27～28.

12) 葉永烈, 위의 책, 242～245, 269쪽; Roz/xane Witke, ibid., p. 307; World Anti-Communist League, China Chapter, ibid., pp. 27～28.

13) 葉永烈, 위의 책, 252, 254～257, 261～262, 264, 266～267쪽; World Anti-Communest League, China Chapter, ibid., pp. 28～34; Yan Jiaqi and Gao Gao, Turbulent Decade: A History of the Cultural Revolution, translated by D.W.Y. Kwok(Honolulu: University of Press, 1996), p. 400.

14) Rozane Witke, op. cit., pp. 309～311; 葉永烈, 위의 책, 260쪽.

15) 葉永烈, 위의 책, 260～261쪽; Chiang Ching : A Revolutionary Life, pp. 2～3.

16) Rozane Witke, op. cit., pp. 309～323; 葉永烈, 위의 책, 267쪽.

17) Fritz Meurer, op. cit., p. 150; Roxane Witke, ibid., pp. 326～327; World Anti-Communist League, China Chapter, op. cit., p. 1.

18) 葉永烈, 앞의 책, 242, 244, 274～275쪽; Fretz Meurer, ibid., p. 133, 155; Roxane Witke, ibid., p. 224.

19) Fritz Meurer, ibid., p. 151; Roxane Witke, ibid., p. 138; Yan Jiaqi and Gao Gao, op. cit., p. 352.

20) 葉永烈, 앞의 책, 283, 299쪽; Li Zhisui, op.cit., pp. 457～458, 479; Roxane Witke, ibid., pp. 320～321; Yan Jiaqi and Gao Gao, ibid., p. 353; Fretz Meurer, ibid., p. 162.

21) Li Zhisui, ibid., pp. 457～458; Fritz Meurer, ibid., p. 160; Roxane Witke, ibid., p. 321.

22) Fritz Meurer, ibid., p. 160; Li Zhisui, ibid., pp. 457～458; Roxane Witke, ibid., p. 321.

23) Li Zhisui, ibid., pp. 461～462; Roxane Witke, ibid., p. 321, 324; Fritz Meurer, ibid., p. 156.

24) Roxane Witke, ibid., p. 322; 葉永烈, 앞의 책, 239쪽; Fritz Meurer, ibid., p. 162, 181.

25) Fritz Meurer, ibid., pp. 213～214; Roxane Witke, ibid., p. 323; 毛毛, 《我的父親鄧小平 '文革'歲月》(北京文獻出版社, 2000), 24쪽.

26) Fritz Meurer, op. cit., p. 162; Roxane Witke, op. cit., p. 322, 325; 毛毛, 위의 책, 29쪽.

27) Fritz Meurer, ibid., pp. 171～172.

28) Roxane Witke, op. cit., pp. 326～328.

29) Ibid., p. 328.

30) Ibid., pp. 329～330; Fritz Meurer, op. cit., p. 215.

31) Li Zhisui, op. cit., p. 498; Fritz Meurer, p. 178.

32) Fritz Meurer, ibid., pp. 139～40, 177; 葉永烈, 앞의 책, 283, 299쪽.

33) Fritz Meurer, ibid., p. 178; Li Zhisui, op. cit., p. 498; Rozane Witke, op. cit., pp. 343～344.

34) Maurice Meisner, Maos China and After(NY: The Free Press, 1986), pp. 354～355; Roxane Witke, ibid., pp. 345～346.

35) Roxane Witke, ibid., pp. 346～349.

36) Ibid., pp. 346～349.

37) Fritz Meurer, pp. 163, 168～169, 216.

38) 毛毛, 앞의 책, 113쪽.

39) Roxane Wike, op. cit., pp. 359～361, 365～368, 462.

40) 毛毛, 앞의 책, 282쪽; Li Zhisui, op. cit., p. 576.

41) Li Zhisui, ibid., pp. 578～579; 毛毛, 위의 책, 297쪽.

42) 毛毛, 위의 책, 297쪽.

43) 위의 책, 309쪽.

44) Roxane Witke, op. cit., p. 454.

45) 毛毛, 앞의 책, 324쪽.

292

46) 위의 책, 324쪽.

47) 위의 책, 334~337, 357쪽; Yan Jiaqi and Gao Gao, op. cit., pp. 473~476.

48) 毛毛, 위의 책, 506쪽.

49) 위의 책, 515쪽; Roxane Witke, op. cit., pp. 464~466, 473.

50) 毛毛, 위의 책, 517~518쪽.

51) Li Zhisui, op. cit., p. 629; Roxane Witke, op. cit., pp. 470~471.

52) Roxane Witke, ibid., p. 384; 梁會錫, 《新歌劇〈白毛女〉和民族形式》(中國戲曲第四集; 韓
國中國戲曲研究會, 1996), 100~101쪽.

53) Roxane Witke, ibid., pp. 315, 384, 449, 460~461.

54) Ross Terril, op. cit., p. 241.

■필자소개■

■이은자李銀子
   고려대학교 사학과 졸업, 동 대학원 박사.
   고려대학교 역사연구소 연구교수.
   【주요저서】
   《의화단운동 전후의 山東》, 《민간종교결사－전통과 현대의 만남》 등.

■김문희金文禧
   부산대학교 역사교육과 졸업, 부산대학교 대학원 사학과 박사.
   신라대학교 역사교육과 겸임전임강사.
   【주요저서 및 논문】
   《중국여성, 신화에서 혁명까지》 공저.
   〈사료를 이용한 여성사 교육의 실제－하향응을 중심으로〉, 〈하향응의 사회인
   식 형성과 그 활동－신해혁명기까지를 중심으로－〉 등 논문.

■이양자李陽子
   서울대학교 역사교육과 졸업, 영남대학교 대학원 사학과(동양사 전공) 문학박사.
   동의대학교 사학과.명예교수, 중국사학회 회장, 한중인문학회 고문, 여성문제
   연구회 부산지회 명예회장, 중국근현대사학회 평의원, 동양사학회 평의원.
   【주요저서】
   《송경령 연구》, 《조선에서의 원세개》.
   편저 《현대중국의 탐색》, 역서로는 《송경령과 하향응》, 《20세기 중국을 빛낸
   위대한 여성, 송경령》, 《중국혁명의 기원》, 《송미령 평전》, 《주은래와 등영
   초》, 공저로는 《한국사》, 《중국 여성, 신화에서 혁명까지》, 《중국근대화를 이
   끈 걸출한 인물들》 등.

■ 지현숙池賢娔
연세대학교 사학과 졸업, 이화여자대학교 사학과 문학박사.
이화여자대학교 이화사학연구소 연구원.
【주요논문】
〈여성국민 만들기로서의 남경정부시기 중학교과서〉, 〈1930년대 중국의 '婦女
回家'논쟁과 남경정부〉, 〈부녀잡지(1915~1931)中的出現的有關兒童的論說〉.

■ 천성림千聖林
이화여자대학교 사범대학 사회생활과(역사전공) 졸업.
이화여자대학교 인문대학 사학과 석사, 박사.
한남대학교, 공주대 역사교육과 강사.
【주요저서】
《근대 중국 사상세계의 한 흐름》, 《산업화가 유교체제하 중국여성의 지위에
미친 영향》, 공저로는 《중국여성:신화에서 혁명까지》, 《중국근대화를 이끈
걸출한 인물들》, 《공자, 현대중국을 가로지르다》 등.
【주요논문】
〈신생활운동의 성격: 전통사상과 관련하여〉, 〈모성의 발견: 엘렌 케이와 1920
년대의 중국〉, 〈내셔널 아이덴티티를 찾아서: 20세기 중국의 '黃帝'와 '中華民
族'만들기〉 등.

■ 윤혜영尹惠英
서울대학교 동양사학과 졸업, 동 대학원 석사, 박사.
한성대학교 역사문화학부 교수.
【주요저서】
저서로는 《중국현대사연구》, 역서로는 《중국사》, 공저로는 《중국통사》, 《한
국인을 위한 중국사》.
【주요논문】
〈20세기 중국 신여성의 고뇌〉, 〈원세개 제제운동의 역사적 성격〉 외 다수.

■ 전동현錢東炫
이화여자대학교 박사.
이화여자대학교 사학과 강사.
【주요저서】
《중국국민혁명기 삼민주의연구》, 《자유주의 시각에서 본 훈정과 인권》 등.

■김정화金貞和

성균관대학교 졸업, 臺灣國立師範大 역사연구소 박사.

충북대학교 인문대 사학과 교수.

【주요저서】

《중국 근대화를 이끈 걸출한 인물들》 공저.

【주요논문】

〈蔡元培의 五四運動에 대한 지지와 '道芳兒'의 갈등〉, 〈蔡元培의 북경대학개혁 (二)〉, 〈中國母系社會女性地位에 對한 考證 과 推論〉.

■임계순任桂淳

이화여자대학교 사학과 졸업, 미국 일리노이 주립대학교(Urbana-Champaign)대 학원(중국사전공) 석사, 박사.

전경련 China Forum 사회문화분과위원장, 한양대학교 백남학술정보관 관장, 사학과 교수.

【주요저서】

《淸史: 滿洲族이 통치한 中國》, 《중국인이 바라본 韓國》, 《우리에게 다가온 조 선족은 누구인가》 등.

번역서로, 《불멸의 지도자 등소평》.

중국근대화를 이끈 걸출한 인물들

이병주 엮음/신국판/양장 684쪽/책값 30,000원

중국의 근대화 과정을 거시적 관점에서, 친근하고 생동감 있는 '인물 전기의 방식'으로 고찰한 책. 이 책에 수록된 인물들은 중국 근현대사의 각 시기, 각계에서 근대화의 진전에 매우 중요한 구실을 한 대표적 사람들이다. 그들 한 사람 한 사람이 나라와 역사 발전을 위해 벌인 활동과 사상, 그리고 인간적 궤적을 소개함으로써, 독자들이 중국 근대화의 전체 모습과 중국의 역사적 인물들, 나아가 오늘과 내일의 중국을 올바로 이해하는 데 도움이 될 것이다.

중국의 共和革命

민두기 지음/신국판/양장 310쪽/책값 18,000원

중국 근현대사 연구의 세계적 권위자인 저자가 우리 눈으로 본 중국의 공화혁명, 곧 신해혁명 분석서이다. 중국사 전공자뿐만 아니라 일반 독서인도 편하게 읽을 수 있도록 낯선 한자용어(사료상 용어)도 되도록 쉽게 풀어썼다. 중국의 역사가 세계사의 중요한 일부분을 이루고 있는 만큼 중국사상의 격변과정을 이해하는 데 유용한 길잡이가 될 것으로 기대된다.

中國近現代史의 재조명 1·2

서울대학교 동양사학연구실 엮음/신국판/반양장 ①340쪽 ②374쪽 /책값 각권 18,000원

중국 근현대사를 전공하는 연구자들의 개별 논문을 엮은 논문집이다. 중국 근현대사가 변화 발전하는 모습을 역동적으로 보여주며, 특히 지금의 시점에서도 다시 곱씹어 볼 만한 주제들이 흥미를 끈다. '재조명'이라는 제목에 걸맞는 진지한 고민을 엿볼 수 있다.

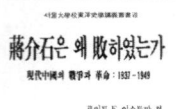

서울大學校東洋史學研究叢書 Ⅶ

蔣介石은 왜 敗하였는가

L. E. 이스트만 지음·민두기 옮김/신국판/반양장 303쪽/책값 10,000원

이 책은 '毛澤東은 왜 勝利하였는가'를 말해주는 책이기도 하다. 모택동이 승리한 이유는 공산당이 국민당정권을 멸망시킨 것이 아니고 '국민당 스스로가 무너진 것'이며 그 붕괴는 '진보와 개혁을 요구하는 세력 때문이 아니라 그 세력의 주장을 받아들일 수 있는 권력구조의 민주성이 결여되었기 때문'이라는 결론을 수많은, 희귀한 자료의 공정한 분석과 치밀한 논리를 통해 논증한 책이다.